学语文要趁早

语文启蒙实践指南

王迪 ——————— 著

生活·讀書·新知 三联书店

Copyright © 2023 by SDX Joint Publishing Company.
All Rights Reserved.

本作品版权由生活·读书·新知三联书店所有。
未经许可,不得翻印。

图书在版编目(CIP)数据

学语文要趁早:语文启蒙实践指南/王迪著. —北京:
生活·读书·新知三联书店,2023.4
ISBN 978 – 7 – 108 – 07549 – 9

Ⅰ.①学…　Ⅱ.①王…　Ⅲ.①语文课－学前教育－教学参考资料
Ⅳ.① G613.2

中国版本图书馆 CIP 数据核字(2022)第 216400 号

责任编辑	黄新萍
装帧设计	瞿中华
责任校对	张　睿
责任印制	卢　岳
出版发行	生活·讀書·新知 三联书店
	(北京市东城区美术馆东街 22 号 100010)
网　　址	www.sdxjpc.com
经　　销	新华书店
印　　刷	河北松源印刷有限公司
版　　次	2023 年 4 月北京第 1 版
	2023 年 4 月北京第 1 次印刷
开　　本	635 毫米 × 965 毫米　1/16　印张 19.5
字　　数	249 千字　图 36 幅
印　　数	0,001 – 6,000 册
定　　价	49.00 元

(印装查询:01064002715;邮购查询:01084010542)

献给我的女儿
愿你的生命常有叶底风

目录

推荐序

以爱陪伴,以书喂养 | 王林

第一章

学语文要趁早

为什么语文学习要趁早? 006

母语也需要学习 009

语文启蒙要达到什么样的目标? 015

第二章

父母是孩子最好的语文蒙师

父母功课一:多说话,说有质量的话 020

父母功课二:感受力和想象力的培养 029

父母功课三:不妨写写孩子的语言成长日记 036

父母功课四:绘本和语文产品的挑选 043

语文学习产品的挑选 054

第三章

语文启蒙关键词

作为整体存在的语文启蒙 058

语文启蒙关键词一：反反复复 061

语文启蒙关键词二：循序渐进 067

语文启蒙关键词三：情境学习 072

语文启蒙关键词四：长程学习 079

第四章

让孩子爱上阅读

身体·书架·地毯·灯光 084

给孩子读怎样的书：孩子们 vs 我的孩子 089

"孩子不爱读书了，怎么办？" 096

不必是朗读高手，最好有有趣的灵魂 100

怎样"问"，孩子才喜欢 106

第五章

教孩子学会阅读

读图，迈好阅读第一步 114

如何培养孩子的读图能力？ 120

精读，通往阅读力 124

巧用绘本化解教育难题 132

文学事远，不妨早点播种 140

读好书的一"头"一"尾" 148

追求阅读的丰富 155

阅读进阶：组合阅读 162

第六章

分龄阅读指南

零岁婴儿"阅读"指南 172

1—3岁，韵文启蒙 182

4—6岁，自主阅读前奏 189

第七章

爱表达　会表达

关于"表达"的三个误区 **196**

会听，才会说 **198**

仿写，学习的开始 **201**

养成积累词句的习惯 **208**

玩转一个故事：猜读、扩写、续编 **218**

细节，从何处来？ **227**

故事大王养成记 **233**

第八章

我的语文实践手记

"14 只老鼠"系列绘本 **246**

《快跑，云梯消防车》 **257**

《勇敢的艾琳》 **263**

荷花荷花几月开 **272**

一园青菜成了精 **286**

写给读者的短笺（代后记）

推荐序

以爱陪伴，以书喂养

王林（儿童阅读专家）

认识王迪老师好几年，缘悭一面。这次她的新书出版，邀我作序，不胜惶恐。我想，大概王迪觉得这是一本关于儿童的阅读教育与语文学习的书，和我近十几年来做的事情相关吧。

在我读来，王迪写这本书，和她的两个身份有很大关系，由此，她的写作目的也非常明确。

第一，她是一名语文名师。王迪在北京一所著名中学当了12年语文老师，她从中学生的语文能力上发现了很多问题：1.学生在初三毕业时的语文学业水平与其初一入学时的水平基本持平，也就是说，学生的语文水平在小学阶段就固定了，少有在初中突围的案例；2.一旦小学没学好语文，中学也会出现进展缓慢甚至停滞的现象；3.阅读影响学生习作。600—800字的作文，有半数学生词汇量仅限于日常交际用语，书面用语凤毛麟角，句式缺乏变化。而这些问题，完全可以归因于小学甚至幼儿园的语文启蒙没做好，"正是这种感受促使我下定决心，撰写此书"。

第二，她是一位母亲。初为人母的喜悦，教育工作者的敏感，让她实践"以爱陪伴,以书喂养"的理念,记录下了宝贝希希在成长过程中,特别是语言学习过程中的变化。我读完本书后,不禁感叹:王迪真是一位实践陪伴教育的典范。她希望用自己的育儿经验告诉父母:不报各种培训班,也能通过阅读来达成教育目的。

近几年,关于儿童阅读的理论图书出版了不少,我一般归纳为:理论类、实践类、教案类。王迪的这本书大体可以归为实践类,但这实践的背后却有着深厚的理论基础。

我在阅读王迪书稿时,每每读到她提到一些理论书,常会心一笑:嗯,这本书"正"!例如,《父母的语言:3000万词汇塑造更强大的学习型大脑》《不平等的童年》《幸福的种子》《世界图画书阅读与经典》,融汇这些书的理念与观点,更为王迪在家庭阅读实践中提供了思想动力。

"知易行难",儿童早期阅读很重要,很多父母都懂,但真正践行起来却鲜有人能坚持——哪怕每天坚持亲子阅读15分钟。王迪在这本书中向我们证明了:时间的问题是重要性的问题,只要你觉得阅读重要,就一定能挤出时间陪孩子阅读。在中学教书的王迪,一定也非常忙碌,但她能坚持数年陪孩子阅读,陪孩子成长,我想,这一方面来自她的理论积累,另一方面来自她在孩子身上看到的可喜变化。

书稿中最让我感动之处,是王迪为女儿希希记录的成长日记。希希读过的书,妈妈提的问题,孩子口头语言的变化,这种朴实无华的记录,就是用来做婴幼儿语言学习的研究,也是很有价值的。我还从书稿中强烈感受到:孩子不仅是天生的诗人,还是天生的哲学家。王迪的这份记录,将是给希希最好的礼物。

以理念为基础,以实践为内容,凸显出这本书的针对性和指导性。如何为孩子选择读物?如何进行亲子阅读?阅读中如何提问?如何促进阅读和表达的结合?分级阅读如何在实践中运用?新手父母想了解的各种语文启蒙的问题,都能在这本书中找到答案。忙碌的父母们,只需按图索骥,也能培养出一个爱读书的孩子。

读完书稿,我掩卷长思:超越实用层面,王迪的这本书带给这个时代什么?换句话说,读者除了从这本书获得语文学习方法外,还能获得什么?王迪没说,但我想补充,那就是:在一个教育焦虑、"内卷"、"躺平"的时代,我们要用阅读教出内心充盈的孩子,以应对更加多变的世界——这,是另一种"喂饭之恩"。

是为序。

第一章

学语文
要趁早

"学语文要趁早。"

听到这句话,很多家长的第一反应当是不屑——"不就母语嘛,孩子自己就能学会";再是焦虑——"音乐要趁早,舞蹈要趁早,英语要趁早,什么都要趁早,孩子的时间哪里排得开?"。如果这句话恰好落在一位中学生父母的耳朵里,他定会深以为然,不管是因为懊悔还是因为庆幸。

学语文要趁早。我之所以提出这句话,是触发于自己的双重身份——一名学龄前儿童的妈妈和数百名中学生的语文教师。

为什么语文学习要趁早?

身为一线教育工作者,我能接触到很多孩子,会遇到各种各样的教育难题,也能在相对长的一段时间内观察孩子的成长——看一位小学生如何变成中学生,如何毕业,工作,走进自己的生活。这些财富都增加了我内心的从容;但我也和许多平凡的母亲一样,难免在某一时刻,为这个时代的焦虑所裹挟。

女儿4岁时,我开始正式为她报课外班。在"大众点评"一通搜索,再骑着自行车踏遍家周围方圆几公里,各种才艺类、运动类的培训如火如荼,向人昭示着这个世界的纷繁入口,却从来没有一家机构做语文启蒙、文学启蒙。原因很多,其中显而易见的一条是:在大众眼中,语文不过是母语,文学也不是一项可以傍身炫耀的特长,只需要在英语、钢琴、围棋、冰球、跆拳道之间见缝插针地读读绘本就可以了。文学之美因为常见，反倒湮没无闻，与其失之交臂，无疑是我们的悲哀。

我也开始研究各种英语学习的途径，希望女儿日后步入多赛道时能轻松一点。随着考察各种机构、关注公众号、加入论坛，各种咨询潮水般向我涌来，让我目不暇接：跟着动画片学英语、跟着绘本和儿歌学英语、自然拼读、在线外教、线下外教、AI互动课、各种分级读物……第一次踏进这片陌生的海洋时，我几乎被惊到：中国家长对孩子英语学习的研究是如此之深，热情是如此之高。随意打开一款英语启蒙APP，你会发现0—2岁就已经叫作"种子阶段"，而语文启蒙在哪里？也许是被读绘本、背古诗替代，也许被装进了"大语文"一词里：9.9元古诗课、19.9元成语课、《声律启蒙》听读课、每天一条作文素材、299元名著仿写集训班……这些都是语文，却都不是语文的学习力所在。要想学好语文，显然不是9.9元、19.9元、299元就可以搞定的。

> **?** 语文基础没打好，到中学会有什么后果？

在一线工作12年，我和同事有以下几点发现：

一是学生初三毕业时语文学业水平的相对位置与其初一入学时基本持平；也就是说，孩子语文水平在同龄人中的相对位置小学阶段就固定了，鲜有成功突围的案例。

二是语文水平处于下游的学生，除了三年都将是下游之外，语文水平也很容易举步不前；也就是说，语文一旦小时候没学好，就可能出现进展缓慢甚至停滞的现象。

三是目前语文学习整体状况并不理想。有些学生一年也读不了几本书，读书只喜欢轻松的畅销书，稍有难度，哪怕是教材要求读的名著也只翻翻梗概。打开学生习作本，600—800字的篇幅内，有半数学生使用的词汇仅限于日常交际用语，书面用语凤毛麟角，句式缺少变化。一些理科"学霸"也会出现这种情况：各个学科总分高，语文基础与阅读分数也不错，到了作文却只能得 32 分，低于平均成绩（一般为 33 分，满分为 40 分）。这使得他们在年级优秀生的角逐中永远因为语文、因为作文而失去登顶的机会——也就是说，写作是任何学习素质的孩子都要去面对的课题。

以上三种情况，到了中学，往往就非老师之力可为了。作为语文老师，我深感母语之美、文学之美，看到那么多孩子无法很好地运用这么丰富的语言，心灵也缺少文学的滋润，真是深感无奈、痛心。正是这种感受促使我下定决心，撰写此书。

❓ 为什么语文学习不能到了中学再发力？

这要从孩子教育的长程规划来回答。随着年龄的增长，孩子学习的内容越来越多，时间越来越少。大部分家长都希望自己的孩子能拥有至少一项拿得出手的才艺、一项可以保持健康的运动，英语也早学一点，在这条赛道上抢占先机。这三项，哪一个不需要花费大量时间呢？一名公立幼儿园的儿童，每天大约下午 5 点放学，晚上 8:30 入眠，中间有 3 个半小时，还要扣除玩耍、亲子闲谈的时间，再听听英语，练练才艺，还剩下多少时间呢？上了小学后，以公立学校下午 3:30 放学为准，晚上 9:00 入眠，中间看似时间变长了，但是孩子的课业要求上来了，才艺、运动需要花费的时间也相应延长了。到了中学，通常下午 4:30 放学，但学生需要学习的科目陡然增加到了 9 门，参加中考的就有 7 门，音乐、美术、国学、天文、劳技、人文类与科技类等选修课也都有等级成绩，任意一门不能拿到"优"都不能参评"三好学生"。在这样沉重的课业负担下，学生能拿出多少时间给语文呢？即使语文老师想用力，但学习的主体是学生，他们还有很多门功课啊！

再从"田忌赛马"的战略思想来看，语文最容易成为被舍弃的"壁虎尾巴"。这门学科根深叶茂，一旦没打好基础，就容易积重难返，成绩上升困难。面对时而到来的月考、期中考、期末考以及各科大排名，谁还能拥有从头播种的镇定呢？还是把时间分配给记背成分多的学科，提分速度快。遗憾的是，没有人是壁虎，可以新生一条尾巴，只有一种结果，就是"它"——语文，成了一些学生，甚至是优等生想拾也拾不起来的"痛"。

再补充一点：不要单纯以小学成绩来评定孩子的语文现状。小学教育在评价体系上通常以鼓励为主，学习节奏也慢，并不能明显地看到孩子的学习根基和能力的差距。到了中学，需要同时协调多门学科的学习，内容难度提升，学习节奏加快，孩子之间的差距一下子就显现出来了。因此，在小学就要细心考察孩子在同伴中真实的语文水平，未雨绸缪，不要到了中学后亡羊补牢。

任何一门技艺都需要遵守 1 万小时法则，更何况语文呢？学习这门学科，不仅需要像居里夫人一样，有科学的精神与专业的方法，还需要有从几吨沥青废料中提炼 0.1 克镭的耐心，才能最终见到它发出的幽幽蓝光。不过，也实在没必要沮丧，并不是每个孩子都富有文学天赋，正如不可能每位妈妈都是语文老师一样，最重要的是树立起理念：语文学习要付出，越早开始越好。

母语也需要学习

母语也需要学习吗？

这一点，英语国家最先给出了肯定回答。有一本英文原版书给我很大的触动，名叫 *How Are You Peeling? Foods with Moods*，讲述的是食物和情绪的故事。书不厚，我数了数，里面描述情绪或者与情绪相关的行为的词居然有 30 多个：快乐、伤心、忧郁、烦躁、暴跳、担心、生气、迫不及待、富有安全感、好笑、困惑、沮丧、惊喜、胆小、热血沸腾、尴尬、嫉妒、紧张、害羞、抱歉、失望、骄傲、疲惫、介于胆小与激动

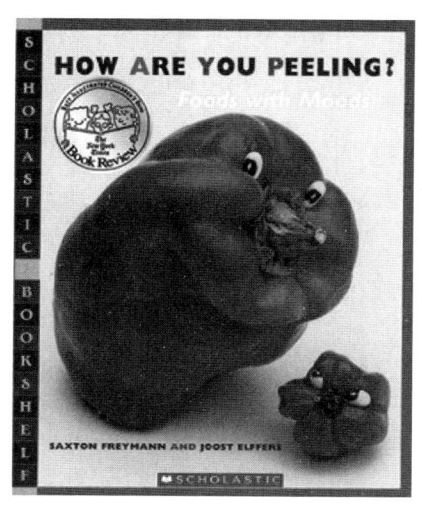

英文原版书 How Are You Peeling? 封面

之间、噘嘴、大笑、尖叫、哭喊、哭哭啼啼、需要一个吻、干杯、一个温柔的微笑。每个情境都配了用食物做成的表情照。

一个语文老师，看到这30多个词就像捡到了一堆宝贝，这是多丰富的教学资源啊！孩子可以一口气接触、温习这么多词语，而且潜移默化地养成以"玩"词"用"词为乐的意识，这是多好的事儿啊！

像这样的原版绘本，还有不少。英语国家相当重视教孩子学习母语，有各种流行的分级读物——牛津树、海尼曼、大猫、培生、RAZ等等，词语和句型都是反复出现，煞费苦心，还有虚构和非虚构的阅读类型。现在，这些分级读物都被中国父母拿来教孩子做英语启蒙，甚至忘记了它们其实是为母语学习者开发的，更忘记了拿出同样的劲头儿去给孩子做中文启蒙。

反观中文原创绘本，将汉语语言学习作为一个目标去创作的，凤毛麟角。为什么会有这种差异？原因不是我们本文讨论的重点。但是，我们却可以从现象中获得有益的启发：母语也是需要学习的，词语、句式，都需要像捡贝壳一样一个个拾起来，放入自己的百宝箱，这样，才有可能用言语镶嵌出美丽的皇冠。

以母语为依托的阅读需要学

经常有家长困惑地说："我的孩子挺爱读书的，为什么语文成绩就是不好呢?""挺爱读书"是个笼统的说法,在父母眼里,孩子翻动书页的背影就已经足以构成未来的幸福图景了。能不能再往下观察一步,思考一步?

——孩子读书的类型是单一的,还是多元的(不同文体、不同作者、不同文化背景)?

——孩子读书是只关注情节,还是全方位思考(主题、人物、语言)?

——孩子读书后是否有反刍或者与他人交流的兴致和习惯?

——中学后,孩子持续阅读的时间能否超过1个小时?

——除了泛读,是否经常有亲子共读形式的精读?

如果这些问题的答案都是"是",显然,孩子的"爱读书"是真爱。如是,则不会有这样的困惑。

即使真爱读书也还不够,如何阅读也需要学。《如何阅读一本书》的超级畅销恰从侧面证明了人们在这些年对阅读方法的重视。这是一本专门讲述阅读方法的书,初版于1940年,大幅修订于1972年,2004年引入中国并一跃成为畅销书,延续至今。在语文教学领域,全国统编教材已经将阅读方法正式纳入学习内容,比如:精读和跳读、圈点与批注、选择性阅读、摘抄和做笔记、纪实作品阅读、科普作品阅读、古典小说作品阅读等。

诚然,孩子的阅读要循序渐进,没必要在启蒙阶段就解决所有问题,父母从事语文教育相关工作的也一定是少数,他日必有语文老师、语文课作为学习阵地。如此陈说,只是希望对语文启蒙阶段的父母说一句来自未来的话:阅读真的是一项需要好好学习的事儿,不要因为它披着母语的外衣就忽略了它的难度。更何况,父母中也一定会有相当大的群体热爱阅读(比如正在翻阅此书的你),完全可以将自己的阅读经验一点点渗透给孩子。所谓阅读方法,正是日积月累天天操练而成,焉能靠一节语文课解决问题?又焉能等到中学上语文课时再去解决?

以母语为依托的写作需要学

下面的情景也是时而遇到的——

爸爸妈妈拿着孩子的作文试卷站在老师面前，抱歉地说："老师您看，孩子的作文怎么办？"孩子就在那里低着头，做错了事又不知道怎么改的样子。

什么样的作文会让老师心头沉重，让父母抱歉，让孩子无措呢？

症状一：干瘪的，想不起来写什么。

诊断一：发生过的事、引起的情绪波澜都在一瞬间倏然而逝，感受力是浅显的、短暂的。从小日程被父母安排得满满当当，没时间去发展感受力，也不习惯关注自己的感受；或者有感受，但很少与爸爸妈妈或同伴一起交流，感受力变得越来越薄弱。

症状二：不会表达——书面词汇量少、密度低；句式呆板，只会用"我"开头；有感受，却抓不到合适的词语表达；写出了句子，又觉得句子缺少表情，无法表达情绪的精微之处。

诊断二：阅读时没有积累词汇和句式的习惯，语言储备仅限于日常口头交流。

症状三：从小学到中学只会一种写法，即按照时间顺序把事情讲一遍，象征、衬托、铺垫、伏笔、倒叙、双线结构等写作技法一概不会使用。

诊断三：读书只关注情节，看个热闹，不去学习行文的写作手法。

如果作文出现了以上三种状况中的任何一种，都是很难在短期内改变的。实际情况往往是：小学时作文分差不大，到了中学差距就显现出来了，可孩子已经没有那么多的时间来提高写作能力了。

父母之爱子女，必为之计长远。写作就是一件需要"计长远"的事。"作文写得好那都是天生的"这种论调，要么是把未来赌在运气上，要么只是因为没有看到背后的付出。

举最简单的例子，如何写好"风"？

首先，要积累相应的感受。春天的风什么样？吹到人脸上什么感觉？风与阳光、与雨水应和在一起什么样？风中的人们穿什么样的衣服，有什么微小的举止是区别于无风时的，表情什么样？春风吹过的花草树木什么样？夏天好不容易吹来的一阵风什么样？冬天夹着雪来的风什么样？你心情好时对风的感觉什么样？你心绪糟糕时对风又有什么感觉？旅行时，你从北方下了飞机感受到第一缕南方的风是什么样的？……

写作的前提一定是感受的打开。不是所有人都是感受型人格，没关系，阅读要做的就是用作家的心、画家的眼带着你去看你看不到的、忽略的东西。

其次，要积累词汇、句式、修辞和写作手法。

> 绘本《风来喽，咻咻咻》可以积累若干写风的拟声词：咻——、咻咻咻、呼溜溜溜、轰隆……

> 绘本《风喜欢和我玩》讲述的是一个小孩在自己的想象中与风玩耍的故事，为我们提供了观察风的多种情境。

  a.有时候风变得很强壮，他吹倒大树，推倒篱笆。我害怕了，跑进屋里，把门锁上。风在我背后追着，号叫着，想要从钥匙眼儿里钻进来，我告诉他："不许进来！"

想从钥匙眼儿里进来,这个感受捕捉得多好!

  b. 但是又有那么一天,风累极了。"风啊,"我轻声低语,"风啊,你在哪儿?"

  "嘘——嘘——嘘——嘘——"风回答着,他吹起一片落叶,告诉我他在那儿。我挨着他躺下来,我们俩一起在柳树下,进入了梦乡。

作家就是告诉我们"风在哪儿"的人。被阅读启发过的孩子,看世界的角度会不一样,再写风,他也许会在所有人都只感到蒸笼一样的闷热中,第一个感受到风的存在。

  c. 当叶子从树上落下,我喜欢把树叶扫成一堆。但风很快也来了,他要显示自己不需要扫帚也能扫落叶。

看这两处,作者对风的"性格"捕捉得多到位。读过这样的书,再去看风,才有可能看到风背后的故事。

/ 绘本《勇敢的艾琳》讲的是小女孩艾琳冒着风雪把公爵夫人的晚礼服准时送到的故事。书里把风描述成敌人,表现艾琳与它对抗时的勇敢。

  a. "回家去!"风尖叫着,"艾琳——回家——去——"

"我才不回家呢!"她高声叫道,"我不回家,你这讨厌的风!"

"回——家——去。"风声更尖锐了。"回——家——去,"它尖叫道,"不然……"有那么几秒钟,艾琳想,她是不是应该听从风的警告?不!礼服一定要给公爵夫人送去。

大部分学生写风,最多能用素描一样的手法描绘风中人的状态;但如果好好读过这篇文章,就可以把风写活,营造戏剧感,有力地表现主人公的勇敢。

b. 风要把盒子从她手中抢走，它猛击、裹挟、摇晃、抓挠着盒子。

这一串与风对抗的动词多漂亮，多准确！

　　c. 艾琳突然踩到一个坑，摔倒在地，扭伤了脚。她认为这全是风的过错。"别吹了！"她骂道，"你坏事做尽。你把一切都毁了！一切！" 风吞没了她的声音。

借由与风的交锋，艾琳说出了内心的愤恨。一个人送礼盒，多难写的独角戏，作者史塔克（对了！就是怪物史莱克之父）却借由与风的对手戏把过程写得如此精彩。

没有经由好好的学习，我们怎能奢望孩子写出好的文章来呢？

对于父母来说，要想孩子学好语文，就得放下任何一丝侥幸心理，拿出1万小时，拿出研究英语学习的劲头儿，好好和孩子一起去领略汉语的美好、文学的美好。一旦真正踏上这条路，你就会忘记语文是一条需要早点儿踏上的赛道，只觉一路上"芳草鲜美，落英缤纷""沉醉不知归路"，就像我和我的女儿一样。

语文启蒙要达到什么样的目标？

做到什么程度，就算达成了语文启蒙的目标呢？

作为语文老师，我也经常被鸡娃文章中的数字吓到：3岁识字量2000，4岁自主阅读长篇小说，5岁古诗词储量1000，6岁词汇量达到高中水平，7岁每天能写10首诗……想想看，孩子对数字的感觉是模糊的，只有在成人的世界，数字才是通行的标准；孩子看到物品本身，而大人看到的是价格。每次看到这些数字，我都悚然一惊，成年人对于这个世界的争夺和占有已经侵入了童年的领地。

可是，学习不应该是童年的主旋律；

可是，每个孩子的天赋和学习特点是不同的；

可是，提前学会了这么多，课堂上孩子如何自处？

我想：孩子不是成年人之间自尊心的比较物，不妨放下对数字的在意，放下与别人家孩子的比拼；学习也不是百米冲刺，赢在起跑线未必能赢得全程的马拉松；对孩子语文学习的考量与把握，最好少用统计法，多用观察法。

语文启蒙应该达到什么程度？我试着用自己语文教学的经验，列出几个维度、若干种表现，供参考。

对语言文学感兴趣

1. 听到好的词语和句子会有意识地积累，在自己的语言中实践；

2. 享受阅读，不仅爱读讲求情节的文字，也能接受散文、诗歌、科普等多种风格的文字；

3. 兴趣因素之外，对书的优劣也能持较中肯的判断；

4. 乐于与大人探讨书的内容、主题、艺术风格等；

5. 具备一定的读图能力，理解绘本通过图画传递出的语言；

6. 除了声情并茂的朗读，也能接受语气平淡的朗读；

7. 有一定专注力，能持续阅读或听读。（持续的具体时间根据孩子个体情况而定。）

有良好的感受力和想象力

能够调动自己的五种感官，对自然风景、人类情绪、生活物品、艺术造型等有自己的感受，乐于进行简单的表达或交流；

在游戏中不拘泥于玩具本身的玩法，经常能够开发出物体的各种可能性；经常有好点子进行玩耍。

形成自己学习语文的方法

如果孩子长期、频繁重复一种学习行为，就是她在不知不觉中形成了自己的学习方法。孩子一旦在这种方法中尝到成功的喜悦，就会在以后的岁月里，不断应用和改进这种方法，形成良性循环。在与父母教养方式的互动中，每个孩子形成的学习方法也不相同，我描述两种作为参考（当然，方法经常是交叉的、多样的），请读者试着描述一下自己孩子的学习方法。

小 X 的学习方法：通过反复听读，自己将字音与字形对应上，学会认字；

小 C 的学习方法：通过反复听读，下意识背诵，主动积累词汇和句式。

我孩子的学习方法：_____

有较为充足、丰富的语言储备

• 有充足的书面语输入量，每天不少于 1 个小时，最好更多；
• 有丰富的语言储备，包含各种文体、不同作者的文风、体现不同国家和文化背景的文字。

能够自信、流畅地进行语言表达

• 有表达的自信，乐于用语言描述自己的经历，表达自己的看法；
• 能够说成段的语言，注重细节的描述，讲究词语的选取，有意识地追求语言的生动性。

另有两点补充说明：

第一、在内容的考量上，识字、拼音等都是知识性的内容，孩子早晚会掌握，不妨给他们一点耐心，但是兴趣、习惯、积累等方面却是要打下坚实的基础的，因而我重点描述这几个维度。

第二、以上描述均为最高等级，旨在给家长们提供一个考量问题的角度。每个孩子在语言表达、阅读能力等方面的发展都存在着不均衡性。可以思考，不必比较。

父母是孩子
最好的语文蒙师

第二章

父母功课一：多说话，说有质量的话

父母的语言有多重要？

《父母的语言》封面

先来分享一本对我深有启发的书，《父母的语言：3000万词汇塑造更强大的学习型大脑》，作者是美国芝加哥大学儿科教授达娜·萨斯金德博士。早期，达娜博士只是一名做小儿人工耳蜗手术的外科医生，但她发现同样成功施行了手术的两名儿童几年之后智力发育却有着天壤之别。

这是为什么？书题中的3000万词汇又指的是什么呢？

达娜率领团队进行了长期、深入的研究，最终的结果表明：在儿童3岁进入幼儿园之前，高知家庭和低收入家庭的孩子之间，就已经积累了高达3200万的词汇学习差异（如下页图所示）。这一令人震惊的数字背后，真正的差异是词汇量、语言处理速度、学习能力以及智商的差异。神经科学的研究告诉我们：儿童出生后每秒钟能够产生700—1000条神经连接，语言的发展是大脑发育的开始，父母的语言是刺激大脑发育的最好教育资源。3000万词汇的差距会极大影响儿童在数学概念、读写能力、自我管理、执行力、批判性思维、情商、创造力和毅力等方面的表现。到三年级时，孩子之间就会产生显著的成绩差距。[1] 这项研究成果被5000种学术期刊转载，据此，达娜博士发起了白宫"结束成绩差距"项目，也就是3000万词汇计划。

13—36个月的孩子平均每小时听到的语句

脑力劳动者家庭的孩子	487句话／小时
工人阶级家庭的孩子	301句话／小时
接收福利救济家庭的孩子	178句话／小时

3岁孩子累积听到的单词量

脑力劳动者家庭的孩子	4500万个单词
接收福利救济家庭的孩子	1300万个单词

相差3200万个单词！

家庭出身就决定了孩子的语言能力吗？不是的。儿童早期语言环境研究先驱的另一份报告指出：父母的社会经济地位并不影响孩子学业的好坏，父母与孩子交谈中使用的语言才是最关键的影响因素。因此，不

---

[1] 本结论引自《父母的语言：3000万词汇塑造更强大的学习型大脑》，达娜·萨斯金德、贝丝·萨斯金德、莱斯利·勒万特 - 萨斯金德著，任忆译，机械工业出版社，2020年4月第1版。

要因为这份报告中家庭阶层的划分而骄傲或沮丧,造成孩子差异的关键在于爱与教育语言上的投入。可以作为佐证的是,根据我在中学一线教育的经验,一些高收入脑力劳动者家庭的孩子甚至在词汇量和学业成绩上低于其他孩子。原因固然很多,可以肯定的一个原因是这些高收入家庭父母忙于工作,长期将孩子交给祖父母或是保姆教养。令人惋惜的是,这些小孩因此成了沉默寡言的人,或是行为乖张、语言匮乏的人。由此看来,父母给孩子最好的礼物,不是金钱,而是充满爱意的语言。

在另一本世界级畅销书《不平等的童年》中,也专门辟出一章讲述父母语言的差异与孩子学业成就差异的相关性。

以上是社会学维度上对儿童早期语言环境重要性的研究。

再来看一下脑科学研究。进入21世纪之后,非侵入式、神经成像研究技术迅速发展,使得各种关于儿童的研究超越了外部行为的观察与推测,儿童脑神经发育机制的"黑箱"被逐渐打开。在最新的科学成果[2]中,有两项尤其值得在语文启蒙这个话题下加以关注。

一是婴儿阶段语言水平可以对其未来近10年的语言和认知水平产生深远影响。具体如:婴儿大脑的语言活动水平可以预期他们5岁时的语言发展水平及其读写能力;婴儿阶段的大脑语言加工图景,还可以预测儿童8岁的语言和认知水平。

二是儿童大脑发育存在"机会窗口期",这正是神经细胞快速连接和髓鞘化的过程,若有适当刺激会迅速发展,织成彼此连接、活跃的密网;相反,则那些曾经活跃的神经也将被视为废物修剪掉。杰弗里·尤金尼德斯说:"生物学给予了你一个大脑,而生活将其转化成了思维。"在一个人生命的初期,他全部的生活图景无疑都是父母给予、搭建的,

---

2 以下研究成果参考北京师范大学中国基础教育质量监测协同创新中心重大课题"早期儿童语言发展与脑科学研究的进展"。

父母是孩子最好的语言启蒙师。

　　社会学和脑科学的研究成果有助于我们建立起科学的认知，但我相信：很多父母在接触理论之前，早已出于爱的天性感觉到语言对孩子的重要性。分享一个我自己的小故事。

　　在女儿4个月时，两个学生从美国回来看我，一个是普林斯顿大学的，一个是纽约大学的。两个人在我家一见面，就热烈地谈论起了特朗普大选及在学生间引起的种种反应，由于刚下飞机，两个人语言中不时夹杂着英语。后来我们又谈论他们的留学生活、所学的专业数学和天文……算上共进午餐，两个人一共在家里待了三四个小时。而这些时间里，我女儿——这个还不会坐，只能靠在妈妈怀里的小婴儿，居然全程认真听我们的对话。倾听的标志是：安安静静，谁说话就看向谁。过去，家里的每个人都只当她是个大脑还没发育好的婴儿，说给她的话无非是关于吃喝拉撒睡，但这一天，她听到了多少新鲜的词语和句子啊！当那些语言流经她的大脑时，唤起了多少喜悦啊！原来语言这么有趣！——我猜她心里一定这么想。

　　这是我感受到的婴儿对于语言的渴望。可能很多妈妈都能回忆起类似的时刻。

　　因此，不管是与孩子的日常交流，还是唱儿歌、念童谣、看绘本，乘坐语言之舟，将孩子渡到这个广大的世界吧！让我们不只关心母乳和食物，关心体重和便便，也喂给孩子色香味俱全的语言，让孩子的大脑茁壮成长吧！

如何积极搭建早期语言环境？

　　一切的前提是树立语言意识。父母的话怎样才能发生良好的作用？首先是要保证数量，然后是追求质量。给几个关键词作为建议：

主动

早在肚子里，胎儿就已经可以一边听着贝多芬的音乐，一边把妈妈的肚子搅个天翻地覆了。她的耳朵早就准备好了，哪怕刚出生，也把她当作正常的人去交流吧。每天早上，小小孩儿一睁开眼，就大声地喊她的名字吧，热情地问她"早安"，不厌其烦地说："宝贝，跟爸爸说早安！""跟奶奶说早安！"婴儿当然不会说，只是转动眼珠，迎接一张两张出现在她眼前的笑脸；稍大一点，就会挥舞手脚，露出喜悦的样子了。晚上，再这样来上一遍"晚安"。不知道她什么时候能够切分"早""晚""安"这些词，但是在情境中，她便能将"早"与拉开的窗帘、明亮的天光联系在一起，将"早安"与人与人之间的问候连在一起了。

哪怕在1岁以前，孩子还不会用语言来回应，父母也要主动向孩子输送丰富的语言。"闲聊"是个有效的办法。

- **主动问询：**

"安全座椅舒服不舒服啊？"

"刚才的音乐是不是让你觉得高兴啊？"

"今天在姥姥家是不是玩得很开心？"

- **主动讲述：**

"这是你搭的小房子啊。挺有想法的哦，这边是尖房顶，那边的房顶就是梯形的；颜色也搭配得不错，这几个浅色看起来很和谐呢！红色放在这里有点特别，是想引起妈妈的注意吗？"

"今天出去玩真开心啊！妈妈也好久没看过这么蓝的天了。没想到花都开了这么多了。你看，这是西府海棠——妈妈特别喜欢的花，以前北京还很少有呢，这10年才多起来了。"

充分

充分，指的是除了有零星的话语，还要进行有目的的充分交流，以让孩子掌握分门别类的词汇、不同的句式，并学会在语境中使用。

比如说，每个父母都会对孩子行晚安吻。充分的话应该是什么样子呢？不妨参考绘本《数一数，亲了几下》：

痒痒的亲亲，吻在踢踢蹬蹬的小脚丫上。

湿乎乎的亲亲，吻在胖嘟嘟、香喷喷的小膝盖上。

啵啵响的亲亲，吻在圆鼓鼓的小肚脐上。

软软的亲亲，吻在圆圆的小下巴上。

飞快的亲亲，吻在扁扁的小鼻子上。

暖烘烘的亲亲，吻在肉肉的小手上。

毛茸茸的亲亲，吻在软乎乎的小耳朵上。

柔柔的亲亲，吻在困得睁不开的眼睛上。

这么一串话下来，有多少美妙的形容词、动词会带着爱意流经宝宝的耳朵和脑袋啊！有听觉的（啵啵响），有触觉的（痒痒、软软、柔柔、湿乎乎、暖烘烘、毛茸茸），有描述动作的（踢踢蹬蹬），有描述形态的（胖嘟嘟、圆鼓鼓、圆圆、扁扁），有描述质感的（肉肉、软乎乎）。从词汇形式来看也很丰富，包含了 AA、ABB、AABB。若从小被这样的语言"磨耳朵"，孩子的感受力会得到良好的发展——因为她真的会去听"啵啵响"，真的会通过皮肤去感受"湿乎乎"，真的会通过眼睛去注意"圆鼓鼓"；孩子更会发展出对语言的敏感和喜爱——"原来'暖烘烘'可以这么准确地表达我的感受啊！把词语放在口中反复咀嚼调度，真比所有的玩具都好玩！"。

再举一例，说说生活中怎样与孩子进行充分的对话。比如孩子正在拿着小碗玩花生米。

小手指伸进去，转呀转呀转。越来越快了，眼睛都快看不清了。

（描述可视的状态。）

哎呀，一个花生米飞了。"咻"，它着陆了。

（展示描述情境的拟声词。）

让我们找找它跑哪儿去了。桌子底下有没有啊？墙根有没有？柜子角有没有？

（展示描述空间的词汇。）

找到了。你可以把它捏起来，放回去。哎呀，小碗碰倒了，这么多花生米洒啦。没关系，我们可以把它们撮到一起，再抓进碗里；还可以把碗就着桌子边，拿手一推，你看，像推土机一样。

（展示描述动作的词汇。）

如果一个孩子在最初接触语言时听到过丰富的词汇，日后他在写作中，怎会只出现频繁的"拿""拿""拿"呢？词汇的丰富是将世界的丰富展示在孩子眼前。

也请别被括号里这么多专业角度给吓到，只要在总体上有一个意识就可以了——"我要有意识地给孩子更丰富的语言，比如词汇和句式"。另外，交流每天都要发生数场，不必次次都追求质量，毕竟谈话的前提是彼此的舒适。

引导

引导，就是让孩子多说话。这几年，很多家长都有了亲子阅读的意识，相对来讲，"表达"的练习被提起得还比较少。语言学习的效果如何？阅读的吸收如何？有很大一部分要靠表达、输出来检验。家长可以有意识地引导孩子多说，为他们的表达搭建台阶，让他们在言语上享受登高望远的乐趣。

举例来说：和很多女孩子一样，我女儿有一段时间喜欢玩看病的游戏。

第一阶段：她要求妈妈扮演医生，自己扮演病人小兔子（她的玩偶）的妈妈。这其实是孩子不自信的表现，她不知道医生会说什么，做什么。在这个阶段，我以示范来启发、引导孩子。

妈妈医生：请问您的孩子怎么了啊？

兔子妈妈：哦，她的腿摔伤了。

妈妈医生：怎么摔伤的啊？

（引导孩子讲述事件经过）

兔子妈妈：她跟小伙伴玩，爬到山顶往下冲，刹不住闸了，栽了个跟头。

（这是刚刚发生在她身上的真实事件。）

妈妈医生：来医院之前，你们处理过了吗？

（强化生活常识）

兔子妈妈：我用水给她冲了。

妈妈医生：让我来看看。伤口不算大，但是破了皮，上面渗出的除了血，还有组织液。我需要给她上点药，包扎上，隔绝细菌。伤口不能沾水，这两天你给小兔子洗澡可要注意避开这个部位了。每天消毒换纱布，三天后，伤口就可以结痂了，到时候就要把纱布解开了，皮肤在空气中才能好好呼吸。记住了吗？

（复述医生的话，不避讳使用"组织液"等名词，引导孩子在游戏中操练说明性语言。）

第二阶段：女儿当医生，我当兔子家长，用提问的形式引导孩子多说。

女儿医生：你的孩子发烧了啊？请问几天了？什么症状啊？

（用到了"症状"这个词，证明女儿在不断学习这方面的词汇。）

兔子家长：三天了，每天低烧。

（妈妈尽量少说，让女儿来追问。）

女儿医生：那精神状态怎么样啊？食欲好吗？臭臭怎么样？

（用到了"精神状态""食欲"两个书面语。）

兔子家长：精神不太好，干什么都兴致不高，也不太爱吃东西。臭臭嘛……您指哪些方面？

（妈妈少说，让女儿来拓展。）

女儿医生：每天都拉臭吗？形状怎么样？成形吗？拉的时候费力吗？

……

以此类推，妈妈不断示弱，不断释放出请求帮助的信号，女儿不断调动起自己的经验储备，一遍遍练习医学领域的话术。

孩子热爱角色扮演，通过大人的示范性引导、搭台阶式引导，她就能不断操练不同领域的话语，丰富对这个世界的认知。

鼓励

除了全本阅读的育儿书，我还在某听书平台听读了不下50本育儿书，听到最后，会发现这些书很多观点都是相似的。重要的一个相同点是：要给孩子"肯定反馈"，如果孩子听到的语言更积极，更具有鼓励性，他对自己的评价就越正面。比起没有信心的孩子，这种"信念差距"也将极大地影响孩子的成长。

作为一线教育工作者，我对鼓励的巨大价值深信不疑，并将其早早地运用到女儿身上。值得注意的一点是：夸奖一定要夸得具体，才能让孩子信服，才能对孩子的行为起到引导和示范的作用。比如：

"把奶打翻了",哇,你都会用"把"了,真棒!

"一头牛","头"这个量词用的真准确啊,你是什么时候学会的,真令妈妈惊奇。

你说了"白浪滔天"?呵,这不过是一堆包装盒里的破烂垫纸,你居然想出这么美妙的词,佩服,佩服!

你刚才说了一整段话耶,足足有八九百字,妈都不知道你什么时候长的本事。我最喜欢你那个转折了,"小蚂蚁等得不耐烦了,想出来,结果脚一滑又掉进了池塘里"。

……

你可以想象,每次听完妈妈的夸奖,女儿都会露出骄傲的笑脸,下次,下下次,她会经常以表达为乐,发现自己说的好句子还会主动告诉妈妈,"妈,你听听我这句是不是说得很好啊?"。

这就是鼓励的巨大能量。

也许有相当多的父母是不善言谈的,为了孩子,有意识地稍加注意自己的语言,你也会从中领略到乐趣,语言绝不仅仅是满足日常事务性交流这么简单,它是人类智慧的结晶,经由语言,可以抵达人心的美丽花园。好好用言语去滋养孩子的大脑和心灵,这将是一趟美妙的亲子发现之旅。

父母功课二:感受力和想象力的培养

我也经常在网上阅读热心妈妈写的鸡娃文章,以此获取教育灵感。这几天一篇文章引起了我的深思。这个家庭几乎被表格统治了:大大小小的墙壁上挂着各种月计划、周计划、日计划,时间精确到分钟;中文自主阅读计划、英文自主阅读计划、冰球锻炼计划、钢琴计划,内容精确到词汇、课文、曲子的第几遍。每一个计划后面都留有一个需要去填充的空格——做完了打钩；每一周家里唯一留白的墙会投影上PPT，家庭成员每个人上台宣讲自己一周的总结。做得好的奖励是什么？自由玩5分钟ipad。5分钟！能玩些什么？算开机和关机的1分钟吗？

做他们的孩子开心吗？我无权回答这个问题，只知道自己读了文章之后感到的惊恐、压抑久久没有散去。

我尝试调动自己的专业经验来思考这件事。

也许，这个家庭中的孩子会成长为一个优秀的人，做事情井井有条，谨慎周到，学业扎实，在运动和艺术上各有一项拿得出手的特长，未来上好大学有好专业，毕业后顺利谋一份稳健的工作。按照好的结果去推想：我们设想，这个孩子是顺从型人格，接纳、理解这种教育背后父母的苦心；我们设想，能够制订如此周密计划的父母也优秀到可以随时调整自己的教育方式。但也有可能，一切都走向反面，孩子有一天厌倦了所有的被安排……

这个故事最令我压抑的是表格合力透露出的一种决心——决心将教育的每个环节都尽在掌握之中，决心将人置于一种强烈的秩序感中，决心抓住一切"好"的东西将"未来"装入囊中。

出于职业习惯，我本能地推想：这个孩子的语文学习会怎样呢？

坦白讲，作为语文老师，我判断一个孩子的语文潜力时，并不看重他几岁实现自主阅读（那是孩子早晚都能做到的），首先在意的是他是否有一颗丰沛的心灵——在阅读中寻找共鸣，在生活中发现美丽与曲折。

一个孩子说："北海的白塔像一朵发光的云。"

——这是我同事的孩子幼儿园时说的，他现在已经上高中了，我还记得。多美妙的比喻！这个句子的诞生不是因为他读了多少诗歌，而在于他无数次去过北海，看过碧空如洗后白塔皎洁明亮的样子，看过大雾天气只有白塔的边界从浓雾中凸显出来的样子，看过夕阳西下时白塔被余晖映照的样子……这些充沛的感受孕育了这个句子。

我女儿说:"如果头发穿上了衣服,他们彼此就变得孤单了。"

——这个句子恰切、可爱。女儿不爱睡觉,幼儿园每天漫长的午睡时光,她都是玩着自己的头发打发掉的。这些从容的时光孕育了这个句子。

莫言在诺贝尔颁奖典礼上讲述自己儿时的经历:

我小学未毕业即辍学,因为年幼体弱,干不了重活,只好到荒草滩上去放牧牛羊。……有时候,我躺在草地上,望着天上懒洋洋飘动着的白云,脑海里便浮现出许多莫名其妙的幻想。……有时候我会蹲在牛的身旁,看着湛蓝的牛眼和牛眼中我的倒影。有时候我会模仿着鸟儿的叫声试图与天上的鸟儿对话,有时候我会对一棵树诉说心声。但鸟儿不理我,树也不理我。——许多年后,当我成为一个小说家,当年的许多幻想,都被我写进了小说。

——很多人都夸莫言想象力丰富,秘密就在这些看似被浪费掉的时光里。所有写作最初的泥胎、最隐秘的动力,都是自己看到的、听到的、经验到的自然万物、人情世故。

阅读任何一部优秀文学作品,你都能感到"瞬间"被强化,被拉长(当然也可以是相反方向,那不过是不同的表现形式)。作家可以用5000字的笔墨写你一瞬间的感受,写天上一闪而过的云影,写一朵三瓣花的开放——那背后是一种对待时间的从容,像咀嚼橄榄一样对待感受,发展想象。

不论是大作家还是小学生,写作的前提还不是词汇的丰沛,而是感受力、想象力的发达;二者其实互为表里,词汇本身就是感受和想象的载体。

在我任教过程中，如果以"坚持"为主题写一篇习作，会有1/4的同学写跑步；如果以"＿＿＿也值得"为题目写作文，会有好几篇写钢琴，写书法……校园之内无新鲜事。以上题材固然都是学生生活中难忘的，但是大而言之题材贫乏，小而言之句子干瘪，不能不说这是感受力、想象力匮乏的一种表现。

文章开头提到的故事，之所以引起我情感的波澜，正因为它所蕴含的对时间的剥夺，剥夺到连5分钟的自由都是奖赏！

我们今天太重视书本的学习、间接经验的学习了！就因为感受力和想象力不能直接兑换成学习成绩、从业证书，我们就对它们视而不见充耳不闻；岂不知，这两者才是孩子长远发展的不竭动力。孩子需要闲暇，需要玩耍，只有在这种状态中，他才可能去发展自己。

关于想象力，经典童话《小王子》中有一个经典的测试：看看下面这两幅图，大人以为是一顶帽子，小孩子看到的却是一条蟒蛇正在消化大象。在大人心中，万事万物只有一个名字，一种用途，小孩子却能看到它的一万种可能。作家和艺术家不过是一直葆有这种想象力的人。

一根正在被啃的玉米，令你想起了什么？

女儿用手掰下一整排，说："妈妈，看！毛毛虫！"如果连根拔下完整的一粒，你当那是什么？"玉米棒棒糖！"最妙的是，有一次，我女儿从整根玉米的中间啃下两排来，向我宣布："妈妈，请收看，第一次播出的电视。"

一个鸡毛毽子，大人想到的只是踢，孩子却不这样认为。

它明明可以是很多东西嘛！把托儿拆下来，看，小兔子的奶嘴！两个减震垫，一个成了妈妈的项链坠儿，一个穿根线戴眼睛上扮眼科医生，拆了绳子还可以给小号娃娃当枕头。还真是，女儿小时候的定型枕就是中间有凹槽的。毽子毛怎么用？一根装饰在帽子上当公主，一把插在花瓶里当插花——这些还在我的想象范围之内。最妙的是，女儿忽然撩衣露出肚皮，用一根羽毛在上面拉着："妈妈你看，小提琴自己拉自己呢！"

如果将这样一种思维方式带到未来的习作中，一定也能写出令人愉悦的文字来。为此，我给自己定下规矩：一定要捍卫孩子玩耍的时间和权利，好好呵护她的想象力。

作为语文老师，我太知道想象力和感受力对于孩子未来写作的重要性了。不然，写作的时候，他会想不起来写什么；好不容易抓住一个事件，又不知道写什么细节。老师的作文评语是"描写过少"，糟了，那不是写作技法问题，首先是感受力问题。不然，他可能读了很多本小说，也无法创作一篇短短的虚构性习作；他可能接受了最先进的PBL教学法，依然无法创造性地解决问题，因为他对世界的认识都来源于书本，缺少直接的认知。

我们这些为人父母的，应该把时间还给孩子，把世界还给孩子。当他真正拥有自己的时候，创造才能成为可能——这不仅是语文，而是一切学科发展力的前提。

语文的外延是生活。语文启蒙，父母别只关注怎么教拼音教认字，还要把孩子放归到大自然中，置身到各种社会情境中，真正的学习在那里。

除了给孩子留出闲暇，日常生活中，我们应该怎样创造、挖掘各种语文学习机会，有意识培养孩子的想象力和感受力呢？

建议不管怎么给孩子安排课外班，每周都至少留出完整的一天时间来，带着孩子去自然和社会中直接学习吧！以下活动供参考——

• 安排长途旅行和短途旅行，带领孩子见识不同地区的自然风景、人情风貌；

• 保持与大自然的亲密接触，常去公园、动物园、植物园；

• 选择家附近一处小公园，定点观察，感受二十四节气中微型生态圈随季节的变迁；

• 积极了解、参与民俗活动；

• 参观各种博物馆（目前很多城市都有博物馆公园一卡通）的日常展和特别展；

• 参与各种艺术形式的展示，比如看木偶剧，听音乐会；

• 参与果菜采摘等农事活动；

……

互联网背景下，现代教育资讯发达，只消关注几个育儿公众号，这些活动信息就会定期送达手上，很多家长也乐于参与各种形式的亲子活动。那么，如何在这些活动中注意语文素养的培养，让孩子的感受力和想象力得以发展呢？具体的做法是经由父母的示范、引导，开发孩子的五种感官——视觉、听觉、嗅觉、味觉、触觉。

孩子的作文缺少细节，很多时候都是他的五感闭锁造成的。相反，如果有很好的感受力，平凡小事也能挖掘出动人之处。

在一次以"感动"为作文话题的阅卷工作中，众多以考试没考好却得到父母安慰为题材的作文令我早早地出现了审美疲劳，这时，一篇同题材作文却因为一个细节令我眼前一亮。

> 我一句话都不说，垂头坐在桌旁。父亲安静地站在身后，

连大气都不敢出，"当"的一声，瓷盘与桌子碰撞发出了轻微的响声，父亲仍旧什么也没说，轻轻地带上了门。可是那"当"的一声却在我的心里唤起了涟漪，一回头，一盘鲜艳欲滴的水果安静地躺在那里，似乎期待着什么。

虽然仍旧是老生常谈的话题，却因为小作者别出心裁地从听觉的角度切入，十分细腻而真切地写出了内心波澜，使得整篇文章在同题之作中脱颖而出。因此，要想在习作中写出丰富的细节，我们还应该更多地、有意识地调动起我们的所有感官，去听，去看，去嗅，去尝，去触摸。

举一个语文启蒙阶段的例子作为实践参考。去海边旅行，是很多家庭在孩子小时的首选。

如果孩子只有2岁，父母可以多用语言和行动进行示范，像这样：

这个是鸡蛋花，宝宝看看，花瓣白白的，芯儿这里倒是嫩黄嫩黄的，像不像你早晨吃的煎鸡蛋？闻闻香不香？昨天入住时一条鸡蛋花项链就把整个房间熏得香香的呢！你现在用的沐浴露是不是也是这种味道？摸摸看，花瓣还挺厚的呢，所以它比薄瓣的花开的时间更久呢！听，什么声音？风把鸡蛋花吹下来了，掉在地上噗噗响。

如果孩子年龄大一些或是语言发展比较好，就可以在示范中间杂引导和提问，像这样：

父母：小脚丫踩在沙子里啦，什么感觉啊？

孩子：细细的，软软的。

父母：像什么啊？

孩子：像做饺子时的面粉。

父母：海水从你脚下走过的时候什么感觉啊？

孩子：滑溜溜的，像一条小鱼碰了一下我的脚又溜走了。

父母：这个说法太棒了！你的好朋友没有来，给她说说你的感受吧！阳光怎么样，风怎么样，你都玩儿了什么。

（自由谈话，引导孩子多说，观察孩子自己的兴趣点。）

有不少孩子15岁了，依然很艰难才能把作文写到600字。如果写一次旅行，他只能想起"椰林树影，水清沙白"——麦兜是真的没去过，才只知道8个字的广告词——有些孩子却是去过了像没去过一样，只能写出一点旅游网站首页的东西来。为什么？因为在他5岁时，没养成感受事物的习惯。

宋代文学家苏轼有一句名言："耳得之而为声，目遇之而成色。"就是说，一个人虽然有耳朵，有眼睛，但如果不注意去听，去看，也会像没听见没看见一样。

一次考试时作文题目叫"＿＿＿＿ 让我流连忘返"，家长有点委屈地说："带孩子去过那么多地方，怎么一篇这样的文章也写不出来呢。"因为不只要去过，还要指导孩子去感受。当代父母还真不易当呢！其实，带着孩子感受的过程，也是加深自己感受的过程，若能这么想，也就甘之如饴了。

玩，是孩子的天性；在玩中学，是独属于孩子的学习方法。玩，既是感受力的锻炼，也是想象力的输出。"学校"一词，按照希腊语词源，本来就是闲暇的意思。"玩"之于孩子的重要，就像"下午茶"之于大人。

如果希望孩子未来语文好，先给他足够的闲暇，再在这些游戏中与孩子一起打开感受力与想象力吧！

父母功课三：不妨写写孩子的语言成长日记

现在，记录孩子的成长是一种常态。只需从兜里掏出手机，拍照录像，配上文字往朋友圈一发，就是一篇不折不扣的小日记。还有专门的育儿日记软件，图配文或是发小视频都可以，也有印刷公司支持导出和打印。

不过我自己的日记还是采取古老的手写法，因为觉得视频和照片是即时性、片段性的，不利于呈现长程的、内在的思考；从内容上来看，图像日记利于记录孩子的容貌变迁、行为活动；对语言和阅读的发展记录起来却不太方便。在育儿日记中，我着重关注了孩子发育的几个方面，会在段落旁标注关键词：大事件、运动发展、语言、阅读、情感，当然还包括各种我随时造出来的词语；每个关键词下面还会标上每个段落的具体题目，比如"抓蝌蚪"。请不要用专业的眼光去评价这些分类，我只是凭着做母亲的直觉在做事情。

或许因为专业背景是文学和教育，儿童的语言发展天然令我感兴趣。更多的父母群体不是相关专业的，那写孩子的语言成长日记有用吗？我觉得写日记至少强化了自己对孩子语言发展的关注，有思考才会想办法，才会有行动。孩子的语言发展到什么程度了？（比如会说"把字句"了，会准确使用"你"和"我"这两个代词了。）孩子的阅读发展到什么程度了？（比如能够注意到上下文之间的语意连接了，能对一本书的主旨发表自己的意见了。）当我们做父母的对孩子的语言发展了然于胸了，才能及时对孩子给予鼓励或引导，及时为孩子挑选更适合他下一步发展的学习材料。

写孩子的语言成长日记需要注意些什么呢？

一、记录关键的发展进程就可以，没必要当成负担；没时间写下来，夫妻之间口头谈论也不失为高效的方案；

二、语言成长日记包括输入（阅读）和输出（表达）两方面；

三、除了包含记录，还要包含反思。记录本身不是目的，通过给孩子写语言日记，对孩子的语言发展勤加观察、及时引导才是最终目的。

四、在"阅读"和"表达"两个类目下还可以细分一些关注点，比如阅读方面可以关注阅读持续时长、孩子参与度、读图能力、近期兴趣等,表达方面可以关注用词的丰富程度、持续表达的长度等。

以下将阅读和语言发展日记选编几篇分享。

—— 阅读类 ——

2017年5月8日 9个半月

下午睡了个好觉,醒来后你精神愉快。我把几样玩具摆在你面前,本想教你识记玩具,没想到你拿起一本书让妈妈读。奇迹发生了,你居然饶有兴趣地看了16本次!足足半个小时!我担心蒸紫薯的锅烧干了,老想起身,没想到你一直投入地看啊看。你乖乖地坐着,眼睛看着书页,不时发出"咦咦"的声音。而且你对书本也有了自己的偏好,会示意妈妈。那天我们读了《动物外套捉迷藏》4遍,《玩具玩具捉迷藏》2遍,《动物识图》3遍,《水果识图》2遍,《红绿灯》2遍,《叽叽叽是谁呀》1遍,《小蝴蝶等等我》1遍。看到小鸡球球,你还俯下身子亲了它一下……妈妈太激动了!真希望你将来是个爱书的孩子。

读书时参与感也明显更强烈了,每次都不厌其烦地用手抠起一个个翻页。《藏猫猫,藏猫猫,哇!》这本书,不仅利用折纸的手法让大的动物藏起来,也把小鸡球球布置在了各个隐秘的角落。你每次都用小手"啪"地拍上去,指出它的位置,信心十足。

2017年7月2日 11个半月

记忆力明显增强了,亲子共读时参与的热情更高涨了。一起读《鳄鱼怕怕牙医怕怕》这本书,你会发出倒吸凉气的声音,那是学妈妈表演牙疼;"唉唉"的声音,那是表示害怕;居然还能先知地发出"吱吱"

的声音，那是妈妈在表演钻牙；听到"怕"这个词，你就用钻进妈妈怀里来表示。

这种读法太令人愉快了。每次当你拿起一本书要求妈妈读时，我都很开心。

现在你开始会说话了，很喜欢跟着妈妈一起来念书，我也会一边读书一边教你说上几个词。看《小宝翻翻书》，妈妈讲："谁和我一起搭火车啊？"你用小手指掀开翻页，"是小象，妈妈教你'xiàng——'"，后来再翻到这页，你欣喜地说"xiàng——"。读《大家教给我的》这本书，每次妈妈读到"怎样散步心情愉快，是小鸡教给我的"，不等我说完下半句，你总是争着发出这个音"鸡"。

有一点妈妈要反思。读书时，我翻页比较快，为的是尽快读完，以求达到"我女儿连续读完了几本书"的骄傲心理。你喜欢《小兔比利》的第一页，一次次翻回来重看，反复摩挲小甲虫的翅膀，而妈妈总是企图往后翻，以求能读完整本书。真是惭愧啊！其实每一页书对于小宝宝来讲，信息量都是很大的，确实要看很久。

2018年1月25日　1岁7个月

前段时间添置了一个开架图书架，方便你自己选书。妈妈也开始去图书馆借书，以满足你日益增大的阅读需求。我总是把自己想让你读的新书放在最明显的位置，而你总是能找出你熟悉的"老面孔"。有时，也会尝试新的书。你的阅读岁月就这样在新书旧书、旧书新书中前进着。

有一本《有家的小猫》，这两天你没事儿就取下来翻翻。这本书讲的是一家搬新家后，发现一只旧主人的小猫被遗弃了，全家都喜欢她，除了妈妈。于是主人公百般努力，终于说服妈妈让小猫留在了家里。这个故事明显比专给婴儿读的绘本曲折复杂多了。相应的，每页的文字也达到了两三百，甚至更多，插图只能表现一小部分内容。开始我把大概的情节讲给你听，听了几遍，你还要求讲。妈妈就大胆地照着原文读了，毕竟原文的语言更考究。有时，读文字的时间太长了，你就急着说："妈妈指，妈妈指。"

这个信号给妈妈好几重启示：一、小宝宝还是很依赖看图的，图可以帮助故事更形象；二、你现在渴望复杂的故事，也在前期的阅读中积累了点信心和雄心，想挑战难一点的书了；三、太多细节和幽微的情绪你确实还理解不了，每页的字数应该一点点加上去。

2018年2月17日　1岁7个月

我躺在沙发上休息，你过来摸摸我的头，嘴里念叨着："妈妈发烧。"随手拿起旁边的电视遥控器放在耳朵上，说："喂喂，医生吗？妈妈生病了。"用小手指煞有介事地向上一滑，放下遥控器感叹道："没人接。"我假装搭戏，拿起遥控器说："我是医生，请给她打针吃药。"小东西用她最小最尖的小手指扎过来，妈妈叫："好疼好疼。""包扎，包扎"，你一边说着一边拿起一片卫生纸。"吃药，糖浆"，你在空气中捏起点什么倒进妈妈嘴里。"围巾，给妈妈盖上"，"好了，全好了！"。

——这可不是普通的过家家，这是"阿波林的小世界"中《小医生》这一册，哇，你全部演出来了。我们不知道表演了多少遍！

前段时间，你也出现了不爱读书的情况，需要妈妈哄了又哄，才强行把你按在自己怀里读书。缩短了看视频的时间后，你看书的专注力果真变好了。昨天妈妈出去喝水，上厕所，回微信，一直听到你自己在里屋念念有词地读《我妈妈的手提包》，我进去了，你居然说："妈妈走，希希自己读书。"

有一些词，我以前读书时都避过，觉得你并不懂，没想到你那么如饥似渴地学习语言，而且主动地、反复地练习。下面就是你刚自己练会的几个词：

"山岗，山岗，山岗……"（歌曲《采蘑菇的小姑娘》）

"咖啡卷，咖啡卷，咖啡卷……"（《我妈妈的手提包》）

"贵宾犬，贵宾犬……"（《我妈妈的手提包》）

"羊齿草，羊齿草……"（《菲菲生气了》）

"微风，微风……"（《菲菲生气了》）

又及：后来看《冰雪奇缘》，女儿立刻说："山岗。"看来，这个词语她是真的学会了。

—— 表达类 ——

2017年10月　1岁3个月

你在不断打磨自己的语言：

一天早上，女儿说："妈妈，你怎么能把我一个人留下呢？"想了想，又说第二遍，"你怎么能把我一个人孤零零地留下呢？"。

真好，多加了一个"孤零零"，你在不断打磨自己的语言。

2017年12月　1岁5个月

女儿："我坐在暖气上睡觉，睡一个'暖气觉'。"喝完茶，打了一个饱嗝，女儿又说：打了一个"茶饱嗝"。

妈妈："你的说法好生动啊！"

这两个小小的说法表明女儿正在把玩词语，并且自得其乐。

2018年12月　2岁5个月

前几天，爷爷奶奶带着女儿发生了一次不太严重的撞车事件，这是你经过夸张后讲的故事："撞车了，我一下子晕倒了。外面的车一辆辆从我们身边过去。有一个小朋友在汽车里看到了，喊：'妈妈快看，有个小朋友晕倒了。'"

妈妈："你这种讲故事方式太棒了。能从别人的角度去想象自己的情况。"

2019年2月　2岁7个月

女儿："我们要防蜱，防虫，防蚊子。"

妈妈纠正："'虫'是集合概念，不能与它们并列，要说'我们要防蜱，防蚊子'。"

2019年4月　2岁9个月

今天，你兴之所至自编了一首歌：

"地上有小孩，天空有鸟儿；

天空有鸟儿，地上有歌儿。

天空朝阳我爱你，秋夜中美丽的星星。

地上有那么多秋叶，天空有那么蓝的空气。

地上有椰子，小孩有水壶。

天空月亮我最爱，地上花儿我最美。

哪哪哪，哈哈哈……"

真好，注意到了语言的对称。

2020年1月　3岁6个月

今天，你有四处语言都很好：

"有多疼，就像整个霸王龙的尾巴都压在一个小脚趾上。"

太形象了，让人很有画面感，也能感到你想表达的力度。

妈妈一边给希希擦脸一边说："洗掉一天的灰尘。"

希希接话："也洗掉一天的兴奋和沮丧。"

接得真好。没想到妈妈"实写"你"虚写"。

希希："我的肚子饿得就像大饿狼的肚子。"

妈妈："这下我可知道你有多饿了。"

你评价电视里的篝火是"熊熊烈火"。这个词用得真好。

父母功课四：绘本和语文产品的挑选

经常被人问："能推荐几本绘本吗？"现在，爸爸妈妈们都知道读绘本重要，可是怎样找到合适的绘本呢？方法很多，却没有一种可以一劳永逸。好在，这个过程也是和孩子一起重返童年的美妙旅程。

下面就根据我的经验介绍几种方法。

阅读绘本研究类、实践类书籍

开始绘本亲子阅读之前,爸爸妈妈可以先阅读一些以"阅读"和"绘本"为主题词写作的书籍,比如理论研究类、书目介绍类、实践案例类。阅读这些书,犹如旅行前看地图,先站在他人的肩膀上凭栏瞭望,将大致的版图纳于心胸,走在路上就会备感目标清晰,线路灵活。

《朗读手册》

这本书的作者吉姆·崔利斯,是美国著名的阅读研究和推广专家,1989年,被国际阅读组织评为20世纪80年代对阅读推广最有贡献的八人之一。崔利斯曾以志愿者的身份每周去社区学校工作,20年来对阅读积累了大量的一线经验,这些宝贵的经验汇聚成了这本书。自1982年出版起,《朗读手册》每过几年就会根据时代进步和研究更新进行修订,今天读来一点也不感到过时。

这本书集中了丰富、具体、可信的案例,详细讲述了朗读开始的时间、阶段,朗读的要领、禁忌,家庭、学校图书馆的建设,如何处理迷恋上网和看电视的问题等。至今我们在亲子阅读领域实践的很多有益方法依然是这本书提到的,或是与之不谋而合的。

《幸福的种子》

这本书的作者是日本的松居直先生。先生生于1926年,而立之年进入日本福音馆担任编辑,创办《儿童之友》杂志,从20世纪50年代至今,为日本的图画书事业的繁荣立下了扛鼎之功,被称为"日本图画书之父"。这本书集中反映了松居直先生在绘本鉴赏、亲子共读方面的理念,也是较早引入中国的绘本理论书,影响深远。

现在市场上还有松居直先生的其他著作，如《如何给孩子读绘本》、《松居直喜欢的 50 本图画书》、《我的图画书论》、《绘本之力》（合著），可做拓展阅读。

《世界图画书阅读与经典》

这本书的作者是我国图画书研究的先行者彭懿。彭先生于 20 世纪 90 年代留学日本，研习儿童文学，后任职浙江师范大学儿童文化研究院。他的青壮年正与绘本在中国的兴起、繁盛同期。在儿童文学领域，彭先生不仅是一位卓有建树的理论研究者，也是一位多产的作家，比如绘本《妖怪山》。市面上的绘本，多以得到彭懿的推荐为荣。

这本书"上篇"系统介绍了图画书在编辑、创作方面的特点，"下篇"详细介绍了 62 本世界经典图画书。这本书的姊妹篇《世界儿童文学阅读与经典》，可供大龄儿童挑选图书之用。

《绘本有什么了不起》《绘本的读写游戏》

这两本书的作者是台湾的林美琴，儿童阅读与写作教学研究，工作坊主持人。相较于理论性书籍，《绘本有什么了不起》更偏重于探讨如何通过绘本阅读构建阅读力，并给出了探索、实践的多种建议。《绘本的读写游戏》可以说是案例集，重点讲述了形式各异的手作绘本的制作方法。阅读理解、想象写作、美术手工——手作绘本是脑、眼、手联动的综合活动，可以为我们的亲子阅读提供新颖的思路。

《当绘本遇见戏剧——教室里的小剧场》

这本书的作者是台湾的葛琦霞，曾担任小学语文老师十余年，从教期间获得台湾"师铎奖"，后专门从事儿童阅读推广工作，担任台湾悦读学堂执行长。葛老师早年曾从事戏剧表演工作，在著名的纸风车儿童剧团担任演员和说书人，后又从事小学教育工作多年，熟知儿童教育与戏剧结合的重要意义，并亲身实践出自己独特的将阅读、课堂和戏剧相结合的方式。

这本书从戏剧的角度为我们提供了阅读的思路，亲子活动的思路。

要注意的是，台湾作者的这三本书中提到的不少绘本在大陆尚未出版，但是就其内容而言，可以给我们的绘本阅读带来不少启发。

观书展、逛书店、云游购书网站

童书展一般不只有常规意义上的书籍展示、售卖、版权洽谈，还有围绕书籍推广的各项活动。中国一南一北有两个童书展值得推荐：南有"中国上海国际童书展"，北有北京"中国童书博览会"。

花点时间逛书展，你可以获取最新鲜、最全面的图书信息。以2020年"上海童书展"为例：有超过350家童书出版机构和儿童相关文化企业参展，共展出中外最新童书超过6万种，其中外版童书约2万种，可谓琳琅满目、蔚为大观。当然，逛书展不只是去买书，还有大量的阅读活动可以参加，最适合带上小朋友全家一起出行。以2020年北京的"童书博览会"为例：线上，"童阅"云分享，可以看到各种图书推荐等直播活动；线下，以"万象阅读"为展现主题，"万花筒"为表现元素，打造了一个万花筒梦幻阅读主题乐园，在这个乐园里，有主题阅读、绘本戏剧、阅读展映、阅读文创等多种多样的活动近百场。

一般情况下，书展开幕前半程活动较多，适合带孩子一起来逛，具体的活动信息在官网或是公众号上都会公布，可以看准了某个活动再去参加。书展的后半程，尤其是临近闭幕时买书的折扣会比较低，准备大买一通的大人们可以拉着家里买菜的小车去。

在书展上买书的两个优点是：一来可以亲手感受、亲眼阅读，这样买下的书往往比直接在网上买更合意；二来可以淘到一些"非流行书"，出版是一门生意，会出于经济目的营销某些书，冷落某些书——这些书也许不够新潮，鲜少有网站和公众号推荐，却是货真价实的好书。

所以，如果有时间，还是不辞辛劳，亲自去书展淘书吧。

目前的童书馆通常包含两类，一类是政府组织的公共图书馆，省、市、区、县级别的图书馆通常都有专门的童书馆开放，这类图书馆通常是免费的，只需办理借阅卡即可，也有若干免费的阅读活动可以参加，关注公众号信息即可。公共图书馆的问题在于书普遍比较陈旧，更新换代的速度不够，又经于众手，虽馆内都设有紫外线消毒柜，可以自行消毒，但阅读体验还是会受一定影响。

还有一类绘本馆是民营的，借阅和参加活动都需要交费。可以在网上搜索离家不远的书馆，一一探看。判断一家绘本馆的优劣大致可以从两方面去考虑：

一是装修布置是否充满童心童趣，唤起孩子对书的热爱，比如形式多样的书籍储藏装置、温馨的阅读角；在装修时是否重视孩子的安全和便利，桌椅是否有防撞条或是曲线设计，书是否放在孩子触手可及的地方；等等。

二是书籍本身的数量、摆放方式，从这一点可以准确地判断绘本馆主理人的专业水准。除却流通在外的书籍，一家绘本馆最好有不低于2000册的在馆量，这样才能满足基本的借阅需求；同时，经典书籍应该一书多本，常保持在馆状态。书籍的排列方式可以多种多样，按年龄排，按主题排；书的排列也可以时有变化，比如按时推出每周榜单，按季节、节日推出专题书栏，比如"春天"专栏、"母亲节"专栏。再看书的内容，比如推出"春天"阅读专栏，如果低于五本书，也没有公认的经典作品，则这家绘本馆主理人的识见就堪忧了，毕竟，绘本馆的任务就是知大家所不知，让大家按图索骥啊。

还有一类绘本馆，业务是线上借阅，比如老约翰绘本馆。此类绘本馆线上有非常多的书单、书目信息，只是网上的信息比较单薄，感兴趣的书可以通过其他途径继续搜索，进一步了解。

除了绘本馆，亲子餐厅、亲子酒店、儿童乐园、早教机构都会有小书架放上几本绘本，只要看到了，就随时随地拿起来看吧，这些都会给挑选绘本带来一点启发。

云游购书网站也是我常干的事，自以为获益颇多。我们身处大数据时代，一个人买了这本书，通常还会想买哪些书——同一个作者的？同一个主题的？购物网站早已用数据技术帮我们算好了。只需点开页下的联想，就能获得与此书相关的一系列信息啦！

关注公众号

我一般关注三类公众号：一是出版社、童书馆的公众号，比如接力出版社、蒲蒲兰绘本馆等；二是图书售卖网站类公众号，如当当网；三是育儿类公众号，比如"童书妈妈三川玲"等。这三类公众号都会经常推送图书信息，有时是主题阅读书单，比如"幼儿园系列""想象力系列"，有时是将某个作家的作品打包出售，比如史塔克系列，有时按照年龄分场，比如0—2岁、2—5岁等。依据我的经验，按照公众号的推荐来买书，有以下几点值得注意：

- **了解推文背后博主的背景**

如果是根据育儿公众号来买书，要了解一下博主的背景。如果是出版行业出身，会对书的创作、出版的来龙去脉比较了解，有业界资源，此类推文从书的诞生角度谈得比较充实；如果是其他行业出身，自我"育儿"有心得，转投此行业，此类推文常带有个人色彩，侧重阅读效果。

以上两种均需要爸爸妈妈根据自己孩子的情况做出判断。

- **根据推文的繁简做功课**

有些推文写得非常用心，动辄六七千字，可以从创办者的生平、创业经历一直讲到书的诞生、书的具体内容、既往的出版传播情况，此类推文可信度较高，只需要根据自己孩子的适读性购买即可。有些推文，特别是主题书单，提到某本书时往往比较简单，想要购买了不后悔，可以再上网查找更具体的资料。

- **了解一定的营销策略**

更多的推文是以卖书为目的的，往往有以下几种情况：一是自己的孩子喜欢看，主动联系出版社，看能否拿到折扣；二是出版社要推出新书，主动联系有影响力的公众号，给出较低折扣，以分成的形式售卖；三是育儿博主与业内人脉交流沟通时产生的一些商业契机，抓住卖点大做文章。总之，当有经济利益参与时，购买应该慎重，看看自己的孩子是否真正需要。

对于一些出版策略也要有心理预期。当风格不一、主题不一的书籍捆绑销售时，容易存在单本不够优秀的现象；当某一本书畅销时，作者往往绘制一系列书来迎合读者，这些书在风格、内容上都具有相似性，购买时要判断孩子是否足够喜欢；有时，一本精装书将近30元，七本同系列的平装书组合售卖可能只需80元，爸爸妈妈可以视需求搜索合适的版本。

积累一点绘本出版社的知识

在出版帝国的实体书版图中，成人类书籍深受电子出版影响，唯童书业十年来发展得蒸蒸日上，除了专业童书出版社大举发力，综合性出版社也都来逐鹿。了解一下这些绘本领域的出版社，在挑书时心里会更有数。

主要的少儿出版社有中国少年儿童出版社、接力出版社，以及各省的少儿出版社，如二十一世纪出版社（前身为江西少儿出版社）、浙江少儿出版社、安徽少儿出版社、江苏凤凰少儿出版社、新疆青少出版社、未来出版社（前身为陕西少儿出版社）、新蕾出版社（天津唯一一家少儿出版社）、明天出版社（山东唯一一家少儿出版社）。

综合类出版社在少儿出版领域较为活跃的有河北教育出版社、贵州人民出版社、北京联合出版公司、新星出版社、海燕出版社、北京科学技术出版社、教育科学出版社等等。连环画出版社更是凭借其独特优势在绘本出版领域占据一席之地。一般来讲，能在连环画出版社出版的绘本，图画水平都是有保障的。

还有一些国外的出版社，像英国的尤恩伯斯、麦克米伦等，这些记起来比较困难，只看中国引进的版本就可以了。

除了出版社，我们还会在书的封面上看到一些童书品牌、绘本馆信息，它们通常负责绘本出版前期的组织策划，然后交由专业出版社印刷出版，二者共同营销。

绘本馆有蒲蒲兰绘本馆、蒲公英绘本馆、爱心树绘本馆、耕林图书、心喜阅童书、奇想国童书、海豚绘本花园、魔法象童书、飓风绘本、浪花朵朵童书、森林鱼童书、童立方、尚童、青豆童书馆等。其中蒲蒲兰绘本馆较早地引入了一批日本绘本，特别是低幼年龄段的启蒙绘本。爱心树绘本馆组织策划了"爱心树世界杰出绘本选"丛书，也出版了一系列经典绘本。

文化公司以北京启发世纪图书有限责任公司为代表，该公司常简称"启发文化"，是一家海峡两岸公司共同打造的企业。这家公司以其雄厚财力引入了一批欧美获奖绘本，比如我们会在书脊上看到的如下字样："启发精选世界优秀畅销绘本"、"启发精选国际大师名作绘本"、"启发精选美国凯迪克大奖绘本"。

由明天出版社和台湾信谊公司进行战略合作打造的童书品牌"信谊"，包括"信谊世界精选图画书"系列（包括了一些经典绘本，比如《逃家小兔》），以及"信谊图画书奖系列"（引进了一批"信谊图画书奖"作品，也值得一看）。

荣信教育公司创立的童书品牌"乐乐趣"，主打异形书，在市场上自成一体，有立体书、翻翻书、洞洞书、发声书、气味书、触摸书、手偶书、多媒体书等。

除此之外，还有后浪出版公司旗下的童书品牌"浪花朵朵"、读库旗下的童书品牌"小读库"、读客品牌的"小读客"等等，若干童书品牌都因为各自倚靠的出版集团的财力、主编眼光而在童书出版的不同领域占有一席之地。

好的出版社和童书品牌，是选购童书的一个重要保障。当然，也有很多好的童书，是由若干出版社零星出版的，挑选时以内容为导向去看就可以了。

积累一点绘本创作奖项的知识

获得权威奖项的作品往往是公认的佳作，文字与图画均有保障。出版商也乐于将奖牌印在书的封面上，宣之于读者，比如：

凯迪克金奖　国际安徒生奖　丰子恺儿童图画书奖　信谊儿童图画书奖

知名的图画书专项奖

• 国际安徒生奖画家奖

"国际安徒生奖"是全球儿童文学界的最高荣誉,每两年由国际儿童读物联盟(IBBY)颁发给作品对儿童有显著贡献的作家和画家。在选购绘本时,我们会看到这样的字眼:"国际安徒生奖画家奖得主作品",这至少意味着本书在图画艺术上有质量保障。至于文本内容,要仔细判断是否适合孩子。

• 美国凯迪克奖

"凯迪克奖"设立于1937年,是美国最具权威的图画书奖,每年由美国图书馆协会组织评选,从这一年出版的数万本书中选出一名首奖和两三名佳作,分别授予金奖和银奖。

• 英国凯特·格林纳威奖

"格林纳威奖"设立于1955年,是英国儿童图画书的最高荣誉,得奖者不限于英国籍本土插画家,也鼓励国际人才。

• 日本绘本大赏

日本在20世纪50、60年代就大力引进欧美经典绘本,自1956年松居直创办绘本月刊《儿童之友》以来,以林明子为代表的一批本土优秀绘本作家涌现出来,为日本国内绘本创作提供了源源不断的世界级作品。现如今日本的绘本文化已非常完备,堪与欧美比肩。

日本的绘本奖项特别多,最权威最受瞩目的是"绘本大赏",由日本学校图书馆协会主办。除此之外还有"产经儿童出版文化奖""小学馆儿童出版文化奖"等奖项。

• 中国信谊儿童图画书奖

"信谊儿童图画书奖"由台湾信谊基金会创立,前身是创立于1987年的"信谊幼儿文学奖",2010年又有"信谊儿童图画书奖",用以奖励两岸华文世界原创图画书。信谊奖有总体类图画书创作佳作奖、入围奖,还专门设有图画书文字创作首奖、佳作奖、入围奖,其鼓励人才的用心可见一斑。

除以上奖项之外,欧洲还有德国青少年文学奖(1956年)、意大利博洛尼亚国际儿童书展最佳童书奖(1963年)、荷兰银画笔奖,我国还有丰子恺儿童图画书奖(2009年)、张乐平绘本奖(2016年)、中国童书金奖·图画书奖(2007年)等奖项。如果不只局限在绘本,而是拓展到童书领域,还需要特别关注美国纽伯瑞儿童文学奖。

缘奖选书建议

缘奖选书,自然是一条捷径。这些获奖作品皆是当时公认的佳作,不少已经在时间的考验中成为经典。再补充几条小经验,供选购图书时考虑:

• 有一些绘本大师不以获奖闻名于世,或者他的早期作品并未受到当世的青睐,其后才渐渐显扬,所以,别只以奖项论英雄;

• 金奖并不一定比银奖好,那只是评委的眼光,关键是从内容到画风,你的孩子喜欢哪本;

• "获奖作品"和"获奖作者作品"是两个概念,要仔细区分。通常情况下,能够获奖的作者在文字、绘图方面都达到了一定高度,但是他们的非获奖作品有多好就不能一概而论,这需要买书的人掂量一下这个题材自己的孩子是不是会喜欢,这个作者是不是为你们全家所钟爱。还有极少的情况,有些获奖者在绘图和文字能力中偏向一方,如果合作者换了,书的整体阅读感受也会受到一定影响。

• 在选书中最最最最重要的,永远是你的孩子爱看什么书,这一点另附一章进行介绍啦!

了解不同出版方式

• 绘画：挑选图书时可以先看看画风，是电脑绘画还是手工绘画。一般情况下，手工绘画更富有个性，更讲求审美，而电脑绘图色彩饱和度高，绘图比较程式化。不过，科学技术越来越发达，电脑绘画的水平一定会越来越高超。

• 创作者：可以再看看封面标注的作者，是工作室集体创作还是独立作者创作。一般情况下，工作室集体创作是对既有的知识和故事进行加工整理，创作的成分弱了一些。

以上两种情况并不绝对，比如由二十一世纪出版社出版的《一寸法师》，是由法国的ICINORI插图工作室编绘的，就是一本文质兼美的好书。

工作室、编辑部集体创作、电脑绘图的作品通常是系列图书，价格较低。我也会给孩子读，因为一些耳熟能详的小故事，并不是每一个都有绘本，但小孩子又很喜爱看到图。可以说，这些书自有它们的价值。

最后，做一点温馨提示：父母的精力程度不一，如果很繁忙，只要坚持一两种途径去关注绘本，对孩子来讲，就已经足够了。

语文学习产品的挑选

除了绘本阅读要挑，好的语文产品我们也要下功夫挑。

当我们疲惫的时候，当我们不得不把孩子托付给别人的时候，当我们自己对语文学习没那么在行的时候，使用语文产品是一个明智的选择。我个人对这些产品的开发者深怀敬意，他们切实帮助我们提高了教育效率，解决了教育难题。

语文启蒙阶段，主要有四类产品可以考虑：

1. 早教机。一般几个月的孩子就可以磨耳朵听，优点是里面的儿歌、童谣、故事都是挑选好的，可以给初入育儿蓝海的父母省却很多搜集、整理信息的麻烦。

2. 有声故事类APP。可以通过听读的方式扩展孩子的阅读量，丰富的绘本、故事储量也可以为父母挑选孩子的阅读材料扩展视野。

3. 识字类APP。精心设计学习情境，系统设计识字进程，通常都伴有识字卡片和自主阅读读本，可以让孩子在游戏中学习认字。

4. 各大有声平台和公众号、微博的幼儿产品，如童谣、古诗、有声故事、绘本播讲。有平台自己推出的单个产品，更多是自媒体工作者个人的创作。这些都可以丰富父母对学习材料的选择，但筛选出来需要花费时间。

如何恰当地使用这些语文产品呢？在带女儿的过程中，我摸索出了几条注意事项，分享如下：

一要注意：语文产品带来的刺激大于常态学习。

好的语文产品大都由专业播音员录制，声音充满魅力；有丰富的趣味游戏，生动的场景展示；甚至有伴学的伙伴。可是常态的学习却不是这样的。父母和语文老师的声音很可能像日常交流一样平平淡淡，没有抑扬顿挫；大部分父母都不是语文专业人员，教孩子的方式可能只是识字卡片；语文老师或许没那么多时间把每一个字都做成PPT，配着插图和动画，每写对一次还奖励给你一颗小星星；也可能不是那么轻易地就获得一群一起学习的小伙伴。长期、大量地依赖语文产品学习，可能会对平淡的日常学习提不起兴趣。就好像一个人喜欢打游戏，就很难静下心来读书，因为这两者的刺激等级是不一样的。

二要注意：过多地依赖听读，孩子可能会成为一名听觉学习者。具体表现就是孩子听的吸收率高，记忆也很好；但是不愿意看，这会影响孩子的读图能力和识字能力；只有将声音和图像结合在一起的学习才是更为高效的学习。另外，听别人"喂"到耳朵里的东西毕竟轻松很多，自己翻书自己读会麻烦一些，"听"得过多可能影响孩子的学习意志力。再者，"听"读时孩子都不是只在听，往往手里还干着其他事——玩着、吃着，这容易使孩子养成不能专心干任何一件事情的毛病。

三要注意：一些中长篇儿童文学作品在变成有声产品时，往往经过了加工：突出了能够吸引孩子注意力的情节；削减了很多枝叶，比如次要人物的塑造、丰富的心理描写、舒缓作品节奏的环境描写、塑造整体群像的闲话等等。这些都是文学的血肉，错过了很可惜。有些孩子听读了（或者阅读了）缩略版本后，就不再有耐心去阅读原版。这是需要大人引导的。

四要注意：越是制作精良的语文产品越容易使我们陷入"唯一"的误区——所有的语音语调、配音、配乐、配图都是演绎，如果演绎得太精彩，孩子反而会以为那是这个故事唯一的一种讲法，从而忽略了多样性的解读。

以上这些"注意"都指向一个最重要的建议：要去积极地使用语文产品，但要注意尺度和时间，不应该把孩子完全交给语文产品。除了让孩子接触精良的产品，也不妨让他们听听个人录制的免费音频，听听爸爸妈妈不那么专业的朗读。

最重要的是：语文启蒙的主体应该是父母——父母主设计，父母主实施。亲子阅读，先亲子再阅读。犹太人给孩子最初阅读的书涂上蜂蜜，告诉他们阅读的美好；爸爸妈妈的体温和爱正是抹在书本上的蜂蜜，向孩子昭示着阅读世界的美好。同理，先于语文启蒙的，应该是爱的启蒙，这样，语文才有说服力，才有诱惑力。

第三章

语文启蒙
关键词

作为整体存在的语文启蒙

《全世界都想上的课》封面

先来分享一本畅销书《全世界都想上的课：传奇教师桥本武的奇迹教室》。

什么样的课堪称"全世界都想上的课"呢？初中三年，桥本武先生的母语课堂只带领学生深入研读一本小说《银汤匙》，却为滩校获得"东京大学录取率日本第一"的荣誉做出了巨大贡献。日本NHK电视台在概括桥本武先生的教学理念时用了三个惊世骇俗的字眼："绕远""跑题""走岔道"。

小说中出现放风筝的情节，就让学生做风筝，放风筝；出现如今难得一见的杂果子，就找来让学生尝一尝、品一品；出现《百人一首》中的诗歌，就在班里办《百人一首》抢牌赛。

小说中出现"丑红牛"，桥本武便会由"丑"字说开去：从古代中国的天干地支，讲到表示年历方位与时刻的正确方法，讲到"时入丑三，草木入眠"的真正含义，讲到预测人生运势的特殊功用，再深入到中国的五行思想、二十四节气中大自然的万千变化……

一沙一世界，一字一乾坤。从每一个细小的切口出发，都能来上一场宇宙大冒险，好像掉进了一个又一个兔子洞。每一场旅行都强烈地刺激着学生的好奇心、求知欲，并向他们昭示着世界之博大，知识之浩渺，学习之快乐。

有了这样强大的学习力，学不好，才是怪事。

再来谈谈近几年被教育界经常提起的PBL。

PBL究竟是什么意思？有这样几种说法：它是Problem-Based Learning（问题式学习），Project-Based Learning（项目式学习），Phenomenon-Based Learning（现象学习），Place-Based Learning（实地学习），也是People-Based Learning（基于人的学习），等等。总体来讲，PBL学习法有三个特点：基于人的特点与需求；讲究在真实的情境中解决真实的问题；打破学科边界，以项目、主题为单元组织学习内容。目前，在人均教育资源充足的私立学校、国际学校，PBL学习模式开展得如火如荼。

无论是桥本武的"全世界都想上的课"，还是时下风靡的PBL教学，世界上所有好的教育都包含整体性的特征。不仅因为人是作为整体而存在的，更在于真实的生活是不可切割的整体。我不希望语文启蒙在泛学科、跨学科的学习中变得边界模糊，失去主体性，但也的确感到它的不可拆解性。

为了表述方便，我将自己的语文启蒙观提炼为四个关键词：反反复复、循序渐进、情境学习、长程学习。在实际写作过程中，我力图按照不同的侧重点去举例子，却常常发现四者如此密切地结合在一起，反复中必定包含着渐进，长程学习中往往包含反复、渐进、情境塑造。即使手艺最高超的庖丁也难以把它们拆解开,因为这四者本来就是你中有我、我中有你。在"我的实践手记"中,几乎每个案例都包含这四个关键词。

另外,语文启蒙的整体性还体现在阅读输入与表达输出的整体性。过去的十年是亲子阅读广受重视的十年,这个领域已被众多学者、作者、出版人、阅读推广者反复耕耘过。作为语文工作者,我特别想提出表达输出的重要性。如何培养孩子的表达力?一要读书,有充分的输入;二要有意识地在阅读中引导孩子表达;三要单独练习表达。关于这一点我会专辟一章来探讨。

最后,还想说的是:不要觉得PBL和"丑红牛"是多么高深的教学法。其实,每一对平凡的父母都天然拥有这项生活赐予的智慧。很多时候,我们都不知不觉地带着孩子"跑题""绕远""走岔道"呢!有时是兴之所至,有时可以稍加设计。

比如,我和孩子爸爸最近刚刚购买了"水果护照",打算带领孩子在城市中采摘四季水果。观察、触摸、品尝,感受自然变迁,这些都是感受力、想象力、思考力的发展,更何况,在活动中,有多少锻炼表达的机会啊!

如果可以做点功课,家庭的PBL学习会更加高效,更加丰富。因为大人也不是万事通,也需要学习。离家不远新建成一座小公园,植被丰富,我决定带领孩子在这里进行二十四节气定点观测。活动开始前,做了点功课。

找到两个现成例子:一是"天后"的例子。为了让女儿李嫣了解二十四节气,每一个节气,王菲和李亚鹏都会一起陪女儿在十三陵水库测量水温和空气湿度,有时候带着帐篷,晚上在山顶观察星星,一年24次,风雨无阻坚持了7年。二是语文特级教师邓虹。邓虹老师任教于北京师范大学附属中学,她带领学生用一年的时间观察二十四节气中校园的变化,并将此次师生互动经历写成一本书《跟着农历走一年》。也看了一些书:比如给大人看的《光阴——中国人的节气》《节气的呢喃与喊叫》,给孩子看的《这就是二十四节气》(文津图书奖获奖图书)。工具准备方面:购买了植物标本制作和收藏工具。

在这个整体性活动中,语文启蒙在哪里?对四季变迁的细致体会,对二十四节气知识的学习,将自己的观察、感受表达出来的能力,等等,这些就都是语文啦!

语文启蒙关键词一:反反复复

为什么"重复"对孩子来讲特别重要?

其一,这是孩子安全感的需要。结识一本新书的心理挑战,一点也不亚于认识一个新朋友——越小的孩子越是这样,直到他们渐趋年长,挑战起新的事物,才会兴致勃勃。年幼的孩子刚刚来到这个世界,一切对他们来讲,都是全新的。犹如新鲜的肠胃刚刚接触辅食,需要一点点试验,一点点反复,一点点增加;他们的大脑也需要一点点接受新的事物,一点点消化和吸收。更何况,这些小小的脑瓜没有任何背景知识可以凭借,认知的大厦需要漫长的时间才能构建起来。所以,低幼时期的绘本,很多都是重复的句式。

其二,幼儿正处于语言敏感期,重复,对书面语的学习有至关重要的作用。读的遍数多了,孩子自然能习得绘本中的词汇和句式。这对于他们积累、玩味和热爱语言,影响深远。

其三,重复,是我们深入阅读的必经之路。越是好书,越难以一遍尽览,每一次的阅读都会是一趟新的发现之旅,对孩子,对成人都如此。

其四,重复阅读能够有效锻炼孩子的记忆力,而记忆是智商的重要标志。父母如果能够在孩子出生之后三四年，长期坚持重复阅读，孩子的记忆力就会变得非常好了，只消两三遍，就能记住书的内容、细节和部分语言。这项能力在日后孩子学习英语、历史等文科上都将发挥巨大威力。

其五，在小学、中学，乃至成年后，"重复"都是一种有效的学习方法。儿童时期的重复阅读，可以帮助孩子反复演习这种学习方法，并从中尝到甜头，内化为自己的学习方法。在我所任教的中学学段，有很多反应快的"聪明"学生就因为没耐心在"重复"上下功夫，学习变得漏洞百出，流于表面。我们常常把重复想成"笨功夫"，其实，只有在重复中我们才能将认知一点点内化，看到新的风景，发现新的联系。孔夫子教导的"温故而知新"，说的正是"重复"二字的意义。

"重复"到什么程度？

怎样掌握"重复"的程度，因人而异，需要的是家长对孩子接受能力的细心观察，动态把握。我女儿每本书重复阅读的标准是：1岁之前，每本重复100遍；1—2岁，重复50遍；2—3岁，重复10—30遍；3—4岁，重复5—10遍。为了达成这一标准，我每天下班回家第一件事就是问家人，给孩子读了哪些书，读了几遍，在心里做一个统计，再据此推进女儿的阅读。也会跟家人交流："这本书孩子读得少，可以多读几遍；那本书孩子已经读过很多遍了，如果她不主动要求，可以放一放了。"有些书不够经典，不值得重复太多的遍数，我会下调标准，但更多的时候，我相信只要是能够出版的书，都有优点，都有值得学习的地方。

以上这些规则，看似是妈妈老师的强势规定；事实相反，大部分时候是孩子想重复阅读，大人需要耐着性子，跟随孩子去一遍遍地认识绘本。因为重复，本来就是孩子的天然需求啊！

孩子不想重复怎么办？

难免有时情况相反：大人觉得书好，想让孩子多读几遍，而孩子不这样想。这就要多费点心思了。可以讲道理，"妈妈真觉得这本书不错，你看它画风多独特啊！"（把优点谈具体）；可以谈条件，"再听一遍这本，就读那本你挑的，好不好？"；可以示弱，"乖女儿，妈妈很喜欢这本书，你能陪我听一遍吗？"。方法很多，每个人有自己的招数。

或许有人说："孩子不爱听，就是选错了书，应该立即停止。"没错，这正是阅读圣经《朗读者》中说的。但在我的职业经验中，也常常发现这样的情况：学生畏难了，做老师的稍稍推一步，他就能看到更好的风景；犹如登山，孩子差几步，大人推一推、拉一拉，说几句鼓励的话，就真登上去了，"一览众山小"，孩子自己也觉得不虚此行。这"推""拉"之间，也有几个前提：一是你觉得这本书确有多读几遍的价值，二是孩子没么反感，三是阅读水平孩子踮一踮脚就能够到。

"重复"的具体做法是什么？

孩子年龄不同，认知水平差异大，"重复"的做法也会不同。抛开具体的重复遍数，总体来讲，以下三部曲可供参考——

第一步，单纯重复，保持完整：熟悉文字和画面的主要情节。

第二步，深入细部，登上高处：关注文字细节，观察画面次要情节；对局部情节以及人物、主题等内容进行深入交谈。

第三步，拓展延伸，再行回读：将更多的书放在一起比较阅读、组合阅读，还原到生活的情景中去回读。

这三步，完成了一个由单纯重复到在重复中丰富的过程。在方法上，

《我的爷爷是恐龙》封面

"反反复复"与"循序渐进""情境学习""长程学习"的交叉是一种必然。

试以《我的爷爷是恐龙》为例进行说明。这本书讲的是只有小女孩旺达认为自己的爷爷是恐龙,跟爷爷一起去了养老院之后,她发现:这里的老人都是恐龙。事情的真相是什么呢?爷爷真的是恐龙,还是一切都是小旺达的幻想呢?书的趣味之处正在于似是而非。这是一本提示我们关注老人心灵寂寞的书。

第一步:单纯重复,按照文字多读几遍,对难懂的语言稍加解释或对背景做必要的补充。比如:什么是"江湖大盗",什么是"养老院"。前几次的阅读尤其要注意的是:照原文读,不要随意添加语言。因为绘本的语言都是创作者斟酌许久的,有内在的韵律。

> 旺达总是觉得家里人有些古怪。但古怪的人不是她的姐姐（第1页）,也不是她捣蛋的弟弟（第2页）,甚至也不是她的爸爸或妈妈（第3页）。旺达家里最古怪的事是……（第4页）旺达的爷爷是一只恐龙（第5页）!

语言非常简洁、高效。

假如在读第一遍的时候,就不停地插入语言讲解,变成:"'但古怪的人不是她的姐姐。'你看她姐姐正把薯片搅进电风扇打成渣渣,渣渣飞得到处都是,她的手上,衣服上,帽子上。（翻页）'也不是她捣蛋的弟弟。'你看她弟弟,用纸箱做成了直升机……"有没有发现?原书语言的节奏感完全被打乱了。在前几遍阅读时，应该让孩子对全书有完整的体验。

第二步：深入细部，登上高处。

细节问题，比如女儿发现在游乐园游玩时，旺达手里拿的是棉花糖，爷爷手里拿的一棵小树也很像棉花糖。养老院里的一些细节就需要妈妈讲解了，比如泡在水里的假牙，护士推着的助力椅。

主题问题，可以讨论"旺达的爷爷究竟是不是恐龙呢？"。如果不是，为什么画面上的各种行为都是恐龙才会有的呢？如果是，为什么爸爸、妈妈、姐姐、好朋友都看不到呢？当旺达问爷爷他是不是恐龙时，为什么爷爷没有直接回答，而说："我还以为不会有人再留意我了呢。"这么说的时候，爷爷的表情怎么样呢？

第三步：拓展延伸，再行回读。

这是一本反映孩子与祖辈相处的书，触及孩子对老境寂寞的理解。读完此书后，可以带着孩子读《楼上的外婆和楼下的外婆》《爷爷变成了幽灵》《先左脚，再右脚》《外婆住在香水村》《我依然爱你》等书，聊一聊衰老、死亡的话题。

也特别建议让孩子和祖辈、曾祖辈人待一待。女儿的太姥姥、太姥爷都快90岁了，暑假，女儿跟他们一起生活后，我再拿出这本书，带着她回读。我俩惊讶地发现，旺达爷爷和女儿的太姥爷穿的衣服是一样的：开襟、深咖啡色、有菱形的格子，似乎全世界的爷爷都穿这样的衣服。养老院的那位恐龙太太则很像太姥姥：都喜欢在睡衣外面罩一件袍子，脖子上垂下来的肉是一样的，连吃完饭把假牙泡在水里的习惯也是一样的。作者对老人的观察多细致啊！

女儿对主题的理解更加深沉了，发现了我们之前没有发现的细节。她看着书的封面对我说："妈妈，其实爷爷已经不可能跟旺达一起坐旋转木马了，他太老了。那只是旺达的想象，也是爷爷的想象。你看，他们身后的光线让这一切看起来好不真实。"这样的领会已经不是单纯看书能够达到的了。

每隔几个月,我都会设计一个"旧书周",不借不买不读新书,只读旧书。希望在成长了一段时间后,对"旧"的书,能有"新"的发现。

写作此文时,恰读《苏东坡新传》,得一故事,录此共享。

> 昔人问苏公曰:"公之博学可学乎?"曰:"可。吾尝读《汉书》矣,盖数过而始尽之,如治道、人物、地理、官制、兵法、货财之类,每一过,专求一事,不待数过而事事精核。"

在黄州,苏轼已是年近半百的少老人了,仍手自抄书不倦,自称为"日课"。当地教官朱载上来探看,迷惑不解:

> "以先生大才,开卷一览,自可终生不忘,何用手抄?""不然,"轼答,"我读《汉书》,至今已经抄过三遍。第一次每段事抄三字为题,第二次两字为题,现在只用一字。"

朱教官提问一字,苏轼即应声背诵数百言,无一字差误。

不仅当时的朱载上惊叹不已,一千年后的我读到了也深为惊叹,惭愧有加。少年时代,我与同学还流行摘抄背诵,如今万物互联,信息触手可得,反倒把那些习惯都搁置了。

当代社会生活节奏快,新事物层出不穷;前者剥夺了我们的时间,后者扰乱了我们的心灵。现在的我们更容易被宏大的数字诱惑——"我今年读了50本书","我的孩子4岁前读了2000本书",我们似乎都不能免俗。但读书犹如吃饭,"贪多嚼不烂",当我们匆匆翻开下一本书时,很快,读过的那些书就会在我们的房间和我们的头脑中落满灰尘。

我与女儿的亲子共读,从她4个月大开始,至今已历4年,我渐渐领悟到:孩子天然的阅读需求正是对"数过而始尽"这种学法的践行。"重复"可能是我们这个时代最被低估的学习方法。我希望女儿能从阅读出发，深刻领会到"重复"的益处并终生践行。

语文启蒙关键词二：循序渐进

"循序渐进"贯穿我们育儿生活的方方面面。这个成语中的"序"，从宏观上指不同年龄段孩子生理、心理发育的特点；从微观上，指在一项具体的学习历程中孩子的认知变化。

若想在育儿中做到"循序渐进"，先要学习。育儿书中的科研成果和他人经验，可以让我们事半功倍；但若一味因循，常常以大多数孩子、别人家的孩子作参照去施行教育，则是一叶障目，失了"自家孩子"。有了他人经验打底，还要花费无数时间和精力，观察自家孩子发展到何种程度。"序"既是同龄人成长的一般规律，也是自家孩子的个性规律。观察，是教育的起点，甚至是一切学问与生活的起点。

分享一则对我影响深远的故事。小学时，教室墙上挂着众位科学家的大照片，其中一位是竺可桢，我国物候学奠基人。科学老师告诉我们：竺可桢爷爷自1921年从美国留学回国第二天起，直到1974年逝世前一天，每天都做物候日记。53年！一位大科学家，应该早已洞晓了万物的规律，却依然不厌其烦地在事实这座宝藏中寻找答案。在老师的号召下，我也开始做物候日记。虽然只坚持了半年，却深刻领会到了观察的巨大价值。一株桃花，在春节时就已经枝干涨红，饱蕴水分；花苞从小米粒长到大米粒，突破朱红色萼片的包裹，露出浅粉的骨朵；继而伸出三两片花瓣，最后全部绽放。单就花色来说，远远看过去，不过留一个"粉白"的印象，若仔细观察就会发现：任意一朵花都有深粉、浅粉、粉白、朱红、玫红、嫩绿等若干种颜色。从一朵桃花中，我领会到：观察，是一切深入思考的前提。长大后，做了语文老师和班主任，我坚持写教育教学日记；做了妈妈后，又一直写育儿日记。不管在哪种角色和任务中，"观察"都帮了我大忙。教育学生和自己的孩子，不都和竺可桢观察物候是一个道理吗？

因此，循序渐进的第一要务是"观察"。

有了观察，还得有耐心。孩子天性好学，做父母的省些力气，顺水推舟就好；难的是孩子没跟上"潮流"时内心的定力和耐心。

"人家孩子2岁就能读5000字的绘本了""人家孩子5岁就能自主阅读了"……在语文启蒙的领域，其他同龄人、别人家的孩子，都不足为据，父母唯一需要遵循的"序"，就是自己的孩子。2岁能读5000字的绘本，是一个粗暴的结论，背后有很多值得深思的问题：是每本书都读长篇了，还是偶尔能接受一两本这么长的？如果每次都读这么长的绘本，是家长故意为之，还是孩子的天性使然？爱读长篇绘本，是否存在追求情节刺激而忽略细节的情况？在这个教育信息泛滥的时代，要本能地对所有数字和结论保持不轻信的态度。在语文启蒙的宏观维度上，"循序渐进"就是不疾不徐，踏歌而行。要放下哪怕一点点拔苗助长的虚荣心，要在意孩子成长的舒适度。

中观层面的循序渐进，特别体现在按年龄给孩子挑选合适的图书上，举例来说明。动物题材的书是所有小朋友都喜欢的，家里最受女儿喜爱的动物书有三套：意大利的"小小自然图书馆"系列、美国和英国作者合著的《如果你有动物的牙齿》等系列书、加拿大的"小牛顿趣味动物馆"系列。

2岁时，女儿喜欢"小小自然图书馆"系列。这套书的语调充满了童话感：

> 小小的白杨树林里，到处是柔软的树皮和多汁的树枝，到处都是，要多少有多少。他们用牙齿啃啊啃，肚子一点点饱了起来。莉亚（雌性河狸名字）边吃叶子边想："要是能跟库克一起建个小窝该多好！"库克（雄性河狸名字）呢？他自然也

在想着同一件事情。

每本书从春讲到冬，涵盖一个动物的一生。这套书是女儿两岁时的枕边书，平静的语调给一个小小孩带来安心。

3岁，活泼的《如果你有动物的牙齿》《如果你有动物的鼻子》等系列书成了她的最爱。同样是讲述河狸，《如果你有动物的牙齿》左页是科普页：

> 河狸的门牙形状像两把凿子，而且非常锋利，不管是啃光树皮，还是咬断大树，都不在话下。

科普页包含一个《小秘密》栏目：

> 河狸的门牙表层含有铁，这样一来，河狸可就有了一口名副其实的"铁齿"了。不过，它们也要为此付出牙齿变黄的代价。

右侧页，我称之为"想象页"，画面上的小男孩长着一对河狸的门牙，神情得意，咬破了书、栅栏、电线杆和画面上的一切，配文：

> 如果你长了一对河狸的门牙，它们就会长个不停。这样，你想咬多硬的东西都可以，咬一辈子也没关系。

怎么样，这样的书够酷吧？女儿想象自己有河狸的牙齿、豪猪的头发、大象的鼻子、树袋熊的耳朵、猎豹的脚……读这套书的全程都充满了笑声，连大人也被打动。3岁，女儿的运动能力、思维能力都进了一步，有了更丰富的背景知识，更充沛的想象力，也乐于自编自导故事，难怪会喜欢这套有点无厘头的书。

4岁时，"小牛顿趣味动物馆"又成了女儿的挚爱。这套书由两位加拿大作者合著，图片下方是说明性文字，图画是漫画式的。比如这本写大象的书（很遗憾，这套书中没有"海狸"），为了表示亚洲象比非洲象体型小很多，画面上亚洲象趴在非洲象的阴影里。非洲象婆婆妈妈："你即使想晒黑也要先涂上防晒霜啊。"亚洲象有点酷，有点赖："没关系，你可以做我的遮阳伞啊！"这可真是高级幽默了，需要点认知

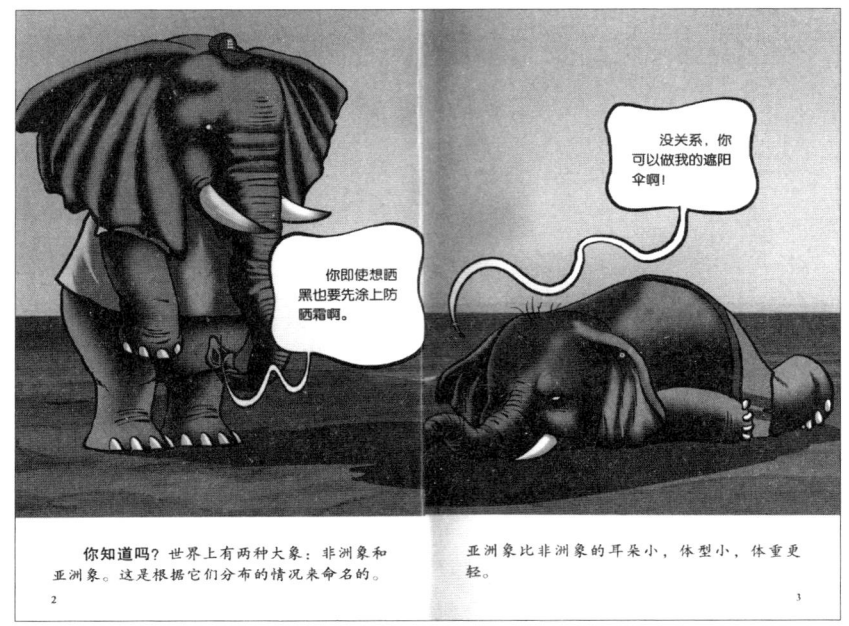

亚洲象与非洲象

背景才能领略个中趣味。女儿 4 岁时极其迷恋这套书，每天要求我读。相应地，这个时期的她，行为举止也是俏皮的。这个小小人儿这样概括自己："姥爷，你知道吗？我最近的风格有点搞笑。"看，书和人就是这么对上的。

4 岁半，女儿迷上了一部法国动画片《Hello world》，每集 10 分钟，每次讲述一种动物的一生。我们姑且把它看作动态书。有一天女儿对我说："妈妈，我感到身体里有什么东西在和我对抗。"说完，又自顾自补充道："这是不是就是你说的生长痛？我要长大啦。"我为这深奥的表述吓了一跳。后来才知道正是出自这部动画片，语境是蜻蜓幼虫从水中的小虫子到长出翅膀的变态过程。截录这个精彩的片段分享一下——

蜻蜓："我的颌再也动不了啦。"

画外音："因为你到了变态的时间啦。"

蜻蜓:"我感觉身体里有什么东西正在和我对抗。"

画外音:"你要离开一个世界,到另一个世界去了。"

……

画外音:"今晚,你会和自己的身体做斗争,一边是现在的你,一边是未来的自己。"

蜻蜓:"我受够了这种生活,一切都要靠自己努力争取才行。"

画外音:"你的生活?这是别人给你的。包括你的身体,还有你呼吸的空气。成熟点,拥抱你的生活,它会给你更多。"

蜻蜓:"构成世界的元素有水、土地、空气。快让我有新的身体吧!"

画外音:"阳光出来啦,光芒万丈。"

蜻蜓:"阳光,让我变得结实些,让我这身盔甲就像坚不可摧的岩石。"

——《Hello world》第 10 集《战士》

现在我们明白了,画外音充当的是导师的角色。以动物内心的困惑作为切入点,语言优美,深蕴哲思。这就是一个4岁半孩子喜欢的风格。

在具体的学习历程(比如读一本书)中,同样要讲求循序渐进。在"反反复复"这个关键词中,我曾经提到:第一步,单纯重复,熟悉图书;第二步,深入细部,登上高处;第三步,拓展延伸,再行回读。即使重复,也不是原地踏步,而是步步推进。

对教学时机的把握,可能其他很多领域的工作者没机会实践。不过,本文重点谈到的"观察"和"循序渐进"都是寻常原则而已,成年父母早已从小到大在无数的场合实践过。若能勤于学习,善于观察,投注耐心,循序渐进不过是水到渠成的事。

语文启蒙关键词三：情境学习

什么是情境学习？

情境学习理论，是 20 世纪 90 年代以来西方心理学领域、学习理论领域研究的热点，现在被频繁提起的项目式学习（PBL 教学法）就在很大程度上借鉴、包孕了情境学习理论。在我国，著名儿童教育家李吉林自 1978 年开始就自觉地摸索、实践情境教学法，还在江苏建立情境教育研究所。

我们普通家长未必人人争当教育家，但是情境教育的智慧本来就蕴含在每一个平凡人祖辈相传的行为模式里，蕴含在充满爱意的父母心里。了解一些他人的理论和实践经验，可以对我们自发的行为起到强化、指导的作用。

"情境学习"是一个宏大的教育理论，具体到语文启蒙领域，如下一些结论或可于我们有所启发。

- 情境学习理论认为：知识具有情境性，人们应该基于情境来习得知识。与言语传授的学习方式相比，情境学习能够让人们在一种真实而自然的情境中，潜移默化地习得大量的内隐知识，又在现实环境中自然而然地运用。就这样，在情境中习得知识，知识的运用又不断促进学习的发生，人们的认知因此得以不断地发展。[1]

- 儿童教育家李吉林认为情境学习对于儿童的益处有三：其一，儿童善于移情，在情境中学习有利于形成身临其境的主观感受；其二，儿童善于接受暗示，如果我们创设具有一定力度和美感的学习情境，就可

---

[1] 观点引自陈秋怡：《情境学习理论文献综述》，《基础教育研究》2019 年 16 期。

以"用无意识导引有意识","用情感伴随理性";其三,如果我们设计情境,引导儿童进入角色、体验角色、评价角色,从而由等待接纳的被动角色转变为积极投入的主动角色,会促进学习效率的提高。[2]

• 湖南师范大学刘铁芳教授指出:早期儿童学习天然具有身体性与情境性。儿童学习并不是抽象的概念学习与智化学习,而是通过某种学习情景,激活儿童的记忆,把儿童与熟悉的周遭事物联结起来,把包孕着想象力与思维力的当下生命真实地敞开。教育从身体开始,一切优良的教育总是建基于个人身体与教育事物的生动联结。儿童不仅直接地用身体去感知周遭事物,并且对周遭事物的喜好也会迅速地通过身体而显现出来。[3]

在我眼里,语文启蒙阶段的孩子,刚来到人世间不久,认知背景缺乏是他们学习面临的最大障碍;父母应该像导游一样,带领他们认识这个世界;阅读、音乐、绘画、轮滑等等一切都不过是手段,而非目的。情境本身才具有真实世界的属性,图书之类不过是我们看世界的"二手货"。这就是情境学习的重要性所在。

我所倡导的语文启蒙语境下的"情境学习",包含一个行动——努力将孩子的学习置于情境中;一个目标——点燃孩子的热情,让孩子爱上这个真实的世界;两个方向——既要利用现有情境进行学习,也要创设情境进行学习。

---

[2] 观点引自李吉林:《中国式儿童情境学习范式的建构》,《教育研究》2017年3期。

[3] 观点引自刘铁芳:《儿童学习的关键不是学到了什么,而是通过学习活动带出怎样的生命存在状态》,公众号"刘铁芳人文教育",2020年2月16日。

情境学习操作指南

以下是我在语文启蒙实践中常用到的一些方法。也许读者们看后，更加胸有成竹了："哇，我就是这么教育孩子的。"越看越对自己的教育充满信心，正是我写作这本书的追求。

小情境，指的是我们进行亲子共读时常常会遇到的需要解释的词语、背景等。我常用的方法是：实物法，音视频补充法，演示法，表演法，手工、画画法。

实物法

读《要是你给小狗吃甜甜圈》，我就真的会去超市买来甜甜圈；读《每天早起的爸爸》，我会真的去买里面提到的各种面包；读《大豆！变身！》，我就真的跑到菜市场买来这本书里提到的鲜黄豆、干黄豆、豆浆、豆腐、冻豆腐、炸豆腐；读《爸爸，我要月亮》，我就真的抱着女儿去外面看月亮；读《小石狮》，我们就周六到北京的胡同里去寻找各式各样的石狮子；讲《第一次去理发店》，我就真的带她去理发店体验。……

音视频补充法

没有实物怎么办？手机那么方便，随时与世界互联。我经常在网上搜音频、视频、图片给孩子看。安徒生的童话《夜莺》，讲的是夜莺的歌声打动了皇帝，赶走了死神。夜莺的歌声美妙绝伦，是整个故事的支点，孩子只有听了，才能明白。我在网上找视频和音频给女儿放，正是因为这个准备工作，她才能听下将近一万字没有插图的故事。书里提到海狸的大门牙含铁，好，我们查查网上的高清图，看看是不是有铁锈色；

书里提到水手的皮肤被海风吹的很粗糙,像锉刀一样,我们就搜出图片亲眼看一看。……

演示法

讲《大豆!变身!》,我会下厨给女儿炒黄豆,让她搬着凳子在旁边看着豆子一点点变黄,香味一点点飘出来;给她看李子柒制作酱油的视频,看大豆怎么变成我们日常使用的酱油;把豆浆静置,让她来掀开上面的腐皮,了解腐竹的做法;带她回乡下老家,参观豆腐坊。安徒生童话故事里有一句话:"夜莺的歌声太好听了,以至于那些贵妇人在说话前都先往嘴里含上一口水。"我买来一只鸟形状的哨子,在里面灌上水,再吹,果然声催水动,更加婉转,连我自己的理解也加深了。讲《生气汤》,我们真的在某次情绪低落时,按照书里写的做了一遍。讲《血的秘密》,我找来手电筒,让孩子把光抵在手掌上,看里面毛细血管中红红的颜色。读《玩具诊所》,真的让爸爸开一个"玩具诊所"。……

表演法

孩子小的时候,语言没那么发达,但可以通过肢体语言进行表达。特别是学习词句时,我很爱用表演法。初次接触生词时我演她看,第二次就是她演我看,我了解她是否掌握了。词汇量丰富了之后,更多时候我直接把生词抛给她。"什么是'蠕动'?"妈妈用手指做,小家伙撅着屁股用身体做。"'沮丧'什么意思?"小家伙努力挤着一双小眉头。"'像抹布一样堆在地上'是什么意思?"女儿"咚"地躺到床上,两只手直直地贴在腿侧。"哎,你演得好像'直挺挺'诶。你想想看,谁会把抹布叠得那么整齐呢?抹布不就是随手一扔吗?你看,'堆'在地上。"这回对了,小家伙把腿和胳膊都自然弯曲了起来。

创设阅读氛围时,表演法也很好用。"小艾琳被大风吹得东倒西歪",

我一边用嘴模仿风的尖号，一边拥着她左右晃动，两个人仿佛置身于大风中。妈妈就是影院里会颤抖、会喷气的椅子——为了能让孩子获得身临其境的感受，我可真是用尽了浑身解数。

想加深对整本书的理解，表演更是一种有趣又有效的方法。女儿的幼儿园教室、常去的绘本馆，都有小舞台供孩子们排演绘本剧，我与爸爸工作不忙时也带着孩子一起表演。《彩虹色的花》讲的是一朵乐于助人的彩虹花，把自己的花瓣一一分给了小伙伴，自己则在狂风和白雪中化作一道彩虹。我们和女儿一起动手：用硬卡纸剪出花瓣轮廓，用彩笔涂上颜色，黏成一圈戴在女儿头上——这下，女儿就成了名副其实的彩虹色的花儿。爸爸扮演的小蚂蚁来了，跟彩虹色的花儿说："我现在要去奶奶家。可是，这么大的一个水洼，我怎么过去呢？"女儿伸手摘下一片花瓣，递过来，"说不定能用得上呢"。妈妈扮演的小蜥蜴过来了，女儿又摘下一片花瓣，递过来，"给你拿去做燕尾服吧"。……大人只是在表演，而孩子因为丰富的共情，经历着真实的情感。表演前，我问女儿："花瓣揭下来，送给别人，就真的拿不回来了，你愿意这样做吗？"那张稚嫩的脸上虔诚的表情告诉我，她懂得付出的分量、助人的喜悦。

即使人长大了，表演法依然很好用。讲一个中学教学的例子，丰富一下诸位的感受。《背影》是一篇经典课文，两代中国父母都是学着这篇文章长大的。为了给上大学的儿子买几个橘子，老父亲需穿过轨道，爬过那半人多高的月台，"他用两手攀着上面，两脚再向上缩；他肥胖的身子向左微倾，显出努力的样子，这时我看见他的背影，我的泪很快地流下来了"。14岁的年纪，其实并不能理解朱自清看着父亲背影落泪的原因。讲台和月台差不多高，请一个稍胖点的学生给大家表演爬上去，一群少年在下面看着，才沉默着稍稍领略了几分其中的不易。看，在时空差距大、背景知识缺乏时，表演法最好用。经由身体而得到的体验最为鲜活,不单是语文启蒙阶段的幼儿,就是中学生、成年人也如此。

值得注意的是,等到孩子大一点,就可以鼓励他成为表演的主导者,用游戏的精神再现、改编绘本的情节,往大了说,这就是教育戏剧了。

手工、画画法

对孩子感兴趣的绘本,可以鼓励他画出来、做出来、讲出来,或是演出来。不是所有的妈妈都擅长绘画和手工。但是没关系,不必把此事想得过于严肃,和孩子一起愉快地涂鸦就好,重要的是亲子间投入互动的过程。何况,如果有精力,可供依凭的资料也不少,现在一些美术工作室、绘本馆、私立幼儿园、少年宫都在致力于开发与绘本艺术关联的课程;中大型童书出版社的公众号也会推送相应文章;相应的图书也有不少,比如台湾林美琴老师的《绘本的手作游戏》,无锡少年宫尤敏红老师的《绘本这样更好玩》。

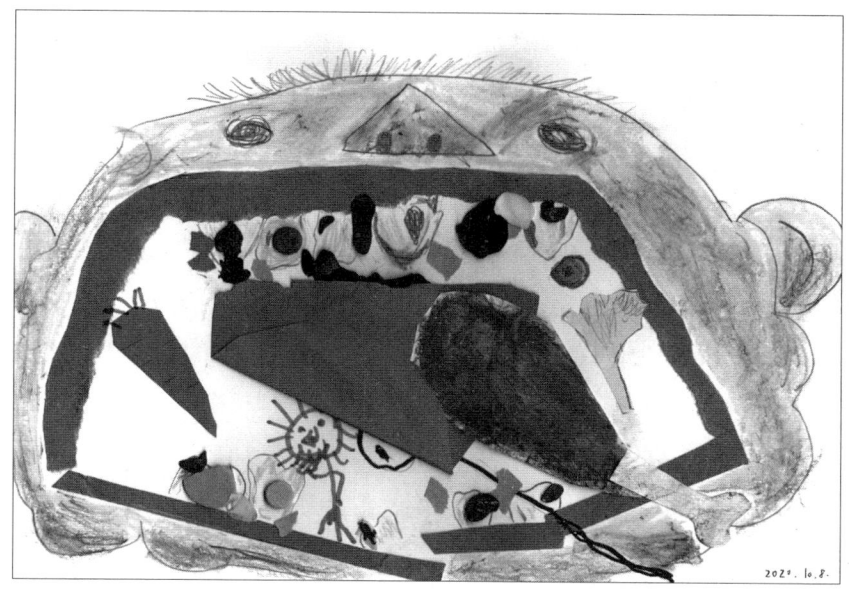

亲子手工作品《大卫,不可以》

需要提醒的是：要在手工和画画的过程中鼓励孩子表达自己的创作想法，或者将自己的想法通过语言传递给孩子。

上页图是我与女儿合作的《大卫，不可以》中的一幅画。起先，只是一张卡其色的纸，女儿惊喜地说："看，妈妈！一张大嘴！"我们由此联想到大卫不停吃东西的画面。原著中，这幅画想表现的只是大卫不停地吃东西，女儿联想到《我的牙很疼》中的"甜食约克"，认为大卫的牙一定有很多黑洞，还有一个挥舞着锤子的小怪物（绿色的，在画面红舌头的下方，是女儿画的）。这是女儿一边做手工一边讲的故事："大卫真是一个调皮的孩子，总是吃东西，一刻不停，中午刚吃了大鸡腿、西兰花、胡萝卜，从院子里玩回来，又开始吃蓝莓。妈妈喊：'大卫，不要再吃了！'他根本不听，还在往嘴里塞中午剩下的绿豆子、鸡米花。搭了会儿积木，又跑到冰箱里拿酸奶，去橱柜里够曲奇，翻找抽屉里的巧克力。直到有一天，大卫的整张脸都肿起来了，哎哟哟地叫疼，原来里面一个牙疼小怪物正拿着它的小锤子敲大卫的牙齿，可怜的大卫，他的牙已经被吃出好多黑洞啦！"

除了这些具体情境中的学习，从大的方面还有两点值得注意：

一是抓住现有的情境进行教育。认识家里各种物品的材质，讲述它们的故事；认识小区里的花草树木；观察上学路上遇到的人、车和路过的地方。

二是有意识地进行情境的设计。比如在过家家中演绎学过的知识、听过的故事；观看各种展览、演出、音乐会；设计长途、短途旅行；等等。在资讯发达的今天，各种各样的游学、研学活动都是经过精心设计的，爸爸妈妈们不妨带着孩子适当参加，也可以将学到的方法应用在其他的家庭活动中。

总之，人是情境学习的动物，因为生活本身就是情境化的。只有情境化的学习，才能成就牢固的、内隐的学习。

语文启蒙关键词四：长程学习

我们先看一个耳熟能详的故事"狗熊掰棒子"。故事讲的是狗熊在玉米地里，掰了个棒子夹到腋下，走几步又掰了一个夹到腋下，原先的却掉了。就这样，狗熊在玉米地里忙活了半天，最终手上只有一两个棒子。这个故事就是关于"长程学习"所要对抗的短暂学习——学一点丢一点。

与"狗熊掰棒子"相反，"长程学习"指的是在一段较长的时间内持续学习，这种学法的核心是"发现联系"：从纵向来看，将新知与旧闻联系在一起，把"旧闻"当作"新知"的肥沃土壤，站在"新知"的肩膀上重新思考"旧闻"；从横向来看，将此知识与彼知识联系在一起，犹如在广袤的星空中，别人看到的只是一颗颗孤立的星星，而你发现的是璀璨的星座。细想起来，所有的知识皆是联系的产物。要想将"知识"内化为"认知"，只有在长程学习中不断地去咀嚼、消化、反刍，直至变成滋养大脑的营养物质。

其实这个故事还有一个版本：狗熊看到苹果丢了玉米，看到葡萄丢了苹果，看到西瓜又丢了苹果，结果摔了一个跟头，西瓜摔得稀巴烂，什么也没得到。现代社会，人人被裹挟着贪多、贪快、贪新。"什么都接触点儿"，成了很多人学习的状态；"耐心"与"深耕"这些农业时代讲究的品质，变得越来越稀缺。像狗熊一样"什么也没得到"，是我们应努力避免的结局。

"长程学习"正是走与狗熊相反的路，追求"放长线，钓大鱼"。

作为妈妈和老师，我参与了女儿所有的学习活动；她读过的书，听过的故事，学过的汉字，看过的动画片，我全部了解。即使需要上班，下班之后我也会仔细问家人，今天女儿读了什么，看了什么，发生了什么。只有这样，我才能了解她的认知版图，以便随时示范这种"联系"的学习法。比如昨天，我们听"哈尔罗杰历险记"之《非洲探险》，里面提到采采蝇可以让人和野牛患上昏睡病。我随即提醒女儿："还记得我们在哪里读过这种病吗？"很久以前我们读过一本书《好奇怪的病——一个过于完美的小男孩的故事》，小男孩的妈妈是一个完美主义妈妈，"她确保儿子已经接种市面上所有最新的疫苗，甚至有一种能预防采采蝇传播的昏睡病……"。了解了这种病有多冷门，才能知道这位妈妈如何对这个小男孩进行了过度保护。

再举一例讲述我与女儿的长程学习。《采蘑菇的小姑娘》这首歌，在女儿的不同年龄段，我们玩出了不同的乐趣。

婴儿期，我们用这首歌感受韵律。随着一声"快到妈妈的背篓里来"，女儿准会兴高采烈地蹿到我背上。妈妈就一边摇晃，一边唱着这首歌："'采蘑菇的小姑娘，背着一个大竹筐'哎，踩到一个大树根（晃一下），'清晨光着小脚丫，走遍树林和山冈'哎，这里一个好大的蘑菇（弯腰晃一下），小背篓要掉喽，要掉喽……"游戏中，女儿总是兴奋地咯咯笑，尤其是妈妈摇晃的那一下；只是每次，身为妈妈的我都一身大汗。

1岁时，我们用这首歌来学词语。长途坐车时，我把歌谣一一唱出来哄她。唱到"走遍树林和山冈"，女儿迟疑地重复："山冈？"我解释山冈就是不高的山。娘家的村子里有当年建军事工事堆起来的小山包，女儿指着问我："山冈？"我犹豫了一下，回答："可以这么说。"虽然这个小土包几乎称不上山，但对80厘米的她来讲，已经很高了。更重要的是不能打击女儿学习词语的热情。我拿出手机搜索图片，给她看真正的山冈。一次出门，远远地望见了玉渡山，本来昏昏欲睡的女儿一下子兴奋起来，拍着窗玻璃说："山冈，妈妈，山冈！""是呀"，我欣喜地肯定，又用更多描述性语言加深她对这个词语的认识，"一座一座连绵起伏的，看那山间，飘荡着的不是云朵，是雾气，一丝丝的，就像你的棉被（我以前曾经打开被胎给她摸）；这一处的山冈是花岗岩组成的，上面的绿树是飞机播撒种子种上去的……"。

2 岁时，这首歌是练习语言表达的好素材。女儿在动物园买到了一把儿童伞，回家就发明了这个"采蘑菇"的游戏。她用伞遮住头，假装蘑菇，等爸爸来采。每次，爸爸都认真地把她连着伞一起抱起来，声情并茂地说："哎呀，这个蘑菇好大啊！把我的箩筐都装满啦！"小家伙会笑得咯咯响，又换一个地方，蹲下来再当蘑菇。爸爸假装四处看看走一走，感叹道："林子里的蘑菇真多啊，比天上的星星还多，采哪朵好呢？采这朵最大的吧。"如是反复，能玩上 1 个小时。后来上幼儿园了，女儿依然喜欢玩"采蘑菇"。游戏升级，爸爸把采来的肉乎乎的"蘑菇"直接放在"锅"（其实是枕头）上烹饪："这次吃蘑菇炖汤吧，先把蘑菇泡好，把排骨焯水，好了，一起进锅。哇，肉和蘑菇的味儿合在一起好香啊，整个厨房都是。"女儿兢兢业业地扮演蘑菇，直到爸爸"啊呜"一口把她"吃掉"，她才"咯咯"地乐起来。

3 岁时，这首歌是我们了解蘑菇的契机。家里的保姆是一位云南大理的小阿姨，休假回老家时正是松茸季，我拜托她录一段采蘑菇的视频回来。我和女儿边看边轮番向小阿姨发问："采蘑菇什么时候比较好啊？早晨？中午？蘑菇通常都长在什么地方啊？为什么你采蘑菇没有光脚呢？小背篓重不重？"在全家人的笑声中，小阿姨给我们讲了很多采蘑菇的事儿：什么时间哪种蘑菇正当时啦，采蘑菇的背篓用什么编的，蘑菇长在什么地方，怎么辨识有毒的蘑菇，蘑菇怎么做才美味啦……那天晚上，小阿姨用新鲜的松茸和鸡汤给我们做了一顿美美的云南米线。做之前，女儿还比对着家里的面碗与最大的松茸合影，她兴奋地说："妈妈，蘑菇真有这么大呢！"

故事远没有结束，等哪个假期，我会带上女儿跟小阿姨回云南，三人一起做一回采蘑菇的小姑娘。那时候，我还要带她去集市，再跟她讲什么叫以物易物，为什么小姑娘采了蘑菇不肯吃，要拿到集市上换镰刀和棒棒糖。

　　长程学习，通俗地来讲，就一句话："别把知识学丢了。"要记住，我们终会渐渐淡出孩子的学习，但没关系，相信"长程学习"的理念已经渗透到她的心里，内化成了她的学习方法。所以，有什么忐忑的？真希望这一天早点到来。

让孩子
爱上阅读

第四章

身体·书架·地毯·灯光

亲子共读的前提是"亲子",先让孩子感觉到你爱他,而后才是阅读。"共读"的前提首先是空间的"与共"。不论对大人还是对孩子来讲,阅读都应该是一件温馨、舒适、专注的事儿。

去逛各种绘本馆时我都会留心他们是怎么打造阅读氛围的。阅读台、阅读椅的角度、材质、配色、品牌;阅读区域的装饰,像经典角色玩偶霸王龙、彼得兔,拉花,风铃,儿童手工作品,展示用的立体书;我还会关注书架、书隔挡的种类,比如储物袋似的书装,做成小羊玩偶的书架,等等。这些都入了我的眼、我的心,我想:如果有一天(会时有发生)孩子的阅读兴致不那么浓了,我会用上这些招数,在阅读氛围的打造上给她以新鲜刺激;甚至以后家里装修,也会专门把阅读角的设计考虑进去。

近两年,育儿圈尤其讲究阅读角的布置。归结起来,阅读角的设计包含这样几个因素:随手可以拿到书,坐起来舒适,读起来光线适宜,在形式上如果能做到私密、有趣更好。不过,在这之前,还有一个关键词:身体。

身体,爱的港湾

最开始,孩子可能对"阅读"没有任何概念,只是单纯地喜欢跟妈妈一起做任何事。虽然在分娩的那一刻，孩子离开了母体，但在心理上，他与妈妈的牵连会持续很久。他对你的身体有很深的记忆，他会渴望你的拥抱、亲吻、抚摸——一切肌肤的接触；肢体语言早已先于复杂的词汇浸润他的心灵。

关于阅读的姿势，请想象一个小婴儿：起先他的腰和脖子都没什么力气，你需要把自己摆成一个舒适的躺椅，一手环他在怀，一手拿手翻书；更多时候，他需要躺在床上休息，你则要和他并排躺在床上，举起书——考验你臂力的时候到了；等他八九个月，渴望爬了，你要和他一起趴在床上，翻动书页；并且，他可能会有一些特殊的爱好，例如趴在爸爸柔软的肚子上翻书……恐怕很多父母都和我们一样，成了巴巴爸爸。不过，为了一个孩子能够爱上阅读，何乐而不为呢？

说到身体接触，还得提到衣服。给女儿读书时，我会摘下围裙，洗掉满手的烟火气。前身带大扣子的衣服容易硌到孩子，生毛线做成的毛衣或是前襟装饰了好多亮片的衣服容易刺激孩子后背，这些我在家都很少穿。我有一件中式斜襟坎肩，上面的扣子女儿很喜欢，每次穿这件衣服，她都要反复把玩，以至不能集中注意力，后来，每次读书时我都把它换掉。

其实，凡事不必精益求精，小孩子越长大越没那么挑剔，也不该养成挑剔的习惯；除非大人也喜欢讲究这些细节。再者，孩子大一点就不那么喜欢坐在妈妈怀里读书了。那又怎样？让他在床上跑去、跳去、折腾去呗！什么事儿都要带着玩，这本来就是小朋友的天性。不过，不能每次都如此，不然，孩子会觉得阅读不过是给玩伴奏的背景音乐。

值得一提的是：除了培养情感，亲子阅读时和孩子有身体接触，还特别有利于我们察觉孩子的阅读情绪。他是听得很投入，还是有点不耐烦了？他爱听这个故事，还是频频走神只是在完成任务？他在这本书里是获得了喜悦，还是正在感到害怕？这些都能通过孩子小小脊背的晃动、小手下意识的动作传递给我们。10个月后，孩子给出的信号就会更明显了，不耐烦时，他会伸出小手"啪"地把书合上；兴奋时，他可能通过从喉咙里发出的喜悦声音反复告诉你。共情强烈，是所有低龄小朋友的心理特点，如果妈妈能在孩子高兴时跟他一起欢笑，在他害怕时及时安抚他的情绪，孩子一定会感到安心。

而且，抱着他，多么利于制造共情啊！读到火车的时候，环住你的孩子，做出"呜呜"向前跑的姿势；读到紧张的情节，搂紧你的孩子，让他投身到这种氛围中；读到温馨的情节，亲亲他的小脑袋，拉拉他的小手……世界上还有什么比妈妈的怀抱更好的3D影院呢？

如此，孩子在亲子阅读时获得的安全感、喜悦感、投入感自然会更多，阅读的理解力也会更好。

下面是我在女儿3岁9个月时写下的一篇日记，记录了属于我们的温馨时光。

坐在妈妈怀里听书时，你歪着头，生怕顶到我，真贴心啊！几天前，在我怀里读书时，你突然跳起来，顶得妈妈下巴都麻了，痛得哎哟哎哟的。前些天，还有一次，你的衣服后面绑了一个蝴蝶结，妈妈都没什么感觉，你却不安地问我："妈妈，硌你吗？"

想想看，你已经从55厘米的小婴儿长成了110厘米的大孩子，妈妈的怀抱对你来讲，已经太小了。在这个怀抱里，我们一起度过了一千天的岁月，阅读了一千本的书。这对你和妈妈来讲，意义是什么呢？也许现在不宜轻下结论，我们等时间慢慢揭晓吧。

现在，更多的时候，你已经和妈妈并排阅读了；但时常的，你还会跳进妈妈的怀里——那个你坐了近四年的"宝座"，似乎就为了脊背抵住妈妈的温暖。有一次，我请求你给我讲无字绘本，你便指着自己小小的怀抱慷慨地说："妈妈，坐这儿！"那一刻，真的好感动。

书架，让孩子随时随地能拿到书

书架的挑选和摆放，首要目的在于孩子能方便地拿到书。女儿还不会走动之前，我用一个敞盖儿的玩具箱来装书，这样，书就可以跟着她移动啦！小家伙在床上躺着晒太阳时，书箱放在床头柜，拿几本散放在床上，自然会引逗她爬过来看；小家伙在游戏围栏里时，把书箱和玩具放一起，她会把书当玩具，拿起来翻看。产假结束上班后，我在飘窗、游戏围栏、床头柜等所有宝宝经常玩的地方都放置了书箱，为的就是家人和小阿姨能想得起来为女儿读书。

女儿可以熟练走动后，我添置了开架书架，方便孩子看着书的封面自己挑选。在我看来，挑选开架书架要注意两点：一是层高尺寸，如果书挡过高，封面会被遮挡住，起不到一望即知的效果；如果书挡过矮，书又会往前倾斜，要掉出来；因此，书挡高度以书能露出一半为宜。二是总体大小，这要看房子的空间。我自己买的略大一些，因为随着孩子不断长大，需要开架展示的书会增多。三是材质，出于环保考虑，我选择了纯木书架，并且跟厂家备注不刷漆。不过，落地书架的问题是女儿1岁左右很喜欢攀爬，我不得不嘱咐家人要时时注意保护。

地毯，让孩子随时坐下来

书架下面，我放了一块底部带防滑功能的小地毯，还丢了一个大靠枕在那里，方便倚靠。书架最初放在家中地暖最好的位置。

随着书的不断增多，我在客厅又增设了两个专放童书的书架，书架的高层书脊朝外排列，方便储存。可是不识字时，女儿是不能光凭书脊挑出自己喜欢的书的；在低层区域，我又用伸缩杆做了两排开架展示区，方便女儿自己取书来读。我在这个书架下面也安置了小地毯和靠枕——凡有书的地方必可以随时舒服地坐下来。为了让孩子时而有新鲜感，我还试过放蒲团、带香味的艾草团、卡通小椅子。书架旁有一个小茶几，上面放着台灯，用来补足阅读光线，也可以放水，放果碟，或者趴在上面画画——总之，我希望将阅读与一切轻松、美好的事情联系在一起。

补充说明的一点是：地毯并不一定是"真"的。真正的地毯容易藏污纳垢，打理起来不方便，孩子小时过敏原也很多。我家的两款"地毯"，都是软橡胶材质，用湿布一擦就可以了。要想随时坐下来读书，只需要把瑜伽垫一展。

灯光，让孩子专注下来

可能更多的家庭没有空间为孩子置备小帐篷之类独立、私密的阅读角，比如我家。其实，灯光就可以起到很好的聚焦、间隔作用。

每次亲子阅读开始前，我都会关掉家里的顶灯，打开局部灯——床头灯、台灯、落地灯。古时传下来一个短语，"一灯如豆"。我不觉寒酸凄凉，反而喜欢其中的宁静、自得。试想，一片薄黑的夜海中，唯此处一团光亮，这是何等的温馨，直叫人把全身的每一处感觉都集中在手里的书上、相依的体温上。其他地方的一切响动、混乱都被黑暗隔绝了，叫停了，所有注意力都收拢于这一光明的所在——这里是另一个空间、另一个开始。

工作或是家务时，我若发现孩子正翻看一本书，也会悄悄地关上大灯，擎一盏小灯过去。孩子随时随地都有可能打开一本书，为了移动方便，我置备了带有蓄电功能的移动台灯。这一灯带来的温馨，能留孩子在书中多停留几分钟。

灯光的颜色偏黄还是偏白都不要紧，最好能有可移动的灯臂，使光正好聚焦在书页的上方,把孩子的注意力收拢,再收拢。铜板印刷的书会有反光,除了人不断地调整拿书的姿势,灯自己能够自由移动就更方便了。

若是白天,光线就太容易了。找一处阳光温暖的所在,挑最舒服的姿势,穿最舒适的衣服,让阳光照透四肢百骸,所谓"负暄读书",正是此状。若正要计量着装修新房子,一定在阳光最好的角落里,为读书之便做一番打算。

给孩子读怎样的书:孩子们 vs 我的孩子

给孩子读什么样的书,犹如给孩子吃什么食物;喂什么样的精神养料,就会育出拥有怎样头脑的孩子。这个问题太大,我们不妨把它拆成三个小问题来回答:孩子一般喜欢什么样的书?给孩子读什么样的书?给自己的孩子读什么样的书?

孩子喜欢什么样的书?

孩子们喜欢什么样的书呢?很可惜我们来思考这个问题时,已经是一个大人了。那就只好勤于观察,常常以孩子的心去思考了。

孩子们喜欢贴近自己生活的书,像日本佐古百美的《牙掉了怎么办》《第一次去理发店》《我也想生病》,林明子的《妹妹住院了》《第一次上街买东西》,获台湾信谊奖的《妈妈,买绿豆!》。孩子们也喜欢富有想象力的书,像《我的连衣裙》《妖怪油炸饼》《蜡笔小黑和神奇的朋友》《小真的长头发》《云朵面包》,"怪怪园的怪老师"系列,法国旁帝的系列书。

孩子们喜欢温馨的书,像"14只老鼠"系列,"大熊和小睡鼠"系列;

也喜欢幽默的书，像《好严肃的农场》《三只老虎战小鸭》《妈妈去上幼儿园》。

孩子们喜欢无厘头的书，像《不要，不要，妈妈不要！》；也喜欢告诉他们道理的书，像《七色花》；还喜欢教给他们知识的书，像《给孩子的造物大书》。

孩子们喜欢能呼应他们弱点的书，像《我的牙很疼》《我可不怕打针》；也喜欢能给他们安慰和鼓励的书，像《痛痛飞走了》《不是第一名也没关系》《妖怪山》。

孩子们期待有些书能帮他们好好教育一下大人，别总是生硬地对待他们。当他们想要离家出走时，不是冲他们咆哮："你要走了上哪儿吃饭去？外面很危险你知不知道？"你可以给他们读《我的家最棒》——三只小猪离家出走，去了兔子家、鳄鱼家、乌鸦家，最后还是发现自己的家最好；可以给他们读《阿尔菲出走记》——妈妈不动声色地帮助阿尔菲准备出走的东西，小家伙在自家院子里待了一个下午就想念房子里那个温暖的怀抱了；还可以教他们像《我讨厌妈妈》中的小兔子那样，离家出走后，打开一条门缝，假装忘记什么东西，然后问妈妈："又见到我，你高兴吗？"

以上还是就内容来说。那孩子们喜欢什么样的图画风格呢？简单来说，是生动形象的、图文相宜的。喜欢什么样的图画风格，也与时间维度有关。从图画风格来看，年龄越小，越喜欢写实风格的图画；长大一点，渐渐能欣赏艺术的夸张与变形，能领会色彩、造型、材质所传达的意义。从画面信息量来看，年龄越小，越喜欢简洁的画面，否则就会觉得信息过载；长大一点，更喜欢丰富的画面，以在图画中获得探索、品味的乐趣；再大一点，又开始能欣赏画面特有的留白，领略做减法的妙处所在。从图画的密度来看，年龄越小，越依赖图画提示，在头脑中构建起形象，此时最好十来个字、几十个字就配一幅图；逐渐长大后，能够根据文字进行抽象想象了，可以挑选几百上千字配一幅图的书来看，此时图已经不是主导了，而变成插图。

孩子们喜欢什么书，可以列出一长串形容词，回答这个问题几乎是一种冒险和冒犯。总之，孩子们喜欢"好"书。

好书的标准是什么？含义幽微，也每与"时间"一词联系才能发生化学反应；4岁孩子眼里的好书，未必是2岁孩子眼里的好书。为了获得这个问题的答案，我和其他所有爸爸妈妈一样，用尽了大海捞针的力气。

怎么给孩子推送书？

哪些书可以推送给孩子，最简单粗暴的参考就是"经典绘本"。这一点，我在《父母功课四：绘本和语文产品的挑选》（见P043）中谈过，需要补充的一点是：还有相当一部分经典绘本没有奖项加身，但是在流传中得到了世人的认可，像《爱心树》《失落的一角》。

"经典"的另一种情况是：故事文本经典，要为孩子寻找经典的图画版本。比如苏联作家阿·托尔斯泰原著的《拔萝卜》，讲的是老爷爷老奶奶小孙女小黄狗小花猫小老鼠一起拔一个大萝卜的故事。很多国家的插画师都画过这个故事：中国的、韩国的、日本的、法国的、美国的，每个国家又有不同版本，光中国画家绘制的就有六七个版本。松居直先生推荐的是日本内田莉莎子编绘的，我最爱的是杨永青的版本：一来书中人物的服饰都是中国农村的样式，看上去非常亲切；二来希望孩子能了解传统画画法，杨永青先生的作品正是这方面的代表。当然，也大可以把同题材不同国家的绘本都拿来看，让孩子了解不同文化背景下的不同画风。

并不是所有经典绘本孩子都会喜欢。有时是年龄不谐，需要换个时间再拿出来阅读；有时是背景不谐，书的内容远离孩子的生活。2019

年凯迪克金奖作品《你好灯塔》，我在女儿3岁时读给她听，她不感兴趣。一来家在内陆，灯塔离她的生活很远；二来年龄太小，绘本故事跨越人物一生，她难以体会平淡文字传递出的孤独与勇气。女儿4岁半时，我为她读翌平写的《看海》，同样是讲灯塔中的生活，不同的是以孩子视角来写，时间跨度只有一个暑假，对大海的认识也有舅舅这个人物作为辅助，女儿一下子就喜欢上了灯塔。如果是住在海滨城市的孩子，对灯塔耳濡目染，给她推送《你好灯塔》这本获奖绘本，可能会容易得多。

这个例子还自然牵涉出另一个问题：什么时间给孩子推送什么样的书。

首先要考虑的是长度。婴儿绘本通常每页只有1—2个词，10—20页；1—2岁的孩子已经能接受每页50字的绘本了；以此类推，到了4岁，孩子甚至能接受每页200字，总字数接近5000字的绘本。当然，每个孩子的阅读能力和耐心程度有很大不同。而且，阅读不是直线前进的，4岁孩子也可能喜欢某些每页二三十个字的书，只要书对胃口就好。女儿现在快5岁了，能读无插图的长篇小说或者文字八九千的绘本了，但我还是每周都为她借短绘本来看。因为文字简短的绘本也自有价值，阅读不是一条只能向前的路。

难度通常要和长度一起考虑。有些绘本虽然长，但是内容贴近孩子生活，利于理解，就可以早点推送给孩子。有些绘本虽短，但是图画抽象、语言省简、立意高远，像这样的绘本就可以晚点推进。比如《逃家小兔》，每页20字左右，以长度来论，1岁半的孩子就可以阅读，但是我女儿那个时候并不喜欢；直到她三四岁，有了更强烈的自主意愿后才喜欢上这只离家出走的小兔子，甚至在幼儿园中班时还挑选了这个故事来表演。相反，像《小塞尔采蓝莓》这样的经典作品，直到4岁半我们才有缘遇见，孩子已经不感兴趣了。可以想象，如果女儿2岁半就看到这本书，她对这本书一定有非常好的阅读体验。

什么样的书适合多大的孩子，有一个最简单好用的方法：书里的主角多大，就给多大的孩子读。又因为阅读并不总求理解和实践，只是听听，所以，还可以稍稍早一点推送给孩子——一本主角是3岁小孩的书，在孩子2岁，甚至更小时就可以读给他听了。日本的"咕噜汪"系列，主角的若干行为相当于一个3岁的小孩，但是情节简单，每页字数不多，女儿1岁半就很喜欢了。不过别忘了，正当龄时再把书拿出来，那时候孩子对书本的理解和共鸣都不一样了。如果因为小时候读过了，就弃置一旁了，真是对书的浪费呢。

怎样控制书的长度和难度呢？我特别同意松居直先生的观点："图画书是孩子们用来感受快乐的。"阅读舒适度，是高于一切的标准。十本书中有两三本带点挑战的，是增添乐趣；再多，让孩子有畏难情绪，就违背阅读的本意了。在孩子人生最初的几年，只要感到阅读是一件快乐的事儿，就是启蒙者最大的成功了。

怎样给孩子"投喂"绘本，还存在着口味丰富的问题。孩子所知世界有限，需要我们这个跳板、导游、老师。如果说，每种食物都是这个世界物质形态的一角，那么，每本不同风格的书则是这个世界精神和艺术形态的一角。不同国家的书、不同作者的书、不同艺术风格的书、不同文学风格的书、不同领域的书……所有这些"不同"汇聚起来，才能构建起一个从萤飞舞、群星闪耀的世界，让孩子充满期待。

给自己的孩子读什么样的书？

上一问题谈的是共性，这个问题谈的是个性。个性就是"例外"。

比如2岁孩子一般读一两千字的书，但是我女儿却被一本5000字的《妖怪山》深深迷住了，天天读，读了不下50遍。经典绘本《爱花的牛》被世界上很多小朋友喜欢，我搜集了各种斗牛视频，女儿依然兴趣一般。也许"爱花"从未在她的世界观里产生过冲突，她体会不到那种作为"例外"的难处与可贵；也许原因更简单，她彼时正沉迷在另一套风格更活泼、好玩的绘本里。一位朋友推荐《妈妈，你会永远爱我吗？》这本书给我，说她女儿很爱看，连她们的母女关系都因此改善了。我买下来读给女儿听，她完全无感，估计她没有这方面的困惑。

看，"例外"无所不在：别的孩子喜欢的书，自己的孩子不一定喜欢。面对"例外"，我们不能预测，只能对自己的孩子勤加观察，多读多试，特别是要多听孩子自己的意见。

《铁门胡同》这本书，我本来给女儿囤着，准备以后看的。结果女儿翻了出来，什么"曹太太""陈先生"，都用小手指着说，我还以为一个不到2岁的小家伙不喜欢家长里短呢！一直不喜欢《两个男孩的完美假日》这本书，觉得故事情节之间的时空缝隙大，对话也碎，不适合小小孩，没想到女儿听得津津有味，乃至随口引用书里的话。

本来，我一直对挑选绘本的眼光很自信，看来，再好的眼光也抵不过孩子的眼光。

再来看看下面这三个问题：

问题一：男孩女孩在选书方面是否应该区别对待呢？

我女儿2岁时喜欢的书是"消防"书，我为她搜罗了不下10本，还带她去参观了消防站；可能也有一些男孩子，说不定喜欢跳芭蕾舞的书。年龄越小，孩子对性别差异的感知越淡。这是件好事，我们也应该无差别地对待。随着一天天长大，男孩女孩确实会对不一样的内容感兴趣（仅仅有部分是差异化的），那时，就需要在共性基础上为他们量身选书了。这个时间具体是什么时候，爸爸妈妈可以细心观察，各种文章、书籍可以根据大样本经验选择，不过，对图书的性别取向，没什么固定时间，始终是渐进式的。

? 问题二：给孩子读书是否应该完全听任他的兴趣呢？

教育没有唯一答案，我通常的处理方式是：听任—转移。2-3岁间，有很长一段时间，我女儿喜欢悲伤的书，像小女孩被烫伤的书、得了癌症去世的书，她在这些书中酝酿着悲伤的情绪，体会着悲伤的力量；这些悲剧的情节不断延展到过家家游戏中，被反复操练。这样的情况，要完全听任吗？也可以，因为总有一天，她自己就会转移兴趣。我的做法是先满足女儿，为她读相应的书。毕竟，孩子想要去认识悲伤和死亡，这也是对世界的探索。过了一段时间，女儿还是沉浸其中，我就觉得不能放任这种共情了。先把家里这些书都藏起来，再直接跟女儿坦白："妈妈不喜欢总读这些书，我也喜欢俏皮一点的风格。"那段时间，我四处问人，泡图书馆，搜罗了一大批幽默的好书，果真成功地转移了女儿的注意力。

? 问题三：应该让孩子自主选书吗？

当然啦，孩子的直觉总是准确的；能让孩子一眼看中的书大多是好书。等到孩子走路自如，也积累了一定阅读量之后，就可以带他们去图书馆自己挑书了。大人自然要保留替孩子挑书的权利，因为孩子认知有限，接触世界还得依赖领路人呢！孩子越小时，大人挑的书所占比例应该越大。写下这篇文章时，女儿4岁半，每次我都带上她一起去图书馆借书，她挑一半，我挑一半。

有两点经验可以分享：一、即使是4岁的大孩子，也常常因为挑书这件事本身而兴奋着，快快地挑完，赶紧送去消毒柜，再去机器人借书台上"呲"的一声刷卡，点击"借书"……这种情形下的选书就有点草率了，大人不妨多选几本。二、我们可以通过孩子自己借的书，校正自己的认识，增进对孩子喜好的了解。第一次带孩子去绘本馆，女儿选了一些篇幅很短的书，而我给她借的，文字量已经很大了。那一刻，我忽然明白，是自己一直在"努着"孩子；她还是喜欢更舒适的阅读，哪怕比自己的认知低一点儿的书。

给孩子挑书，讲究那么多，难免让人望而生畏了。其实，每一分"讲究""心得"都是亲子共同创造的美好记忆。不要把自己当成踽踽独行的苦行僧，孩子是最好的同伴，两个人一起走在无边的森林中，采撷一朵又一朵多姿多彩的花儿。一路上，你们此起彼伏地呼唤着对方："快看！这朵花多美！"想想就觉得很美好吧，亲子共读正是这样美丽的图景。

"孩子不爱读书了，怎么办？"

"孩子不爱读书了，怎么办？"

此事常有。因为读书不是孩子认识世界的第一途径，更不是最重要的途径。书是广阔时空的折叠，是在我们行为受限时对现实情境的模拟。读书，只是间接经验的学习，是借给我们更多的眼睛、腿脚和翅膀，去往那些我们到不了的地方。如果孩子可以自由地去触摸食物、家具、餐具等等一切材质，那没有读触摸书，又有何遗憾？如果孩子可以跟随我们走到森林、海边，去聆听大自然的声音，那没有读有声书又有什么大不了？如果孩子玩你的手提包玩了1个小时，又何必执着于她没有读那本《妈妈的手提包》？

会坐了，会爬了，会走了——对孩子而言，这些是多么重大的突破，他的世界因此焕然一新。那就让他尽情去探索吧，短暂的静不下来读书又有什么关系？

孩子去了奶奶家、姥姥家度假，忙着去探索新鲜的环境，享受享受祖辈的溺爱、毫无压力的闲暇，短暂的不读书又有什么大不了？那些本就是人生应有的体验。

如果孩子一段时间不爱读书，我们最先需要做的就是理解。但如果时间长了,短暂的"不想读",就会变成长时间的"不爱读",重新建立起读书习惯就困难一些。

我们看重读书这件事,不仅在于阅读自身的价值,更在于其背后的行为意义——长久坚持一件事的能力,在一段时间内保持注意力的耐心,将阅读作为生活必要部分的习惯,还有对学习真挚的热爱。因为这些,读书一事才显得意义重大。

怎样让孩子坚持读书呢?

方法一:随身带书

随身带书,每天读书,从不因为任何情况而中断。大人当个事儿去做了,孩子就会渐渐把阅读当作生活的一部分,跟睡前洗脸刷牙一样。

不论是出门一天看亲戚,还是外出一周去旅行,我都会让孩子挑几本书带上。总能找到读书的空隙——等车的时候,等餐的时候,排队的时候,坐飞机的时候。或许有人会问:难道孩子不需要一些体验式学习吗?去亲戚家多聊聊天,等车的时候观察观察街景,等餐的时候打量打量餐馆的装修,排队的时候环视一下候车大厅,坐飞机的时候望望窗外的蓝天白云;或者,什么都不干,只是发个呆不好吗?这些事正是我和女儿在做的,在我心里,它们都比读书重要。但是,我以为这之外还有余地,长时间做一件事总会厌烦,休闲如是,体验也如是。只有放松一会儿,注意力集中一会儿,二者交替进行,才能时时感到精神的愉悦。凡事都没有定规,不是默认某个时间点就是垃圾时间,不用来读书就是浪费。如果全家人都喜欢这家餐馆,那就起身四处转转、看看,跟店员攀谈几句,拿起菜单给孩子介绍有趣的菜品。任何时候,孩子正玩儿得开心,就让他尽情地玩。但是一天中,总有一些时刻,人是渴望静下来的,此时就掏出书来读吧。

回忆起来，从4个月到4岁半，女儿的阅读真的一天都没有缺位过。

方法二：在读书环境上花心思

孩子难免会短暂离开我们，比如上班的白天、寒暑假，此种情境怎么能让孩子坚持读书呢？全家人教育理念高度一致，老人以课孙为乐，自然是最好的情况。比如我家，奶奶就为孩子的教育投入了很大的热情。更多时候，老人带孙儿有自己的想法，个人精力也进入了衰退期；我们做子女的，实在没有道理要求长辈们每天必须给孩子读多少本书，规定阅读时间不能低于多少分钟。

我会花点小心思，争取让孩子多读书。把书和玩具放在一起，让孩子时时能记起读书这件事。在老人和小阿姨生活的房间都放一点书，眼睛能看到，就会想起给孩子读，也会明白妈妈没有说出口的请求。书放在哪儿呢？也费了一番心思。床头柜上没地方，我收拾出一层抽屉，又因为无法一眼看到，很快被我放弃。有什么办法可以让老人和孩子减少拿书的麻烦感呢？我终于物色到一款储物用滚轴小推车，好几层，既可以装书，也可以游戏。女儿很喜欢，到了晚上，她自然就乐意化身图书馆馆员啦！"叮咚，今天的书已经运到了。可以帮我读吗？"看，无形中就会多读不少书。

方法三：在书的内容和形式上下功夫

外出玩耍、走亲访友难免会让孩子精神兴奋，静不下心来读书。大人不也如此吗？不妨在书的内容上想想主意，吸引孩子读。要去海边度假了，可以读讲沙滩浴要防晒的《当心，晒！》，海边狂想曲《莎莉，离水远点》，讲一只狗与海草纠缠的《哈利海边历险记》（"好脏的哈利"系列），两只老鼠在大海里学游泳的幻想故事《古利和古拉的海水浴》，与孩子闹着玩的《海浪》……白天看海晚上读海，孩子不想听才怪！去乡下奶奶家度假，带上《奶奶家的菜园》《奶奶家的花园》，多识草木，准错不了。等你去接她，孩子会骄傲地指给你看："妈妈，看，这就是打碗碗花，它跟牵牛花可不一样哦！"再带上《原野上的小屋》《和风一起散步》之类贴近乡居生活的，孩子当然乐意读。在内容上下功夫，最重要的就是应景。

在形式上下功夫，最好的办法就是给孩子听书。一直以来，我都坚持孩子每天书面语的输入时间不少于1个半小时。旅行时，大人自己也累了不想读，怎么办？孩子不在身边，不好意思要求别人读怎么办？可以给孩子听书。现在给孩子听书的产品很多，小时候用的火火兔，大一点听的"凯叔"，还有各种微博、微信、喜马拉雅之类音频APP推出的有声绘本、儿童故事，稍一搜索就很多，收费产品通常都很专业。孩子年龄小，依赖妈妈时，我还专门用自己的声音录了若干本书，请家人在我上班时播放给女儿听，以减轻他们的劳累，力求女儿能有足够多的阅读时间。坐车时听，穿衣服洗漱收拾东西时听，稍微着意一些，就可以完成每天1个半小时的中文输入量。如果已经开始听小说，那你想让孩子停下来，都不能够啦，谈何"不爱读"！

方法四：在读法上下功夫

有时候孩子不爱读书是因为最近没什么适合他的书——无论怎么努力，这种情况都是难免的。我不断尝试着给绘本做加法、减法、改编，以在没合适的书时把书改造成孩子喜欢的样子。《我的兔子朋友》起先女儿并不喜欢，我淡化了友谊线，突出"兔子总是惹麻烦"，这样女儿就感兴趣多了。《啄木鸟和猫头鹰》讲的是啄木鸟和猫头鹰因为生活习惯不同吵得不可开交，后来又因为啄木鸟救了猫头鹰，两人重归于好，其间还掺杂了森林动物的各种争吵。这对不到2岁的女儿来讲，显然有点复杂。我索性借着图画讲了另一个故事，只突出了啄木鸟是大树的医生，给大树捉虫子治病，淡化了它和猫头鹰的若干次争吵。以上两例是我在女儿1岁7个月时做的尝试，女儿长大了，我就照原样去讲了。

方法五：别让孩子在读书前太兴奋

孩子年幼，交感神经容易兴奋，情绪控制力也弱。读书前又蹦又跳、嬉笑打闹，或者很晚才从商场、游乐场回来，都很可能静不下心来读书。读书前因为一些事情训斥孩子，孩子沉浸在伤心、委屈、恐惧的心情中，也很难进入阅读情境。最好爸爸妈妈都把阅读当作大事来做，给孩子一个过渡的提示。比如宣布停止游戏收拾玩具，用喝水洗漱做间隔，如果太兴奋，索性一边收拾一边听一段故事作为阅读的过渡……孩子进入安静的精神状态，后面的阅读就容易成功。

当孩子还是孩子时，习惯都由大人帮忙养成。大人有毅力，坚持亲子阅读，孩子就会把它当作生活的题中之义。更多的"不爱读书"都不过是近因引起的短暂现象；只要养成了阅读习惯，孩子自己也会很珍惜。有一天，你疲惫地不想给他读书，或是你急着把他塞进车里做一次短途旅行，他就会提醒你："妈妈，放会儿故事吧，今天早晨的书还没读。"

不必是朗读高手，最好有有趣的灵魂

亲子共读的"读"有怎样的讲究呢？你不必是一个朗读高手，但最好有一颗有趣的灵魂。

朗读

不必设立太高的自我要求，毕竟没有多少人拥有播音员的技巧、歌唱家的嗓音。爸爸妈妈的声音，对孩子来讲，就是天籁。若再能加上一些小技巧，就更棒了。

1. 给孩子朗读，最最首要的，是先预备一个好心态。

职场中的交流讲求目的，追求效率，信息密度高；以绘本为代表的低幼读物恰恰相反，信息密度低，情绪浓度高，追求的是心情的愉悦和放松。前者往往像机关枪一样嘟嘟嘟，后者则如唱歌一般，回环往复，韵味悠长。

> 要是你给老鼠吃饼干，他就会跟你要一杯牛奶；等你给了他牛奶，他可能会跟你要一根吸管。等他吃饱了，喝足了，他就会要一块餐巾擦擦嘴。然后，他还要照照镜子，确保自己没有牛奶胡子。他往镜子里一瞧，发现自己的头发该剪剪了。于是，他就会跟你要一把剪指甲的小剪刀。……（《要是你给老鼠吃饼干》）

看到了吧？这就是童书的样式。给孩子阅读，正如给小老鼠吃饼干一样，大人先要预备出一万分的耐心。

2. 遵照原文阅读的基础上，做适当的解释说明。

绘本的朗读首先要遵照原文，哪怕是短短的文字都经过了作者的千锤百炼。但孩子年纪小时，对语言信息的处理能力有限，做一点解释说明会使孩子更好地进入文本。对于大点的孩子，遵照原文读和解释性读都是必要的，要看孩子对文本的熟稔程度。解释性读可以注意以下几种情况。

• 遇到小动物名称，要适当转换。

当代儿童文学作品常常给小动物起人的名字，比如"特里在水里玩儿得正欢，翠丝停在水草上，奥奇飞过来啦"。这样的句子对低龄孩子的思维和记忆都是一个挑战。他先要在头脑中建立联系："猫头鹰叫奥奇，翠鸟叫翠丝，青蛙叫特里"；还要把它们记下来，才知道这个句子是什么意思。像这种情况，我给女儿读书时，直接就改成"小青蛙在水里玩儿得正欢，翠鸟停在水草上，猫头鹰飞来啦"。这样，孩子只需要看图就成，不需要在头脑中进行二次转换。孩子1岁半之前，我经常这样做。

- 遇到代词，要适当进行转换。

像这样的句子："他看了她一眼，没有说话。而她呢，也正在犹豫，要不要走过去跟他道歉。"可以想象，孩子一定会被"他"和"她"弄得如堕雾里。可不是吗？听起来都一样，只有视觉阅读才能够区分；可是给小孩子的绘本是要能"听"起来很精彩的。如果细心观察，会发现儿童对代词的理解和运用远远晚于其他词类，因为"指代"的过程等于给思维增加了一个转换的步骤。在孩子年龄尚小时，建议将代词进行一下转换，可以这样说："小志看了多多一眼，没有说话。而多多呢，也正在犹豫，要不要走过去跟他道歉。"

- 遇到连续对话，要进行适当的说明。

比如经典绘本《你看起来好像很好吃》中的片段：

"我饿坏了。""很好吃"开始嘎吱嘎吱地吃起草来。

"真好吃！爸爸，你也吃点吧！"

"嗯……啊……还不如吃肉……不，不不不，爸爸不饿，你都吃掉吧。"

"谢谢。我要多吃一些，早点长得像爸爸一样。"

在初次阅读，或者孩子特别小时读这本书，就可以在每个对话前加上"霸王龙说"或"小甲龙说"。读熟了后，或者大人能够用语音语调的变化把两者的对话区分开来，就不必做这样的说明了。

3. 朗读进阶：语音、语调、停顿、语气。

没有必要要求每位父母都成为朗读高手，毕竟，除了育儿，我们一天中还有很多事情要做。若自身有兴趣，精力允许，可以在朗读技巧方面稍加努力。

• 进阶一：不只读字，还要认真看标点：看标点指示的停顿——停顿的长短；看语气——陈述的、疑问的、感叹的、犹豫的……

• 进阶二：尝试用声音演绎不同的角色。霸王龙可以声音粗一点，但是带着温柔，小甲龙可以声音细一些，但是娇憨可爱（《你看起来好像很好吃》）；读大兔子时声音慈爱中带着坚定，读小兔子时可以顽皮娇憨一点（《逃家小兔》）；读自闭症小孩的话，要读得神经质一些，甚至故意改变一下声调，可以假装大舌头，让小朋友觉得他确实是一种病态（《不可思议的朋友》）……做不到区分得这么细致，就用声音的粗、细来表示男人、女人、老人、小孩、强壮、柔弱就可以了。

• 进阶三：根据语境，演绎细微情感。同样的台词"嘿嘿嘿嘿，你看起来好像很好吃"，霸王龙的贪吃中带着一点憨厚的底色，而吉兰泰龙却尽是贪婪本色，没有一丝回旋余地。和小甲龙相处甚笃后，为了他的未来，霸王龙选择哄着他离开了自己。故事的结尾："再见，'很好吃'。"霸王龙小声地说着，吃下一个红果子。此时此刻，霸王龙心里五味杂陈，要是能调动语音、语调演绎出不舍、感谢、为他高兴、为自己做的决定而骄傲的心情，那就太棒了。

如果觉得有难度，就用自己平常说话的习惯读给孩子听吧，宁肯平淡一些，也不要过分夸张，过分激昂。有时，外在的强调会削弱阅读安静的属性。

读法

以下其实是三篇日记的节录，既不是理论，也谈不上经验，更确切地说是"一时兴起""灵机一动"。我之所以珍爱它们，是因为这里面洋溢着阅读的喜悦、激情，更包孕着孩子特有的学习方法，予我们以丰富的启迪。

愿每位养育者都跟自己的孩子一道，共创趣味读法，让读书变成一件快乐的事儿。

2019年3月　2岁7个月

这几天，你跟妈一起（主要是你），发明了很多趣味读书法。

1. 轮流讲

咱俩轮流讲《你好，安东医生》，你一句我一句。你不仅背出了大量原句，还自己生发出了很多精彩的语言，带给妈妈很多惊喜。

2. 填词法

不知不觉地，你已经能背下大半《候鸟音乐会》了，我空出一些高级词语让你填，咱俩玩儿得非常默契。

妈妈："就在阿鼹 _____ 的时候。"你："忙得不可开交。"

妈妈："松树厨师 _____ 地上阵了。"你："摩拳擦掌。"

妈妈："大家 _____ 地鼓着掌。"你："如醉如痴。"

3. 反讲法

读《山里的春天》，这本是一本恬静的书，就因为你发明的这个读法，咱俩乐成一团。

妈妈读："春天已经来到了原野上。"

你说："冬天已经来到了原野上。"

妈妈读："樱花盛开，小鸟唱个不停。"

你说："樱花凋落，小鸟不唱个不停。"

妈妈读："慈祥的老爷爷正坐在樱花树下。"

你说："慈祥的老爷爷正坐在樱花树上，'啊呜'吃掉了一朵樱花。"

哈哈哈，虽然无厘头，但是很快乐啊！

2019年8月　3岁1个月

这是最近你发明的趣味读书法。

1.替换法

昨天晚上，我们在房顶发现了一只小蜘蛛，爸爸好不容易才把它请走。受了这个蜘蛛事件的刺激，你要求我把那本《我床上的老虎》讲成"我床上的蜘蛛"。你听得特别仔细，要求我把每一处"老虎"都替换成"蜘蛛"一词，就这样饶有兴致地听了四五遍。

2.改编法

《小心，烫！》这本书讲的是一个小女孩被烫伤的故事。你一直跟妈妈说："妈妈，把我画在这里，我把热水关了，把小妹妹抱出来，她就不会被烫伤了。"又说："妈妈，你看，我们可以在这里画上黄色按钮，这样她一按，水就停了。"看到小妹妹穿上了烫伤后特制的紧身衣，孤孤单单地，你又说："妈妈，在这里画一朵花，画一本书，我来进去给她讲书吧。"读《七个云朵小人儿》，你说："妈妈，把我画在这里，我开着飞机，举着一个大网兜，把它们一个一个给捞起来。"

在你侠义的小脑瓜里，一个个悲剧故事变成了温暖的故事。

3.灵机一动法

妈妈只能给它这样一个命名了。读《看海》这本书，有一句话"舅舅的鼻子发出'哼'的一声"，你要求妈妈，每次读到"哼"就用"吉利麻喇姑"代替，还给妈妈做示范，并提出指导意见"用夸张一点的语气"。果真，在你的带领下，阅读变得太好玩了，我们俩笑得把爸爸都招过来了。

2020年5月　3岁10个月

最近你很喜欢用演读法。

读《海伦的大世界：海伦·凯勒的一生》，你主动要求表演，让妈妈给你搭戏，还认真地比画着手语。一个晚上只读了这一本书，不过你演了两三遍，妈妈读旁白，给你搭戏。"怪怪园的怪老师"，女儿更是读一本演一本，最喜欢《逛动物园》那一册，每次都跳起老高表演貘放屁——啊，小孩子是多么容易快乐啊！

最棒的是我们发现了"玛蒂娜"，足足60本，真是宝藏。你简直着魔了，跟我约定，"现在开始，我是玛蒂娜，你是让"。（"玛蒂娜"和"让"是书中的主要人物。）有时我叫你名字，你马上纠正，"叫我'玛蒂娜'！"。

表演书里的内容已经不过瘾，你开始自己创编故事讲出来。印象最深的是你编的"玛蒂娜海上历险记"。讲玛蒂娜掉进海里，你说："像是掉进海里的树叶。"讲到让来了，你说："让从人缝儿中挤了出来。"摸着让（当然是妈妈我扮演的）的手，说："啊，怎么这么凉？是不是被大海冰的？"讲历险之后平安登录，你说："围了一层层人，所有人都惊叹着。"讲到玛蒂娜被救走，你说："轻轻地把玛蒂娜公主担下来。"……真好！这些书已经化成了你的语言养分。

怎样"问"，孩子才喜欢

读书该不该提问？

网上流传着这样的说法：孩子读完书就让他谈感想说中心，跟春游后老师让写游记有什么区别？谁喜欢这样充满心理负担的阅读？

在我看来，这种说法中有两点倾向值得思考：一、不应该否认深度阅读，读书时想知道为什么，是每个人天然的需求，无论是大人还是孩子；二、让人感到有心理负担的不是提问本身，而是提问的态度和技巧出了问题。

读书当然要辅以提问，就像游览要辅以讲解一样，这会有助于我们深入理解问题。问的内容是什么，无非指向鉴赏画面、文学启蒙、阅读理解，这些会另辟章节讲解；本文重点谈"问"的态度和技巧。做语文老师十几年，我每天在课堂上操练的就是"问"的技艺；做妈妈后，又每天在亲子共读中琢磨；现在，就将这些经验与诸位读者分享于此。

怎么"问"？

1. 问的最高境界是不问。

如果你渐渐发现，自己问得越来越少，孩子问得越来越多，那恭喜你！这说明孩子已经形成了深度阅读的习惯、方法和路径；这也预示着他的语文学习已经步入正轨，可以自行运转，你只需在他需要时伸出援手就可以了。下一阶段，连援手都可以有意识地少伸，让孩子在你的指导之下自力更生解决问题。"待到山花烂漫时，她在丛中笑。"这句词描述的状态，就是家庭教育所追求的最高目标。我期待着这一天的到来。

2. 给孩子最大的尊重。

经常肯定孩子，给孩子尊重，是一切"问"的前提。表示肯定的词语大家都很清楚，不过再漂亮的词语也会听腻，最重要的是给孩子富有针对性、具体的肯定。当你想夸一个孩子时，不妨这样表述：

a."你这个回答真棒！妈妈心里还想着'时间能冲淡一切'这样的话，但是你的回答已经很贴近作者的原话了。"

——诚恳地把自己的赞美告诉孩子。

  b."你的回答很巧妙。照应了前面提到的'他很老了。'"

——指出具体的"巧妙点"。

  c."你的回答和作者想表达的不一样,不过,妈妈觉得你的回答很新颖。"

——指出孩子答案的偏颇,也肯定他答案中值得肯定的。

  给孩子最大的尊重,意味着我们放下对所谓"标准答案"的执着,尊重孩子这个年龄思考问题的水平、方式。

  《獾的礼物》结尾处写道:"等到最后的积雪融化了的时候,动物们的悲伤也慢慢地融化了。每当提到獾的名字,说起獾的又一个故事,大家都露出了微笑。"为什么"大家都露出了微笑"呢?我将问题抛给女儿。她说:"这很简单啊!因为他们觉得獾肯定在那条隧道里过上了好日子啊!"我赶紧给出肯定:"哇,这个答案真妙啊!妈妈都没想到。以后你再看到爷爷伤心,就可以跟他说太姥姥在隧道里过上了好日子,对不对?""好啊!好啊!"女儿很为自己的奇思妙想开心。其实书里想表达的是,獾给每个朋友都留下了离别的礼物,他们可以永远珍藏下去。有了这些礼物,他们就能够互相帮助。女儿的回答不是从阅读衍生出来的答案,是自己的生发和想象。但我不希望在这个时候去强调什么阅读能力,女儿此刻的喜悦比什么都重要,4岁的她达到这个水平已经很棒了。我更不希望女儿觉得妈妈明面上在夸她,行为上却在纠正她。几乎一年那么久之后,又拿起这本书的时候,我才把自己的理解分享给她听;如果忘了,也完全可以不说。一句话怎么理解并不重要,重要的是孩子感到自己被尊重。

3. 控制提问的密度。

  无论以任何形式伪装,提问都会对人的阅读感受造成打断,使人精神紧张；因此，要特别注意提问的密度。孩子越小，提问的密度要越小；随着年龄增长，密度可以适度增加。越是初读文本，提问的密度越要小；熟悉之后，可适度增加。不过，提问是有饱和度的。这个"度"因人而异，好比你提着篮子一路摘花采果，如果玩得太久，忘记了要去往哪里，这就是"过"了。阅读需要专注、沉浸，宁肯不提问、少提问，也不要像时时而来的风一样，总是"吹皱一池春水"。

4. 用分享、设问代替提问。

女儿小时，我提问的密度很低，更多时候是分享。《我长大了》这本挖孔翻翻书，设计之巧妙让我由衷赞叹，赶紧将这种心情分享给女儿。"你看，这是毛毛虫，这是它的眼睛，翻过来一看，变成蝴蝶啦，你看（拉过她的小手指着），蝴蝶上的花纹不正是毛毛虫的眼睛吗？多巧妙啊！"

自问自答的设问法也很常用。"《第一次上街买东西》中，为什么'美依把妈妈给的两个一百元硬币紧紧地攥在手心里'啊？"停顿一下，自问自答："因为美依很紧张吧。她才5岁，这是她第一次上街买东西。"

很多时候，我回答的方式就是带着孩子朗读原文。因为阅读的要义就是从文中找到答案。

分享和设问都是诱饵，让孩子在轻松的心态下学会怎么发问，怎么思考。现在女儿5岁了，我也经常用这种方法陈述一些有深度的问题。

5. 避免使用居高临下的语气。

3岁半左右亲子共读时，女儿每每反问我："你是在考我吗？"这是因为她的主体意识增强了，需要更加平等地对待她。有时，我如实回答："是的，但也不是'考'，是妈妈觉得这个地方写得好，值得琢磨。"有时，我以平等的姿态设计情境。读《失落的一角》，我跟女儿说："希希，这本书是妈妈上大学时老师讲给我们的，当时我在想一个问题：'为什么这个圆好不容易找到失落的一角，又最终放弃了呢？'"有时，我假装疑惑。读《爱心树》时问女儿："哎，你有没有发现，孩子都把大树的身子给砍了拿走了，为什么书里还说'大树很快乐'啊？""你这是在考我吗？"女儿警觉地反问。我回答："不，在和你一起思考。"女儿这才心满意足地回答问题。怎么避免使用居高临下的语气，最重要的是真诚。怎么想的，如实告诉孩子吧。

6. 避免提问生硬。

如果是你，听到"这篇文章的主旨是什么"，也会一下子觉得自己被"考"了。其实，现在连语文试卷都已经不这么问了，更讲究情境性。比如："她紧紧地握住了我的手"，想考"紧紧"这个词用得好不好，不直接问，而是说："如果你是班里戏剧小组的组长，你怎么指导同学进行表演？"问对结尾的理解，不直接问，而是说："假如你给文中的爸爸写封信，你会说些什么？"一言以蔽之，当你想考问孩子时，不妨设计一个生活中可能会出现的场景，让问题变得不那么像考题，而像真正的问题。比如《勇敢的艾琳》这本书，你想让孩子复述，可以说："你觉得艾琳回到家怎么跟妈妈讲她的奇遇啊？"

还有一种问法，可以避免生硬，那就是让孩子成为问题的主角。小学语文教材中经常出现类似的问法。比如：一年级下册课文《明天要远足》，写的是小朋友因为期待远足翻来覆去睡不着的情景。课后问题是：想想你有没有和"我"相似的经历，和同学说一说。二年级上册课文《寒号鸟》，写一只寒号鸟和喜鹊做邻居，他不像喜鹊那样积极准备过冬，只是一味贪玩，最后被冻死了。课后问题是：你在生活中见过喜鹊或寒号鸟这样的人吗？说说他的小故事。

将孩子至于主角位置，这样的问法不会给孩子造成压迫感，而是鼓励孩子去做故事的创造者。而且，这样的问法既能提高表达能力，也能加深阅读理解的深度。《明天要远足》的课后习题引导孩子学习课文描写"兴奋"的方法；《寒号鸟》的课后习题可以充分展现出孩子对主题的理解。如果题目改成："喜鹊和寒号鸟的性格特点是什么？"显然就乏味得多了。

7. 根据孩子的答案，确定下一个提问的方式。

有一篇《熊猫的客人》的故事，讲的是有礼貌的小兔子和不讲礼貌的小黑熊来到熊猫家做客的不同表现。故事的结尾说："小兔子路过小黑熊的家门口，它想：'要不要也请小黑熊明天到家里来做客呢？'"视每个孩子阅读能力和熟悉程度的不同，可能出现以下三种答案：

a. 我不会请小黑熊，因为他没有礼貌，会推倒我的乐高。

这个答案说明孩子已经读懂了文章，还进行了迁移举例，"推倒我的乐高"正是从小黑熊撞倒小兔子的积木桥这个情节中生发出来的。如果孩子接受能力好，家长不妨追问一句："小黑熊还会干点什么没礼貌的事儿啊？让我们翻翻书。"这个追问会促使孩子只鳞片爪的局部记忆再往前推进一步，回答得更为全面。

b. 我不会请小黑熊，因为它会咚咚咚大声敲门，会随便躺在床上，我给他倒水他也不理我，还也许会撞到我的玩具不道歉。

这个答案准确、全面。能达到这个阅读水平的小朋友会很少，家长可以带着孩子一起回看小黑熊的种种行为。练习久了，孩子自然就会习得这种思维方式。

c. 我会请小黑熊，他没有礼貌，我可以教他啊！

这种答案一是证明孩子把握了小黑熊没礼貌的总体特点，二是富有延展性，小孩子在尝试用自己的想法解决问题。首先要肯定孩子的理解力和行动力，不过也要意识到这个答案略显笼统，缺少对事实的关照。如果孩子有兴致，可以用追问的方式帮助他把问题具体化。比如："你打算怎么教他啊？你给他倒水他不理你，你怎么做呢？他推倒了积木，你会怎么做呢？……"

以下这些"问"的禁区，你曾经踩过几个？——

☐ 1."还记得上一张画面上有几只猴子，几个桃子吗？"——提问机械记忆性内容

☐ 2."你觉得这本书想告诉你什么？"——提问方式生硬

☐ 3."你把这本书复述一下。"——问题太大难度太高

☐ 4."她为什么感到伤心？她最终回到大山了吗？她面临的难度是什么？"——问题太多

☐ 5."你答错了，正确的答案应该是……"——没给富有针对性的肯定和改进意见

现在，试着调整一下——

• 机械记忆的问题不再问。

"我觉得这本书结尾爷爷的话很有启发，我们再一起读读吧。"

（朗读法理解文章主题）

"如果是你，你会怎么做？"

（设身处地法理解文章主题）

"霸王龙和小棘龙是怎么交上的朋友啊？"

（化生硬问题为孩子日常会遇到的问题）

"在最开始，他本来想吃掉小棘龙；后来呢，大地震来了，他们漂到大海上；再后来呢？……"

（给孩子搭台阶，降低难度）

• 一个一个问题问，并且减少问题的数量。

"妈妈觉得你能够判断出小猴想留在山上，这点真的很棒，不过是不是刚才你说的原因呢？咱们再一起来读一读。"

（给出具体的肯定，指出具体的问题，提出具体的方法。）

教孩子学会阅读

第五章

读图，迈好阅读第一步

日本"绘本之父"松居直说："绘本是用图画讲故事的书。"

图是绘本重要的叙事手段，比如给低龄儿童看的"小熊绘本"《拉㞎㞎》，光念文字，只有小熊不断重复的"拉㞎㞎，拉㞎㞎……去厕所拉㞎㞎！"。仔细看图，才发现：小老鼠正坐在马桶上，小兔子正在取手纸，小猩猩正在冲水，大象正在擦手——原来呈现的是日常上厕所的完整过程。经常地，副线故事不在文字里呈现，要去读图。《妹妹的大南瓜》里，除了兄妹们种的南瓜一天天长大，两只小老鼠也从恋爱到结婚到生了小老鼠。有时图和文字组合在一起形成奇异的故事，最著名的比如《母鸡萝丝去散步》，文字只是不动声色的"母鸡萝丝出门去散步。她走过院子，绕过池塘……"，画面上却是一只狐狸一心想吃掉她，却总是倒霉地没成功。

读图能力是孩子上学前最重要的阅读能力。

小学低年级的写作题即是"看图写话"。我和一些语文界同行并没有追求让自己的孩子早识字早实现自主阅读，一个重要的原因就是：低幼阶段孩子最重要的功课是读图，识字有时会阻碍这项锻炼。亲子共读时，我们常常惊叹孩子能在图中发现大人发现不了的秘密，因为我们专注于念字的同时常忽略看图，甚至无形中觉得"念了字，这一页的内容我就都知道了"。而孩子，则把全部注意力都集中在对图的阅读上。这即是一个佐证。

孩子的世界，首先是由图像组成的，而不是由语言。摘录三则育儿日记片段，抛砖引玉，请诸位读者也去观察一下自己孩子对图的敏感。

1岁1个月：《幸福的一天》记录了宝宝的日常生活，你时常自己翻看，每有新发现，就兴奋得不行。今天，你发现了一双袜子，天哪，每只有2毫米大，而且是出现在众多细物中间。最令妈妈惊讶的是，《黄色的……是蝴蝶！》一书中，你仅凭后视图就认出了猪，在法国人画的《小洞的故事》（法国人的书艺术变形总是比较大）一书中，只画了半只鸭子，而且是倾斜的，你都能指认出："鸭鸭，yaya。"

1岁8个月：读《外婆住在香水村》，你说了一个很高级的词，"可怕"。我吃了一惊，问你："哪个可怕，黑猫还是外婆？"你指向了外婆。那是外婆临终前的一幅画面，画家虽用写实的手法，但很克制，并没有丑化外婆，只是将眼神画得有些散。真不知道一个小孩子如何领略背后的寒意的。还有一幅图，画的是妈妈把手放在外婆的被子上，你居然跟妈妈说："盖被被。"你读懂了，而且预知了后面的情节。看来，你对于画面的观察已经不仅限于找出细小的物品，而进入了对"神"的识别。

2岁3个月：今天到了一本新书《玩具太多了！》，你立刻跟我说："《大卫，不可以》。"确实，这两本都是大卫·香农的作品。前些天，我给你读西村敏雄的《森林里的澡堂》，读着读着，你忽然说："妈妈，我想看《安东医生》（准确书名为《你好，安东医生》。——编注）。"这正是同一个作者的书啊！你居然可以轻易地辨识画风。晚饭时大家聊起一位邻居小朋友，你在旁边忽然插嘴："飞飞长得像蒙古人。"我一想还真是的，圆脸盘，细眼睛，身子壮。奇怪，你是怎么知道蒙古人的体貌特征的呢？难道是那本《我的小圆房子》？这本书是一位地道的蒙古作者绘制的，讲的是蒙古族逐水草而居的生活，画风也完全是蒙古式的。

孩子们个个都是读图的行家。我们要做的就是去珍视、发展这种能力。

读出图的信息

第一步：读出时间、地点、人物、事件。

第二步：读出次要人物和次要事件。

第三步：读出细节。（一个小伤口、手里拿着的花、鼓鼓的裤子口袋、地下的碎片等等，这些都会是情节的必要提示。）

第四步，读出图与图之间的联系。

当然，在实际操作时，这四步并不是按照顺序展开，经常是交叠的、共时的。

《疯狂星期二》内页 1

无字书是锻炼孩子读图能力的好工具。试以《疯狂星期二》为例说明，这本书讲的是星期二夜里，一群青蛙忽然飞上天神游。

如左图，我们可以从男人服装的厚度和窗外的树影、青蛙判断故事发生的季节是不太冷的春天或秋天，或是初夏；天色黑暗，墙上的钟表告诉我们现在是夜里 11 点 20 几分。从男人身上的睡衣和房间的摆设可以看出这是在家里。男人正在吃夜宵，眼神冲窗外看去时，一脸惊愕。原来窗外一群青蛙正乘着荷叶飞过，其中一只还兴高采烈地伸手跟他打招呼。

再来看连续的两页图。内页 2，黎明时分，晨光熹微，大树和房子的影子隐约可见，荷叶坠地，青蛙们欢快地蹦回了田野。内页 3，天大亮了，房子和大树都清晰地浮现出来，路面上的荷叶清晰可见。几辆警车占领了画面的大半部分，警察正忙着打电话，穿睡衣的男人正在接受电视台的采访，一只手指向天空，讲述他昨晚看到的一切。看看孩子能不能读出这些信息，读出时间的变化；发现荷叶坠地在青蛙和人们心中激起的不同反应；能将前几页看到的穿睡衣男人和此页的故事连在一起。做到这些，就可以说在读图获取信息这方面已经做得很好了。

《疯狂星期二》内页2　　　　　　　《疯狂星期二》内页3

如果是多幅图，比如整本书，可以指导孩子在讲述之前，先反复翻阅两三遍，理清楚主要人物和核心事件：谁，在哪儿，发生了什么，然后再去关注故事的细节，不断完善。

读出图的意蕴

绘本的图画不是一般的图，只承载信息；它是一种艺术创作，每个细节都传递着作者的思考：绘画手法的选择（油画、水彩、剪纸等），整体色调，图的大小、形变，图与文的配合，书的形式设计（翻页、跨页、折叠等）……这些内容，每个孩子因艺术敏感性不同都会有或深或浅的感觉；但大人的引导，一定可以加深他们的印象，引导他们的思考。举例来说：

绘画手法的选择

绘画手法的选择与著者个人的特长和兴趣有关，但每个艺术家都追求形式与主题的统一。艾瑞·卡尔喜欢用彩纸拼贴法，这可以让图看起来更简洁、鲜亮，更适合低幼儿童的阅读口味。日本的齐藤隆介是一位版画家，他创作的《花开山》和《魔奇魔奇树》都富有象征意味和神秘色彩，用版画可以与现实做视觉上的强烈区分。中国绘本家熊亮常用传统的水墨、水彩表现一个个中国故事，像《小年兽》《兔儿爷》《小石狮》《梅雨怪》。韩国的白希那出身动画专业，她的《云朵面包》中运用了陶艺、布艺、摄影等多种艺术手法，让这个幻想故事像儿童剧一样在孩子眼前演出。三获凯迪克奖的美籍华裔绘本作家杨志成广泛尝试各种艺术手法：《狼婆婆》中他运用水墨、水彩宜于晕染的特性表现狼婆婆的无处不在；《公主的风筝》用剪纸来表现中国故事；《七只瞎老鼠》借鉴了中国"盲人摸象"的故事，用广告画的形式表现寓言色彩；《饥饿山的猫》用拼贴技法，融入多种中国元素，被《纽约时报》誉为"令人惊叹的视觉交响乐"。可以带着孩子体会这些不同艺术手法带来的不同感受。

图的近景远景

《狐狸，你在等谁呢》讲的是友谊建立的过程，有点像《小王子》中小王子驯服狐狸的过程，应该是致敬之作。有三页，"我"和狐狸越来越大，开始还是他们在大树上的远景，后来，就像镜头逐渐推近一样，他俩几乎占满了整个画面，这正是他们友谊发展的标志。还有一页，苹果几乎占满了整张画面，因为这是他们的友谊发展中非常重要的一个元素，"我"主动帮肚子饿的狐狸采来了午饭，狐狸坚持把一大半的苹果让给"我"吃。远近、大小，这些都是视觉艺术的语言。

图文结合的方式

《爷爷的种子》：院子从爷爷种下几棵树开始，每天都在变得不同。我经历了四季，从孩童长成大人，恋爱结婚生子，新一轮的生命又在孕育。有一页，文字是爷爷的话："你种下一颗种子，它会长成一棵树。但你种之前，并不知道它以后会长成什么样子。……"画面却是长大的我正在长大的树下乘凉。这表示他在追忆爷爷的教导，一个是现实的画面，一个是心里的声音；这是图画这种空间艺术表达时间的一种方式。

人物在画面中的排布

一般图画书都把主角放在画面最显眼的地方，《兔子雅各的生命颂歌》却恰恰相反。这或许是作者想将雅各泯然于众人，成为众人中的一个，也象征众人中的一人，比如这页："当然，就像我们每个人一样，世界上总有一个注定属于雅各的地方。只不过需要时间来找到它。以及花费更长的时间来确认。"画面上画了很多人、很多种情节，表示雅各的观察、思考和寻找，画面左下角坐在长椅上的才是主角雅各。

《兔子雅各的生命颂歌》内页

绘本文字的排列

《我绝对绝对不吃番茄》的作者就很讲究文字的装饰作用,文字在她手里随物赋形,变成了水花儿、小山、散落的豆子;《小房子》中文字和图画遥相呼应,呈现出优雅的曲线;《梅雨怪》中,文字都变成了滴滴答答的雨滴……

图书设计

《爸爸妈妈,惊喜!》这本书的设计很有趣,画面上下分割开来,上面的部分从小孩的角度来描绘,写孩子如何自信满满地给父母做早饭;下面的部分从大人的角度来描绘,写父母眼里家里被弄得一团糟,饭菜也很难吃。这种特殊的设计为的就是表现孩子和大人用不同的视角看待同一件事。约翰·伯宁罕的《莎莉,离水远一点》也是类似的表现手法。一面是爸爸妈妈不断嘱咐莎莉离水远一点,一面是莎莉幻想她在大海中勇敢地与海盗搏斗、抢到藏宝图、挖到宝物的故事。这正是文学上的双线结构。

以上提到的这些都是绘画的艺术语言,都值得带着孩子共同欣赏。不必非要是艺术专业人员,美的鉴赏力人人都有,快和孩子一起开始探索、发现之旅吧。

如何培养孩子的读图能力?

利用专门的图画书

在低幼绘本中,有一类画谜书,利用形状、颜色的相近,将物品进行变形让孩子寻找。比如下页图,《章鱼小香肠双胞胎》中章鱼小兄弟就变身成了桌布上的两朵花。这类书我女儿在 1 岁到 1 岁半时非常感兴

《章鱼小香肠双胞胎》内页

趣。日本绘本大师五味太郎就为小朋友画了好几本这样的书：《小金鱼逃走了》《爸爸去哪儿了？》《黄色的……是蝴蝶！》《藏在谁那儿呢？》《是谁吃掉的？》。再难一点，《大猩猩》《梦想家威利》《朱家故事》，画风现代的安东尼·布朗把大猩猩、香蕉和猪都藏进了画面的各个角落。字数更多的《屁屁侦探》索性把屁屁藏到画面的每一个角落，邀请孩子们当一回侦探。我跟女儿都玩儿得乐此不疲。还有一类绘本，并不突出主要人物，反而把他们放在群体中，让孩子自己去追踪，去寻找他们的轨迹，像《西西》《11只猫跑马拉松》《第一次坐火车》《四季时光》就是这样的绘本。以上两类绘本，前者有助于帮助孩子关注画面细节，识别物体变形；后者有助于孩子连续追踪，专注于多幅画面中人物的行为；都能很好地锻炼孩子的读图能力。

有意识地教孩子一些绘画语言

比如近大远小；比如一个人物以不同状态出现在同一画面中，并不是表示多个人，而是同一个人的运动轨迹；比如画家常常用曲线表现一个人惊恐、颤抖等微状态；等等。以下是我在孩子1岁9个月时写下的两则育儿日记，记录了我们对绘画技巧的学习——

对于画面，以前咱们讲得比较多的是画面的内容，现在妈妈渐渐把画的技法和"语言"也讲给你听。比如鸽子为什么会有好几双翅膀呢？我就告诉你那是翅膀运动的轨迹，还用手飞快地翻书给你看。讲《有些时候我特别喜欢你》（准确书名是《有些时候，我特别喜欢妈妈》和《有些时候，我特别喜欢爸爸》。——编注），我提醒你小狐狸的袖子是曲线，为什么呢？原来她在疼得发抖。妈妈还现场假装牙疼，抖给你看。讲《图书馆》妈妈可要考问你，"为什么门框是曲线"，你想了一会儿答对了，那表示她撞到了门框，门框在动。

今天还有一事，值得一记。无字书《夏天的云》一书中有一幅图画了很多热气球。你指着说："这是大热气球，这是小气球。"我说："它不一定小，只是因为离你远。比如小猪佩奇，放在你眼前你就觉得它大，放在远处你就会觉得它小。"我本来有点后悔给你讲这么抽象的道理。没想到女儿你拿起佩奇就用力地扔出去，想试试看它是不是会变小。——你是多么渴望知道这个世界的秘密啊！做大人的有何理由替你"避难"呢！

多和孩子交流读图收获

我们这一代父母，童年时并没有赶上图画书在中国的大发展，现在要抱着重新学习的态度来读书，向孩子学习，也引导孩子学习。举几则日记分享我的经历。

- **对细节的发现**

1岁6个月：买了几本林明子的绘本，你这两天尤其喜欢《阿惠和妹妹》，我们不知读了多少遍。你指着其中的一页说："鸽子吓一跳。"

可不是吗？因为阿惠跑过来了，鸽子吓得飞了起来。妈妈也把自己的发现分享给你：在林明子的另一本书《第一次上街买东西》里，阿惠的双膝有点红，这是她蹲在地上画了好久的缘故。"画家的观察多细致啊！"我这么称赞的时候，你也很认真地点头，像一个平等的阅读者那样。

4岁1个月：读《獾的礼物》，连着读了几遍，你说："妈妈，你发现了吗，獾教哪个朋友做事情，那个东西就是什么形状的。看，他教鼹鼠的折纸是鼹鼠形状的；他教兔子的饼干是兔子形状的。""还真的耶，你不告诉我，我都没发现。原来獾这么细心，怪不得朋友们都这么想念他。"

- **对图画语言的发现**

2岁2个月：《跟奶奶一起腌梅干》，第一步把梅子放进玻璃坛子里，撒上盐；第二步铺上紫苏……读着读着，女儿跟我说："咦，奶奶的头巾颜色变了。"真是欣喜，我赶紧说："可不是吗，你发现的真细致，这就是画家表示'过了些日子'的方式啊！"

绘画是平面艺术，怎样来表现时间的转变呢？这之后，我和女儿一直有意识观察图画表示时间转变的方式：比如不同季节景色的变化，人们服饰的变化，孩子身高的变化……有一次，女儿指着玛蒂娜的鞋子说："妈妈你看，玛蒂娜长大了，她已经可以穿系带子的鞋了。"

- **对图画的追踪关注**

2岁6个月：《14只老鼠赏月》字很少，画面却很丰富，14只老鼠啊！有一页妹妹正跟哥哥说着什么；下一页，画面多了架秋千，哥哥正在推着妹妹玩；再下一页，天色暗了，秋千上落了一只小瓢虫在玩，兄妹俩已经下来赏月了。你能在纷繁的画面中发现这个连续的故事，真的太棒了。

4岁3个月：读《我才没迷路呢！》这本无字书，妈妈带着你关注人物。哥哥和两位同学故意藏起来，让"我"找他们，而"我"差点真的迷路。胖胖的同学开始时说着"真好玩"，似乎很冷血，真的找不到了，他却几乎急得哭出来了；瘦瘦的同学开始时阻拦恶作剧，"这样不太好吧"，真正找起来却非常冷静，和胖同学的性格形成鲜明对比。这个有点难，妈妈就直接分享给你了。

精读，通往阅读力

泛读和精读是相对的概念。泛读就是人们常说的"磨耳朵"，重在感知、体验，精读强调细致的把握、深入的理解。泛读可以保证汉语输入的"量"，精读能够提升汉语学习的"质"。对学龄前儿童而言，理解式学习不是主要的学习方式，体验和感知才是。相应地，泛读才应该是这个阶段儿童的主要阅读方式；而精读，是有益补充。有了"精读"，"泛读"的效率会大大提高；有了"泛读"，"精读"中习得的方法可以得到充分的练习；二者相辅相成，共同助力孩子汉语整体水平的提高。

比起泛读，精读要关注哪些方面呢？词汇、句式的积累，用词、修辞手法的体会，内容、人物、主题的理解，等等。一定会有读者看着看着大吃一惊："这不是把语文课的内容搬过来了吗，我哪儿会教？"对这个问题，分享几点思考：

1. 语文学习的习惯并不是要等到正式上小学了才去建立。

在阅读的过程中有意识地去积累词语，学习他人表达，尝试理解作者情感和文章主旨，这些学法的建立需要一个漫长的过程。如果需要一个起点，那就从开始阅读时开始。为长远计，要把方法和内容的重要性同等看待，让它们始终并驾齐驱。

2. 精读，是孩子天然的心理需求。

我在《语文启蒙关键词》一章中提到过，幼儿需要"反复"；（见P061）反复之后，孩子又会产生怎样的新需求呢？那就是"深入"的需求。语言是这个世界上最好玩的东西，比所有玩具都拥有更多可能性。特别是当你有意识地给孩子示范"深入"的方法后，他就会试着把自己的需求表达出来。2岁以内，女儿最常问我的是："妈妈，这个词什么意思？""这句话我不明白，为什么这样说？"3岁以后，她的思维水平有了很大的提升，提问中开始涉及内容理解："妈妈，这本书到底想说什么呢？那个小女孩为什么死了呢？"如果我们一味认为"理解"是上学后才去考虑的事情，显然低估了孩子的求知热情。

3. 非专业人士也能做。

每个成年人都经历了十几二十年的教育，对阅读有一定经验，只需稍微用心，讲幼儿绘本是不成问题的；况且，拿着这本书的诸位，不是一直都在这样做吗？

我尝试将精细阅读分为三个层面：微观层面，关注词和句子的理解；中观层面，关注句与句、段与段之间的联系；宏观层面，关注整篇文章的人物塑造、思想情感。

在精读中关注语句的理解

微观层面对语言的关注，我将贴近鉴赏、积累的内容放在"表达"章节去展开叙述，贴近阅读理解的内容放在本文讨论。什么样的句子在孩子阅读过程中会有困难？不好定义，需要积累经验。

例1.《如果你有动物的耳朵》讲道："假如你有一双袋獾的耳朵，如果你心情紧张的话，你的耳朵就会出卖你了。"要想明白这句话的意思，首先要理解前文所讲的知识：袋獾一紧张，耳朵就会变红；还要明白"出卖"的意思。可以给孩子搭台阶:"假如你有一双袋獾的耳朵,心情不好时,你的耳朵就会变……"——此例涉及特殊词语的理解。

例2.《999个青蛙兄弟的春天》里面,乌龟有一句话:"为了感谢你们把我叫醒,我把蛇驮到远处的森林里。"这句话对孩子来讲就有难度,不仅需要动用"青蛙怕蛇"的常识,还需要把握语言的细微处"远处的森林",这些对孩子来讲,都是考验。——此例涉及背景知识与语言细节的结合。

例3.《我的名字克丽桑丝美美菊花》讲到同伴们嘲笑小老鼠的名字很奇怪,紧跟着这个情节的,有一句话:"克丽桑丝美美菊花枯萎了。"我问女儿:"这句话是说菊花枯萎了吗?""不是,是说小老鼠不高兴了。"回答得真好。——此例需要在语境中对同一个词语的不同指代加以判断。

例4.《爷爷的肉丸子汤》里面这样表述:"老爷爷这次跳过了第四小的锅,直接拿第三小的锅。"什么叫"第四小的锅"?"跳过"又是什么意思?——此例需要对序数词的理解,对词语多义性的理解。

语文从业者的确会对语言更敏感,但其实我也是观察孩子的反映一点点摸索的。任何一个养育者只需要投入时间和细心都可以积累经验,对可能造成孩子阅读障碍的句子进行预判。

在精读中关注上下文联系

中观层面对于上下文的关联,长久以来被人们忽略,以为只在答语文阅读题时才需要。其实,我在批阅中学生习作时,发现学生做得最不好的,恰恰是中观层面——句与句、段与段之间的联系。这既需要"胸有成竹"的气象,也需要"瞻前顾后"的细致;既需要充满激情和灵感,也需要步步为营的理性。习作中,更多学生写了前面,忘了后面,正是因为从小缺少这方面的锻炼。

女儿接近 2 岁时，我开始带着她关注上下文的联系。李欧·李奥尼《小黑鱼》的第一页："在大海的一个角落里，住着一群快乐的小鱼。他们都是红色的，只有一条是黑色的，黑得就像淡菜壳。他比他的兄弟姐妹们游得都要快，他叫小黑鱼。"下一页："一个可怕的日子，从海浪里突然冲出一条又快、又凶、又饿的金枪鱼。他一口就把所有的小红鱼都吞到肚子里，只有小黑鱼逃走了。"我问女儿，为什么"只有小黑鱼逃走了？"。女儿当然答不上来，文本写得如此自然，这么细微的联系也超越了她的认知。再读一遍，把"他比他的兄弟姐妹们游得都要快"加重语气，自然，女儿就关注到了。从此，每当绘本读了五六遍后，我就挑出上下文关联的地方着重读一读，让女儿体会。举几个例子：

例 1."很久很久以前，有一位老爷爷，名叫彼得，住在一间很老很老的老房子里。（翻页）床吱扭吱扭，地板咯吱咯吱。屋外，风吹过大树的叶子。树叶落在屋顶上。'沙沙——沙沙——'"（《太吵啦》）

妈妈："为什么这么吵啊？让我们找出来读一读。"妈妈和女儿："住在一间很老很老的老房子里。"

例 2. 在《不可思议的朋友》这本讲述自闭症儿童的书里，内田花子对"我"说：

"太田，今年大家都升入三年级了，从今往后你也要帮忙照顾小安哦！小安有自闭症，不太擅长讲话。"听内田花子老师这么一说，我不禁有点紧张。

我问："为什么他紧张啊？他的紧张有没有道理？"已经 4 岁的女儿很顺畅地回答："他还不知道怎么照顾小安，当然紧张啊。后来他把小安的秋千强行停止，小安就吓得跑走了呢。"这样一问一答，女儿就注意到了"紧张"一词与下文情节的联系。

例3. 杰里·平克尼的《夜莺之歌》讲述夜莺因为歌声的美妙被留在了王宫里，直到发条夜莺到来。当人们都沉迷在假夜莺的歌声中时，真夜莺却不见了。

> 可她去了哪儿呢？原来，她飞出敞开的窗户，飞回了自己的绿林，谁也没发现。'啊，真是太美了！'渔夫们又能听见夜莺的歌声了。

妈妈："你觉得真夜莺为什么飞走啊？"女儿："因为它要为贫苦的渔夫们唱歌。"4岁半的她毫不犹豫地回答。文章结尾处，夜莺的话验证了女儿的回答，我读给她听："我会为受苦的人歌唱，为幸运的人歌唱，为好人歌唱，为坏人歌唱，为所有人歌唱。"其实，此处上下文的语意关联是比较隐晦的，但经过长期熏陶，女儿已经能够细致地关注句与句之间的联系了。

只要像这样时而指点孩子关注，他就会自然而然在自己的表达中关注细微之处的照应，也会在这种做事风格的浸润下，形成用联系的眼光看待问题的习惯。

在精读中加深对内容和主题的理解

宏观层面历来被关注得比较多，"这篇文章讲了什么啊？你听了有什么感觉啊？"，一般父母带着孩子读完一本书后，都会这样聊几句。特别要强调的一点是：阅读能的高低最终是要看是否读懂一篇文章想传达的内容、主旨，而不是仅仅把文章作为引子，引发读者的联想。低幼阶段，孩子读完文章后的"感觉"往往是一种联想，不是严谨意义上的读懂了文章。

《魔术喇叭》讲的是一只喇叭，如果你为他人的愿望而索取，它就会满足你的愿望；反之则不然。读后不妨问孩子："如果你有这样一只喇叭，你想用它要点什么？"如果孩子回答"玩具屋"，这证明他没有明白文章的主旨。可以带着孩子多读几遍文章，总结魔术喇叭的特性，这就是把他原有的模糊感觉往前推了一步，更靠近阅读能力的本质了。

怎样在阅读中，帮助孩子加深对内容和主题的理解？可以试着从以下几个"关键"入手：关键情节、关键句子、关键称呼、关键人物、关键线索和开头结尾等。

从关键情节入手

关键情节就是富有转变性的情节，是一篇文章的"腰"，上下肢的衔接全靠它。宫西达也恐龙系列中《遇到你，真好》讲的是：地震后陆地断裂，霸王龙和小棘龙在一座孤岛上相依为命。有一天，身为食肉恐龙的霸王龙忽然说不吃鱼了，还主动采来了很多红果子。这就是关键情节。为什么会发生这种转变？往前看：前一天晚上，棘龙宝宝告诉霸王龙，他之所以来这里采红果子，是因为自己的妈妈生病了，这里的红果子能治病。霸王龙深受感动，两者之间情谊渐生。前文还提到，霸王龙食量惊人，棘龙宝宝每天捕鱼都累得筋疲力尽，这只温柔的霸王龙就自己去采红果子了。往后看：正是因为惦记棘龙妈妈爱吃的红果子，霸王龙才义无反顾地回去折树，最终坠海而亡。就我女儿而言，她自己能理解五六成，与后文的联系需要大人点明。联系的能力是最难的能力，既需要年龄的增长，也需要不断的练习。

中学的习作，非常重视对于"转变"的阐述。很多学生却在这个方面做不好。例如，一篇以"手机"为关键词的文章，很多学生都会写自己滥用手机，爸妈发火就变好了。"爸妈发火"这个关键情节往往写得很单薄——爸妈对待手机问题的基本态度是什么？发火的具体情境是什么？之前对我的态度是什么？之后又怎样？态度的转变一定是渗透在之前和之后的。很多习作中，爸妈发火都是单摆浮搁地呈现在文章中，和前后文都没什么联系，似乎只是作为一个借口出现在文章中。

多揣摩优秀作品的关键情节，将对孩子日后写作大有裨益。

从关键句入手

关键句往往出现在结尾，用来揭示文章的主旨。《米芾学书》讲的是：宋朝大书法家米芾，少时学书，写得很快，常常一会儿就写一大沓，但学了三四年却没有长进。直到遇到了一个秀才，提出要想拜师，必须向他买纸，而且纸价极高。没想到用了秀才的纸，三天后米芾的字就有了提高。

为什么会有如此神奇的转变呢？我先让女儿谈她的看法，之后又带着她温习关键句。

> 秀才故意问道："你为什么三年学业不进，三天却能突飞猛进呢？"米芾想了想说："因为这张纸贵，不敢像以前那样随便写来，而是先用心把字琢磨透了再写。""对！"秀才说，"学字不光是动笔，还要动心，不但要观其形，更要悟其神，心领神会，才能写好。"

反复阅读关键句之后，女儿说："早晨我就浮躁了。"早晨的事如下：我教写字，女儿说："更更更早以前，我在太姥姥家写字，第一个就已经写得很好看了。"教她用毡布缝花，女儿不肯观察妈妈是怎样缝的，就要自己动手，还蛮横地说："我会的，一下就能缝好。"现在，读了米芾的故事，能将这一切定为"浮躁"，实在是十分准确的认知。看，研读关键句可以很好地深化孩子对主题的理解。

从关键称呼入手

关键称呼，指的是这个称呼有独特作用，附着着人物的情感、态度。经典绘本《爱心树》讲的是一棵大树对一个孩子有求必应的故事。从故事开始，大树就一直称呼他"孩子"，到最后画面上的男人已经老得脸颊都塌陷了，可大树还是叫他"来吧，孩子"。为什么呢？女儿毫不犹豫地回答："因为大树永远比他大啊，就像你永远比我大一样。你不是现在还叫我'囡宝'吗？"这个称呼正是大树无私奉献的原因啊！

从关键人物入手

关键人物，就是主角，从揣摩关键人物入手理解文章主旨，特别适合那些以人物塑造为核心的故事，像李欧·李奥尼的《小黑鱼》《一寸虫》《田鼠阿佛》。前文提到的《爱心树》，读完后可以问问孩子："大树像谁呢？你为什么这么觉得？"如果孩子能够答出大树像妈妈，总是关心孩子，想念孩子，肯为孩子做任何事，这就说明他已经从大体上把握了文章主旨。

从关键线索入手

关键线索，常常是一件物品、一个地点，如同一根隐形的线，串联起了文章的内容、情感，关注线索特别利于我们对主旨的理解。

《小鲁的池塘》讲述小鲁因为先天性心脏病去世了，他的好朋友"我"十分想念他。这个故事的主要线索是蜂鸟：我跟小鲁一起制作了一个蜂鸟喂食器；他去世后，我把喂食器挂在了纪念他的池塘上方；挂上去的第一天，我就看到一只蜂鸟与我隔窗对视，还从我们共同制作的喂食器中吸取糖水；此后，同一只蜂鸟不断出现，先飞到窗户边看看我，再飞向小鲁的池塘；学校放暑假后，我把喂食器带回了家，放在我们一起画满郁金香的大门旁。"那只蜂鸟能找到我的家吗？我相信，那只蜂鸟一定会想起来。"为什么这么说呢？不妨带着孩子阅读整个故事中与蜂鸟相关的情节，明白在我心中，蜂鸟就是小鲁的化身，我对小鲁深深的思念都寄托在蜂鸟身上了。

从结尾，特别是从开头结尾的呼应入手

结尾，有时是一根带子，收住了袋口；有时是一个终点，走累了的旅人终于坐了下来；有时是一支箭，射向内心向往的地方……总之，结尾应该是主旨意图格外浓厚的地方，特别是当我们把开头和结尾放在一起读的时候，往往能从变化中读出作者想对我们说的话。

《是先生与不先生》的开头这样写道："是先生和不先生是一对好朋友，不过他们俩很不一样。是先生总是说'是'，而不先生总是说'不'。"想想看，一个总是说"是"的人必定会毫无原则，一个总是说"不"的人会无法听取别人的意见。这样的两个人怎么能做好朋友呢？他们的分道扬镳是必然结果。一次旅行，因为是先生的善于变通终于成行，又因为他对任何请求都点头称"是"陷入了危机；此时，不先生的敢于说"不"派上大用场，化解了危机。故事结尾，是先生说："这真是一趟精彩的旅行。"不先生说："是。"为什么一贯说"不"的不先生也说了"是"呢？因为，在这趟旅行中，不先生终于意识到他和是先生该是形影不离的好朋友，也终于意识到人不能总说"不"——我们既要学会说"是"，又要学会说"不"。这就是故事想要告诉我们的了。

巧用绘本化解教育难题

除了培养阅读能力、学习丰富知识，绘本的其他教育功能也被广泛谈论，比如：生活习惯建立、人际交往学习、情绪控制、性格培养、兴趣引导等等。孩子们哪些方面遇到问题，作家就为他们写哪方面的书。我也经常接到这样的问题："亲，我的孩子最近出现了XXX问题，能推荐几本书吗？"

孩子不珍惜东西，可以给他读《怕浪费婆婆》；总是争第一，可以读《不是第一名也没关系》；挑食，可以读《我绝对绝对不吃番茄》；

不能正确看待自己的缺点,可以读《不会唱歌的小鸟》;一犯小脾气就要离家出走,可以读《我的家最棒》……这样的列举几乎可以一直写下去。好的绘本能够使孩子产生共情,引导孩子认识自己的问题,也常常包含着化解问题的方法。

　　比如:低幼时期,情绪控制能力差,发脾气是最常见不过的事儿,绘本就可以帮上我们的忙。《菲菲生气了》侧重大自然对孩子情绪的安抚;《我的大喊大叫的一天》采用写实的手法描述了一天坏心情的由来,容易唤起孩子的同理心;《生气汤》就是把所有的愤怒煮进锅里,然后喝掉它,这种化解情绪的方法轻松幽默,太适合孩子了;《生气的亚瑟》用极致夸张的手法,表现小男孩生气的严重后果,结尾却是"他也想不起来为什么生气了",这就引起了孩子对情绪的自省;《我生气了》侧重于辅导大人在面对孩子的情绪爆发时如何冷静对待;《我的情绪小怪兽》重在教孩子认识和梳理自己的情绪,深刻感知情绪的存在;《我把烦恼赶走了》可以看作情绪爆发前传,赶在孩子大喊大叫之前为他们提供很多解决烦恼的途径,充满了奇思妙想。还有《斯宾奇发脾气》《野兽国》《气球小熊》《杰瑞的冷静太空》和"顽皮小公主成长故事"系列的《我要妈妈》等。总有一本书,能令你的孩子听得下去。

　　寄希望于利用绘本对孩子进行全方位教育,除了内容上的匹配,阅读方法上,可以多用代入法,让孩子在不知不觉中参与到故事中来,和主人公一起面临困境,处理问题。举例来说。

　　那天,我女儿把做手工用的串珠撒得满地都是,不肯收起来,只是声泪俱下地说:"对不起,请原谅我吧。"老套路,用简单的一句话掩盖行动上的懈怠。应该怎么处理?我想到了《对不起》这本书,里面的情景简直是女儿现在行为的写真。马上读,太刻意了,就算药,也不是一咳嗽就马上吃。隔了几小时,晚上睡前,我拿出这本书,边读边和女儿对话。我问:"现在假如你是罗罗,别人打坏了你的小汽车,你会高兴吗？只说一句'对不起'能接受吗？你希望他怎样弥补？"女儿的神情极认真，好像真的发生了这件事，站在受害者的立场，重复书里的句子："只说'对不起'不成，要用行动去弥补。"接下来，书里又讲了两件事：罗罗和小伙伴打碎了妈妈最喜欢的花瓶；罗罗撞到洗衣杆，把妈妈刚洗好的衣服打到地上。每读一个故事，女儿就提醒我："妈妈，你该问我问题了。"看来，她喜欢这种当主人公的感觉。跳脱出来评价这件事，唤醒了女儿的理性。连续四件事，起到了充分的练习作用。当然啦，最后我不会忘了问一下女儿："串珠的事儿应该怎么办啊？"

有时候，我们也会找不到合适的绘本，这时候，教育的契机就需要我们自己去寻找、发现，甚至制造了。

女儿是高敏感儿童，聪明又戒备，知道你在教育她，会一句话怼回来。给这样的孩子做妈妈，我常要寻找各种契机。

女儿去上音乐启蒙试听课，有一首歌是这样唱的："春风吹的白花放，油菜花儿黄，万紫千红开的旺，谁是花中王？"练习重点是把"放""黄""旺""王"这几个字唱饱满。女儿不能领略老师说的"用小肚子呼吸"，只羞怯地发出几个小小音符；老师越辅导越紧张，直至大哭着中途退场。我试图化解她的沉重，将这件事情说得轻描淡写："学唱歌本来就是练练胆子啊，老师不过提醒你大点声儿，不用那么敏感。"女儿回我："小孩儿本来就是很敏感啊！"怎么办？

直到翻开新到的绘本《月下看猫头鹰》，我才觉得找到了跟女儿对话的契机。这本书讲的是爸爸带着孩子在雪夜去森林中看猫头鹰。里面反复出现的句子是爸爸学大角猫头鹰的叫声："呼，胡胡胡胡，呼！"每当读到这句话，我都会像绘本里的爸爸一样，用两只手拢住嘴巴大声地喊："呼，胡胡胡胡，呼！"第一遍之后，为了塑造氛围，我关了灯，拉开窗帘让月光照进来，好像我们的卧室真的变成了黑森林。女儿兴奋极了，在床上又蹦又跳，跟我一起拢住嘴巴学猫头鹰。

女儿（平常语音）："呼，胡胡胡胡，呼！"

妈妈："声音太小了吧，你想猫头鹰住在和月亮一样高的树上，得多大的声音才能听得到啊！"

女儿（大声地）："呼，胡胡胡胡，呼！"

妈妈（大声地）："呼，胡胡胡胡，呼！"

女儿要求我读了一遍又一遍，每当我读到"爸爸开始呼叫起来"，她就欢快地发出猫头鹰的"呼呼"声。不知不觉中，我将这句话换成了音乐课中的歌词"油菜花儿黄"喊出来，并且用手做成O型，张大嘴巴，"黄——"。看女儿并没有拒绝，我将几句歌词都穿插了进来："春风吹的白花放，油菜花儿黄，万紫千红开的旺，谁是花中王？"看着她在床上跳起来时头发飞扬的欢快样子，我心中的一块石头也落了地。

读了三遍，喊了无数遍，唱了无数遍之后，小家伙终于累了，安静了，蜷在妈妈怀里，要求再讲一遍。这一次，我空出了一些句子，邀请女儿共同来读。她记忆力好，读两遍就能记住了。

妈妈：隔不多久，我就得奔跑几步，才能跟得上爸爸。我那又短又圆的影子，也跟着我跌跌撞撞。但是……

女儿：但是我没喊累，出去看猫头鹰，就得保持安静。爸爸一直就是这么说的。

妈妈：我们……静静地听了一会儿，但是什么也没听到。爸爸耸耸肩膀，我也耸耸肩膀，但是（这个"但是"是我加的，为的是在形式上让女儿接上来）……

女儿：但是我并不难过，我的几个哥哥都说过：猫头鹰是有时候出现，有时候不出现的。

妈妈：我的鼻子，我的面颊，里热外冷，冻得发疼。但是……

女儿：但是我一句抱怨的话也没说。出去看猫头鹰，一定要安静，一定要坚强。

妈妈：深更半夜，会不会有什么东西躲在黑黑的大树背后呢？我问都没问……

女儿：出去看猫头鹰，一定要勇敢。

书的最后一页，是两个人一起读的，女儿记不准的句子，我小声提醒——

妈妈、女儿：出去看猫头鹰，不需要说话，不需要温暖舒适，也不需要别的什么，只要心中有一个希望。爸爸是这么说的。那个希望，会用没有声音的翅膀，在明亮的、看猫头鹰的好月光下，向前飞行。

拥着怀里热嘟嘟的小家伙，我想对她说的话，已经全在这本书里了，已经全由她自己说出来了。不知道她是否已经忘记了音乐课的沮丧，也许，她会在受挫的某一个瞬间，想起这本书中的句子吧。"一定要勇敢。"

况且，这样的"勇敢书"还有很多，比如《我们一起去猎熊》："上面飞不过，下面钻不透，天啊，只好硬着头皮往前走！"

我不习惯写一个鸡汤式的结尾，比如："女儿从此勇敢地开始了音乐课。"事实上，我退掉了音乐课，决定等她大一点再试。她需要和自己的情绪做很多斗争，但我相信，每一次的阅读都会种下一颗小小的种子，直到有一天，它们的根连在一起，铸成坚固的大地。

再举一例，说说我怎么通过对绘本的深度阅读，化解教育难题。

对一个高敏感儿童而言，"把饭吃完""闭上眼睛睡觉"之类的常规提醒，在他耳朵里听上去都会成为批评。我试着直接跟女儿谈论此事，告诉她"事情并不像你想象的那么严重"，但厌学的情况依然无法缓解。也许就像《小熊维尼》里驴子说过的话："假如你也那么弱小，就会知道勇敢不是件容易事儿了。"

我一直在找一个共情的契机，直到遇见《斯宾奇发脾气》。

书里有这样一句话："'可怜的孩子,他太敏感了。'妈妈说。"斯宾奇妈妈正说出了我的心声。女儿已经具备一定的阅读理解能力,如果能以局外的视角审视一下斯宾奇的行为,或许能更好地直视自己的内心。怎样达到这个目的呢?

读过两遍之后,我们进行了如下的对话——

妈妈:"斯宾奇的妈妈说他太敏感了,你觉得她说的对吗?"

女儿:"对,我就太敏感了。"

这个回答传递出两个信号:一是她迅速和斯宾奇产生了共情,并对"敏感"这个词语有了深刻的感性认识。二是这个判断只是一种模糊的感觉,不是通过阅读而来的。阅读体验和阅读能力不能混为一谈,二者在发展过程中呈现互动关系。在儿童阅读阶段,尤其表现为共情大过理解。那么,如何通过阅读能力的培养,深化阅读体验呢?让我们回到《斯宾奇发脾气》这本书中,回到"太敏感"这个话题。

妈妈:"哦。有时妈妈也觉得他太敏感了。"我有意回避了女儿提到的她认为自己太敏感的话题,希望继续通过阅读保持疏离感,让她不带入太多情绪地去打量斯宾奇,进而客观地反观自身。"可是,我也有点存疑,我们再来好好读读吧!"

女儿在我怀里静静地,呈现出了很好的倾听状态,这是可以进入深度阅读的标志。

书的开头这样写:

> 斯宾奇从屋子里冲出来,扑到草地上。他感到太不高兴了,甚至对眼前的蒲公英也视而不见。他的家人真是愚蠢!他们本该爱他,可是他们一点儿也不。连他妈妈也这样。

我一连将开头读了两遍,并且有意重读了最后一句话。

妈妈:斯宾奇不开心的原因是什么呢?

女儿:他觉得他们不爱他,一点儿也不爱。

妈妈：没错，我也这么觉得。不是因为那些琐事，是因为他觉得他们不爱他，这个事可就大了。一个小朋友要是觉得自己的家人或者老师不爱他，是不是很难受啊？

　　女儿：当然啦！

　　妈妈：那他的家人是不是不爱他啊？

　　女儿：当然不是啦！小家伙急急地翻动书页指给我看。他们都很爱他啊！你看，姐姐给他采花，妈妈给他端来饭菜，他们还请来了小丑拿着冰淇淋球。女儿说到这里，用舌头夸张地舔了一下嘴唇，发出吃冰淇淋时"哧溜"的声音——在现实和想象的世界中自如穿梭是小朋友特有的神力。看这张，他们甚至给他打了一把伞！

　　妈妈：对呀，对啊，哥哥甚至跪下求他原谅，奶奶还给他带来了他最喜欢的糖果——我猜要是我们的小希希肯定就不生气了吧？

我在做事例的补充。千万不能像阅读题那样板着面孔问小朋友："他的家人爱他的表现有哪些？"借着女儿的共情，我力图教导她处理类似事情的方式。

　　女儿嘻嘻地笑着点头，"嗯嗯"。

　　妈妈：让我们来看看都是哪些小事儿让斯宾奇那么生气，从他们的道歉里我们就可以推测，对吧？

注意，是"让我们来看看"，而不是"你推断一下"——太频繁的拷问会增加孩子的心理负担，减少阅读愉悦感。如果妈妈用一句句搭台阶的方式亲子共读，则能事半功倍。其实，书的扉页已经先用文字"斯宾奇从屋子里冲出来"交代了争吵，可以带着孩子熟悉一下图画书的这种有趣的路数，再翻到个人道歉的画面——

　　妈妈："他的姐姐威廉明娜走出来说：'斯宾奇，真对不起，我不该叫你死胖奇。'"斯宾奇为什么觉得姐姐不爱他啊？

女儿：姐姐叫他"死胖奇"。

妈妈："斯宾奇的哥哥希契出来用手指碰碰他，'你真是绝对正确！我查过了，费城的确是比利时的首都'。"斯宾奇为什么觉得哥哥不爱他啊？

女儿：哥哥冤枉了他呗！

妈妈：所以说啊，斯宾奇可以生气，但不应该因为那些小事就认定家人都不爱他了，对吧？这就是太敏感了。

我刻意讲求了一下说法，没说"斯宾奇不应该因为这些小事就生气"——遇到这样的事情，小朋友当然应该生气啊！换作大人也会生气啊！

女儿"嗯"了一声陷入沉思。

此时此刻，我真的很想追加一句："那幼儿园老师提醒你把碗里的饭吃干净，你就觉得老师不爱你，是不是太敏感了啊？"还好，我忍住了，如果阅读的结尾总是那么功利，孩子大概会有"原来如此"的失望感，不如让阅读纯净一些，相信"润物无声"的力量。

最后想说的是：绘本不是药，只能从思想上对孩子进行一定引导，解决问题还得靠爸爸妈妈不厌其烦的努力。

比如，我女儿很爱抠鼻子，给她读了若干相应绘本，都见不到太好的效果。后来看医生，才知道孩子是过敏体质，一些过敏物常常刺激孩子的鼻黏膜，使她觉得不舒服。医生给的建议是服用抗过敏药物。除此之外，我还进行了很多努力：每次外出回来给她冲洗鼻子；把卫生纸和棉签放在一切她触手可及的地方；耐着性子反复提醒她不要用手抠；在网上寻找科普视频，让她直观地明白指甲会破坏鼻黏膜和鼻毛。现在她5岁了，情况才一点点好转。

如果哪篇文章告诉我们：孩子不爱洗手，读了某绘本就好多了，一定不要轻信，这个结果太乐观了。要么孩子本身恰好是教育良好受体——通常这只是幸运的个例；要么在不久后，孩子的行为又会反复。教育天然具有复杂性，需要耐心，更需要智慧，如果没有认识到这一点，就只会失望地说："我都给他读绘本了，他怎么还没做好呢？"

书不是药，而是事前的酝酿和事后的回甘。带露折花，刺会扎手，不如耐心地等一等吧！

文学事远，不妨早点播种

"你给孩子报了什么才艺班啊？"无非是钢琴、小提琴、画画、围棋云云。妈妈们之间聊天，从来没人把文学和写作当作一项拿得出手的才艺；相反，其他"特长"，把文学挤成了"特短"。原因当然很多，但看到那么多孩子从小错失文学之美，不能不说是一种遗憾。家长稍有些"文学启蒙"意识，不妨在孩子心里早点播种，他日成荫，未为可知。

"文学启蒙"包含的方面很多：创作层面，包括对生活的观察体会、阅读积累、构思、创作态度等；语言层面，包括词汇、句式、修辞、表达方式、语言风格等；内容层面，包括选材、情节、详略等；技法层面，包括对比、衬托、铺垫、人物塑造、开头结尾方法等。不一而足，分类也未必准确。文学事繁，一篇文章难成体系，试举几例谈谈文学启蒙可以关注的角度以及操作方法。

学习创作态度

我经常在讲绘本前查阅资料，了解创作故事，讲给女儿听；也会带女儿去参加一些作者到场的图书活动，听他们亲口讲述创作的艰辛和快乐。这一切都是希望女儿明白：任何创作的背后都是全心投入，需要精益求精。

广受欢迎的《让路给小鸭子》的作者罗伯特·麦克洛斯基曾说："为了画鸭子，虽然我兜遍了动物园、博物馆和图书馆，获得了知识，但我还想知道活着的鸭子的生态，于是我就买了好几只鸭子，和它们一起生活在公寓里。"据说他为了把鸭子画得栩栩如生，不但趴在地板上，"平等地"观察鸭子的各种姿势，还把它们放进有水的浴缸，细细观看它们的泳姿。仅仅是为了知道鸭子在天上飞翔时，喙从下面看上去是什么样子的，他就会用毛巾裹上鸭子，放到椅子上，然后仰面躺下画上几百张速写。为了更好地创作，他还携全家搬到一个风光明媚的小岛上，长时间观察海岛风光，《海边的早晨》等书正是这样创作出来的。为了提高作品的文学品位，学美术出身的他在 50 岁时还取得了文学博士学位。

经典绘本《打瞌睡的房子》文本作者是奥黛莉·伍德，她说她写一本书（仅仅是指写的过程，不包括构思创意过程）至少需要 3 个月的时间，不断地重写，常常要重写到一百次，直到自己满意为止。这本不足 500 字的书，正是这样千锤百炼而来，那么朗朗上口，像是说话，又像是在做游戏。《约瑟夫有件旧外套》的作者西姆斯·塔贝克创作这本书时已经功成名就，为了将犹太文化在书中完整地呈现，他不但进行了系统的研究，更在创作期间把自己完全沉浸在犹太音乐中。

女儿 3 岁时，讲了一个长约 10 分钟的故事，讲完后跟我说："妈妈，你知道吗，我好几次都想放弃了，又一遍遍鼓励自己'要坚持，要坚持啊！'"没想到每个小小的成绩背后都有着她的努力。我希望她习得的正是这种创作态度。

学习创作方法

女儿很喜欢玛德琳,我将下面这段背景当作"玛德琳诞生记"讲给她听。《玛德琳的救命狗》斩获凯迪克金奖时,作者路德维格·贝梅尔曼斯却在获奖感言中说:"我不是作家,而是一个画家,我没有想象力。"儿童文学研究者彭懿对此做过详细的注脚:他这么说,是因为他的故事多来自他自己的经历。他母亲的少女时代就是在修道院里度过的,他和母亲还一起回去过,看到小床排成长长的一排。他自己也曾住过寄宿学校,学生排成两排走在大街上。至于玛德琳生盲肠炎的灵感,更是来自他自己的一次小小车祸。住进医院后,他隔壁的病房里就躺着一个刚割完了盲肠的小女孩,他还看见天花板上的裂痕像兔子。就连玛德琳这个名字,也是从他妻子的名字借过来的……尽管他说自己没有想象力,可是这种从现实中发现玛德琳的力量,不是想象力又是什么呢?[1]

"从现实中发现玛德琳的力量"是一个非常有力量的提法。女儿平常讲的故事也往往来源于自身经历、个人幻想、阅读经验三者的组合与变形。也许幼儿天生就有这样的讲故事能力。我讲给她听,希望的就是女儿能将自发的故事力,发展成有意识的努力。

学习构思

怎样写春天呢?我和女儿把家里这一类的绘本都挑出来,跟作家们学构思。

《遇见春天》中作者设计了一对双胞胎小熊,刚从第一次漫长的冬

---

[1] 《世界图画书阅读与经典》,彭懿著,接力出版社,2011年9月,第80页。

天中醒来，他们畅想春天，外出寻找春天，遇见"春天"般美好的小女孩，这一路，两只小熊去看、去闻、去触摸春天。《来信了》讲一位邮递员要去送一封奇怪的信，在橡子山大水青冈树下，水獭、小兔子、松鼠、狐狸分别来带路，收信人原来是冬眠的大熊，信上的内容正是"春天来了！"。《雪夜的怪声》也是用悬念法，不同的是用第二人称叙述："在某个冬末的夜晚，你是不是也曾经被一个奇怪的声音吵醒？"一开头就把读者代入了故事中。然后"你"走出家门去寻找，一路与大熊、兔子、松鼠、河狸结伴，终于找到了，一颗巨大的蛋正在裂开，从里面出来的正是春天。和《来信了》构思类似，《大排长龙的熊家蜂蜜店》也对线索人物进行了巧妙的设计：他是一个养蜂人。小熊兄弟俩还在冬眠的时候，爸爸已经从离他们三座山头远的地方寄来了紫云英蜂蜜，"倒在酸奶里，真好吃"；当他们在冰雪融化的小溪边玩耍时，爸爸从离他们两座山远的地方寄来了白花幸运草蜂蜜，"涂在吐司上，真好吃"；当他们爬上冒出绿芽的树上玩时，爸爸从离他们一座山远的地方寄来了蒲公英花蜂蜜，"冲进红茶里，真香呀"；当家附近的刺槐花开时，爸爸来了，熊家蜂蜜店开始大排长龙，森林里的邻居们都来享受这春日大餐啦！花的次第开放，正是春到来的脚步啊！故事的高潮是把"春"吃进肚子，多美妙的结尾啊。

怎么让孩子体会到这些不同的构思呢？爸爸妈妈可以直接把自己的感想讲给孩子听；如果孩子年纪大一点，也可以问孩子："你最喜欢哪个春的故事啊？为什么？""你觉得这几个故事，哪些有点像啊？""如果给盲孩子讲一个春的故事，你会怎么讲呢？"

我初三的学生遇到过一篇作文题目："2040年的春天"，假如他们从小是读着这些故事长大的，那下笔的时候一定不会那么犹豫。

体会不同的语言风格

《当春天来临》有散文诗一样的语言：

> 春天还没来的时候，草是褐色的。但如果你等待，春天会把它变成绿色，再镶上小小的花朵。如果你等待，一枚蛋会变成一只小鸟，一颗种子会慢慢发芽。春天带着阳光而来，带着雨水而来，雨越来越多，越来越多。

像这样的语言最适合反复朗诵，直到孩子几乎能够背下来。《山里的春天》是日本著名儿童作家新美南吉写的童话，文风有日式的宁静，几乎没有修饰性的语言，处处带着日本文化中的克制。这样的文风小孩子未必喜欢。但是，为了丰富女儿的认知，我依然读给她听。他日有机缘真的看到山里的花，听到悠远的钟声时，也许她会想起这本书，重新品味书里的语言。

儿童文学大多文风平和，风格多样的文本一直是我努力搜寻的目标，像《三只老虎战小鸭》《不要，不要，妈妈不要！》《圆白菜小弟》等都充满了幽默。未来每个孩子都会形成自己特定的语言风格，但我希望通过广泛的输入，女儿能够写出不同文风的习作，至少能够体会不同文风的好。

学习伏笔、对比等艺术手法

伏笔

一辆已经老到"喀哒喀哒"响的老巴士，不能上路了，被孤单地留在市中心展览。为了送一只远足掉队的小狐狸回家，月光下，它重新发动了引擎。这一切是不是一场梦呢？（《喀哒喀哒老巴士》）其实作者早就在画面中为我们埋下了伏笔,人类生活的每一页都有小狐狸的身影呢!它或者在车站等车,或者在乌冬面馆吃面,或者在面包店的后墙露出一对小耳朵……这就是伏笔的艺术了。带着孩子在每页找一找,也颇有乐趣。

对比

大卫·香农的《大雨哗啦哗啦下》一开始就是鸡飞狗跳,爸爸呵斥狗吵醒了宝宝,妈妈呵斥爸爸引来了警察,警车堵住了路,出租车司机使劲按喇叭,卡车司机不甘示弱,冰淇淋车把喇叭声开到最大,美容院的老板出来看热闹,撞上了理发师,油漆工一分神把桶掉到了理发师的头上……因为一场雨,一切像多米诺骨牌一样坍塌了。"多么糟糕的一天啊!"突然雨过天晴彩虹现。油漆工跟理发师道歉说要过去照顾他的生意,冰淇淋店老板给孩子们多加了冰淇淋球球,鸡飞狗跳的一家人在后院暖洋洋地晒上了太阳。"多么美好的一天啊!"多么强烈的对比啊!故事像一场刺激的过山车,一步步攀上了顶峰,又"咻"地落了下来。读的时候,前后语言夸张一点,对比强烈一点,孩子的小心脏也一定会随着大雨的收放而紧张、喜悦。

隐喻

安东尼·布朗的《朱家故事》非常冷峻。"他们住在一栋很好的房子里,有很好的花园。有一辆很好的车子在很好的车库里。"但是朱先生和他的两个儿子却只会张着大嘴不停地要求妻子和妈妈做这做那。直到有一天,朱太太离家出走,朱先生和他的两个孩子变成了猪,生活一团糟,几乎饿死;直到朱太太回来,他们才意识到要承担起自己应尽的家庭责任。这个故事想要表达的隐喻,正如朱太太离开时留下的那封信里写的:"你们是猪。"

象征

　　《花开山》讲一个10岁女孩绫儿进山采野菜，迷路时碰到了山婆子。山婆子告诉她：这座山叫"花开山"，每当有人做了件善事，山上就会开出一朵花。虽然家里的人谁都不相信这个故事，但绫儿依旧做着自己认为善良的事儿，依旧畅想着花开山能因为自己又开出一朵花来。这种结构全文的方式就是象征。

夸张

　　《糟糕，身上长条纹了！》讲的是一个很在意别人眼光的小女孩的故事。"卡米拉·克莉姆很喜欢青豆。可是她从来不吃青豆。她所有的朋友都讨厌青豆，她也想和大家一样。卡米拉总是很担心大家怎么看她。"为了让大家印象深刻，她在试穿了42套衣服之后，突然全身长满了条纹；更糟糕的是，别人想让她长斑点她就长斑点，让她长棋盘她就长棋盘，别人施加在她身上的每一种治疗都让她的样子更加奇怪。直到吃掉了自己内心最爱吃的青豆，卡米拉才终于变回了她自己；而且不管别人说什么，她都不再在意了。这就兼有了夸张和隐喻的色彩，像是童书版的《变形记》，荒诞又真实。

体会书名的美妙

　　李欧·李奥尼的《亚历山大和发条老鼠》讲一只真正的老鼠亚历山大饱受人类打压，发条老鼠威利却被小主人宠爱；他本想寻找奇异宝石将自己变成发条老鼠，却意外地发现威利已经被小主人玩腻了遗弃了，最终他用宝石的魔力将威利变成了真正的老鼠。我问女儿："发条老鼠也有名字啊，为什么这本书不叫'亚历山大和威利'呢？"女儿想了一会儿回答："那就不知道讲的是一个什么故事了。"这个回答已经很准确了，我进一步解释，将女儿感觉清晰化："是的，有生命到底是好还是坏呢？正是发条老鼠的经历触发了亚历山大去思考这个故事，这个关键因素应该出现在书的题目中。"

除了零零星星对书名的鉴赏，还可以集中讨论，只需要一个问题就够了："书架上的哪本书让你一听书名就想读下去呢？"

学习结尾的艺术

以"玛德琳"系列故事为例，每本书都以"巴黎有座老房子"开头，唤起读者亲切的进入感；至于结尾，作者路德维格·贝梅尔曼斯则为我们展现了他非一般的幽默和创造力。

《玛德琳》讲的是修道院女孩玛德琳得盲肠炎的故事。结尾：克拉薇小姐冲进房间，发现"小女孩们都哭着说：'呜呜呜……我们也想得盲肠炎！'"。也许是羡慕玛德琳突然拥有了那么多玩具、糖果和娃娃屋，也许是佩服玛德琳的肚子上有一道疤（画面上玛德琳的神情的确很骄傲呢），只有小孩子才会因为想要生病而哭泣吧！这真是让人捧腹的结局。

《玛德琳的救命狗》讲的是一只小狗把玛德琳从淹死的边缘救了回来，它被女孩子们收养，又被校董会赶走。结尾：克拉薇小姐三次开灯起床，第一次看到被校董事会赶走的小狗珍妮芙回来了，第二次阻止为了小狗而吵闹的孩子们，第三次，"她大吃一惊，发现突然多了很多小狗，足够每人一只"。啊！所有孩子都如愿以偿。连结尾都一波三折，看得过瘾。

《玛德琳在伦敦》讲的是姑娘们买了一匹老马送给小捣蛋做生日礼物，没想到老马冲进了皇家仪仗队，又因为饥饿吃掉了园丁的玫瑰，撑得睡着了。女孩子们虚惊一场，给老马刷了牙，盖好毛毯后终于去睡了。

结尾:"克拉薇小姐关掉灯,带上门。十二个在楼上,还有一个(指的是老马)在楼下。"多么温馨的结局啊!

每个结局都合情合理,圆圆满满,又有着出人意料的趣味性。多读这样的故事,怎么能不会讲故事呢?

还是那句话:"文学事远。"如果可以,不妨边走边播种。

读好书的一"头"一"尾"

很多爸爸妈妈带着孩子阅读绘本时,习惯直接翻到正文,其实一本书从"头"到"尾"还有很多值得挖掘的语文学习宝藏。

阅读一本书,从头到尾依次应该是封面、前环衬、扉页、正文、后环衬、封底。除了画面外,还包含各种信息——作者、出版社、简介、推介文字等。以上六个部分,功能有相通之处,创作者通常会做一个统筹安排,哪些功能由封面承担,哪些交给环衬,哪些放在扉页表现。虽然这些部分都是以画面为主导的视觉艺术,但都与文学艺术息息相通,只是技法术语和表现形式不同而已。和孩子一起读好书的一"头"一"尾",不仅可以练习读图能力,还可以领略创作者的艺术匠心:设置悬念、渲染氛围、首尾呼应、深化主题、铺垫对比等等。

封面

封面是一本书留给读者的第一印象,好像商场大大的广告招牌一样,能否留住读者全靠它了。从功能上来讲,封面最重要的是表现书的主要内容;从性质上来讲,封面承担吸引读者的作用,有时会借用正文中的高潮画面,有时会另外创作画面,与书名一起设下悬念。

封面和书名结合在一起,是练习猜读的好素材。比如安东尼·布朗

《朱家故事》封面

的《朱家故事》，封面上是一幅违背常识的画面：年轻女子费力地背着一个胖男人和两个孩子。背上三人脸上都露着笑容，女子却嘴角紧绷。这个朱家，究竟发生了什么？为什么瘦小的女子要背着他们？背后的墙纸，一半是花朵一半却是猪头，这又是为什么？伊夫·邦廷的《最重要的事》，封面上一位老爷爷满面愁容地坐着，孩子往前伸着腿，一脸疲惫和沮丧，背后是一个大垃圾桶，白色塑料满地都是。对于这样的一老一小来讲，最重要的事是什么？填饱肚子，还是……如果孩子能带着这些疑问开始阅读，就会进入一种积极的阅读状态：兴奋、期待，和作者暗自比拼着想象力，也会更能理解绘本想表达的主题。

封底

在构思上，创作者肯定是将封面和封底一起考虑的。不同的封底设计传递着创作者不同的构思，蕴含着丰富的艺术想法，值得跟孩子一起好好欣赏、揣摩一番。

有时，封底起补充作用，和封面共同构成一幅完整的画面，信息量丰富，视觉冲击大。像《大雨哗啦哗啦下》，封面和封底联手演绎了一副鸡飞狗跳图，有人兴奋，有人狼狈，一辆车子横跨封底塞住了道路。这样的设计不知不觉把读者带入了故事，浮想联翩：这样的大雨中，究竟会发生什么呢?

有时,封底起强调作用。创作者会画一些在故事中起重要作用的小细节,像《大头妹》中用来别头发的草莓发夹,《糟糕,身上长条纹了!》中的彩色条纹,《大卫,不可以》中满满一页的英文"No",《玩具太多了!》中涌出门的玩具;甚至再现正文中的关键画面,像《朱家故事》中写着"你们是猪"的字条。这些设计本质上都是一种重温和回味,不妨利用这个机会带着孩子回看故事的关键转折点。我们都说写作要有"起承转合",看封底,就是学习"转"的一种好方法。

有时,封底起呼应作用。像《妹妹住院了》这本书,封面是妹妹想要姐姐心爱的洋娃娃,姐姐高高举起,不舍得给;封底呢?妹妹抱着洋娃娃安心睡去了,床头还挂着姐姐为她折的千纸鹤,原来,为了安慰生病住院的妹妹,姐姐已经把它送给妹妹了。《公主怎么挖鼻屎》一书,封面是公主指向鼻子的特写,封底是听完故事的小动物们纷纷学习公主

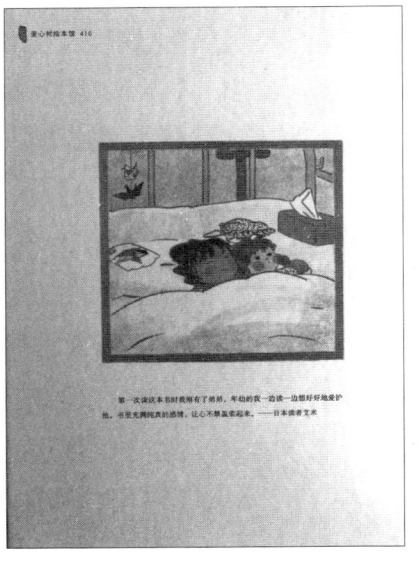

《妹妹住院了》封面(左)、封底(右)

用卫生纸擦鼻子,老奶奶正拿着纸篓笑眯眯地收着孩子们擦剩下的纸巾。封面和封底遥相呼应,放在一起回味,特别有利于孩子体会故事传递的"变化""成长"。

有时,封底起丰富故事的作用。像《妖怪油炸饼》,正文全程都是从眼镜兔的角度去写故事,写她贪吃油炸饼,香味把妖怪吸引来了。要不是妖怪及时脱身,连它也要被裹好面油炸了。正文结尾,近视的兔子把自己的眼镜也给炸吃了。这就是眼镜兔的故事。在封底,从兔子家的窗户望出去,山顶上的妖怪正在睡梦里舔着口水,抚摸着被撑起来的大肚子。这就是妖怪的故事了,被创作者巧妙地安排在了封底,你找到了吗?有名的《动物绝对不应该穿衣服》,全程都是从人的角度去谈论动物,展开封底,我们却看到一只穿了衣服的豪猪正在看镜子里的自己——动物们是怎么看待自己穿衣服这件事呢?故事由此有了另一重韵味。

有时,封底起"余音"作用。苏东坡论写作"行于所当行,止于所当止",故事要求完整度、教喻性,真实的生活却富有渗透性、延展性。怎么能让故事余音袅袅,三日绕梁,繁花之上再开繁花?怎样让故事像种子一样拥有生长的力量?有些创作者就在封底上做起了文章,使这方寸之地既独立于故事,又有点彩蛋的趣味。

日本著名绘本作家林明子就很喜欢用这种"伎俩",给读者带来惊喜。《第一次上街买东西》:5岁小女孩美依第一次上街给弟弟买奶粉,历尽艰险。正文的结尾,妈妈抱着宝宝远远地走过来接她。所有的紧张都消散了,故事结束了。封底呢,弟弟喝着她买来的奶粉,而小美依也给自己跌伤的膝盖上好了药,正在那里安静地喝水呢——刚才一定跑得口干舌燥了。故事起于小女孩内心的一场波澜,止于此时的风平浪静,仿佛经历过的事情都算不上什么了。——封底的一笔,算不算得上余音袅袅?

《森林里的躲猫猫大王》讲述年幼的惠子追赶哥哥时进入一片森

林，与这里的动物们和躲猫猫大王进行了一场紧张刺激的游戏。正文结尾，哥哥告诉她这里以前是一大片森林，现在建成了住宅小区，成了他们的家，画面也定格在一片高楼上。难道刚才的森林历险是假的吗？翻到封底，我们又发现了头发像树叶，腿像树干的躲猫猫大王，正在和动物们愉快地玩耍呢！这是不是告诉我们：小惠子的历险不是一场幻觉？是不是告诉我们：如哥哥所说，大森林里的动物们正在另一个地方好好生活呢？——封底上的一笔，算不算得上"繁花之上再添繁花"？

同样来自日本的《我的家最棒》，讲述三只对妈妈不满的小猪离家出走，到了兔子家、鳄鱼家、乌鸦家后，终于发现，还是自己的家、自己的妈妈最好。正文结尾，三只小猪泡在自家热气腾腾的澡盆里，露出了满意的笑容。但是在封底，情节再度发生反转：三只小猪对着面前不爱吃的胡萝卜又撇起了嘴，叉起了手——不喜欢的事情依旧，这次它们会怎样做呢？故事在书里自然要有一个完满的结局，现实中，却是麻烦不断，需要我们持之以恒付出心力，没有什么事可以一劳永逸。从艺术技法上来讲，封底的彩蛋又像一只小手，预备着勾出下一个故事来，不妨跟孩子一起想一想：讨厌的胡萝卜还得吃，这下怎么办？也许我们可以给它们读读《我绝对绝对不吃番茄》，如果它们还要离家出走，就搬出《阿尔菲出走记》……故事的齿轮就这样一环一环地运转了起来。——这样的一笔，算不算得上让故事活出了生长的力量？

环衬

环衬是封面与书芯之间的一张衬纸，通常一半粘贴在封面的背后，一半是活动的，也有人形象地把它叫作"蝴蝶页"。与封面相连的叫前环衬，与封底相连的叫后环衬。

有时，创作者把环衬页视为装饰页，采撷正文中的一点元素创造成

《14只老鼠大搬家》后环衬

装饰画,好像进入正文的一点小序曲,一顿大餐前的开胃甜点。比如《我想吃一个小孩》,厌倦吃香蕉的小鳄鱼发誓要吃掉一个小孩,环衬页上于是画满了剥开的、没剥开的香蕉;《我绝对绝对不吃番茄》讲一个小孩挑食的故事,环衬页上就飞着各种各样的食物:洋葱啦鸡蛋啦蘑菇啦;《贝托尼和她的一百二十个宝宝》,环衬页上自然是宛如百子图一样干什么都有的小宝宝;《14只老鼠的秋天进行曲》,环衬页上是各种蘑菇的科普图,翻到这里,我们就知道要跟着老鼠一家去林子里采蘑菇了。

有时,创作者利用环衬页来交代背景、塑造氛围。《荷花镇的早市》前后环衬页都是平静的绿色水面,预示着故事发生在水乡,而且基调是宁静祥和的。《小邮递员》的前环衬上,乌云之下的戈壁滩一片荒凉,一道歪歪扭扭的车辙,一辆倾倒的自行车,一堆要散落出来的信件。翻到正文,原来,正是因为爸爸受伤了,才有了儿子帮忙送信,当上小邮递员的故事。《14只老鼠大搬家》的前环衬是一幅远景,从森林的高处俯瞰下去,有老鼠们从飞瀑到地面架设的饮水管道,有水流平展处搭设的木头桥,将目光移到大树根部,门、台阶、窗户、烟囱、大饭桌、晾衣架应有尽有,这下我们就从整体上知道14只老鼠的新家是什么样

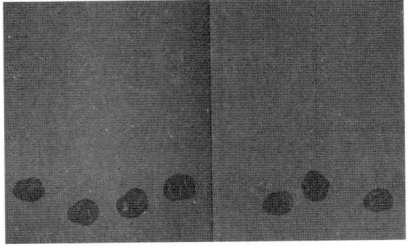

《跟奶奶一起腌梅干》封面（左）、前环衬（右上）、后环衬（右下）

子了。这本书的后环衬是树洞内老鼠家的剖面图，一层二层三层分别什么样，谁住哪儿，厨房和客厅分别在哪儿，都一目了然。心里有了环衬的两张整体图垫底，我们就更能够想象小老鼠们日常是怎样活动的了。所以说，环衬是我们进入正文的地图呢！

　　通常，创作者构思时会把前后环衬一起进行考虑。阅读环衬，特别有利于培养孩子前后呼应的思考意识、写作意识。比如《跟奶奶一起腌梅干》，前环衬是绿色的底色，上面是一颗颗饱满的、青青的梅子，后环衬是粉红底色，一颗颗梅子已经皱了，腌红了。绘本《偷蛋贼》，前环衬上一群鸡在睡觉，头顶上方的照片摇摇欲坠，照片上的公鸡倒在地上不知是打盹还是死去了。故事由此开始，母鸡们辛苦孵出来的蛋被偷走了，公鸡们不知所踪，大黄狗出面缉拿凶手，原来是浣熊！没想到它虽然偷走了蛋，却给小鸡们做起了爸爸，并且就此跟母鸡们成了朋友。后环衬的画面上，依然是母鸡们在睡觉，却多出来很多小鸡和一只浣

《偷蛋贼》前环衬（左）、后环衬（右）

熊，木板墙上的照片里是小鸡们开心的大合照，照片上的鲜花是刚刚采来的——它们的生活多幸福啊！

追求阅读的丰富

选用这个题目，想装下的内容很多。"阅读"的丰富，首先是指纸质阅读的丰富；其次是指除纸质阅读之外，阅读形态的丰富性。

纸质阅读的多样性

纸质阅读的多样性包含不同国家、不同风格的作品。这是培养孩子文学、艺术多元审美的好方法。

我一直着力搜集不同国家的绘本，家里书架上的书也是按照作者国籍进行排列收纳的。阅读量达到一定程度后，的确可以感受到不同国家、不同文化背景的创作差异，这种差异性既体现在文字上，也体现在画风上。日本绘本自成一体，多选材于日常生活，也常有狐仙一类幻想元素，画风清新。美国绘本多元、蓬勃，几乎涵盖了绘本创作领域所有的艺术技法和选材途径，选材方面情节更为飞扬，不同于日本的小而美。同为东亚地区，韩国绘本和日本绘本风格有相通之处，但艺术造型和内容上更突出韩国文化特色。台湾地区的绘本近于日式风格。大陆绘本正在寻找自己的方向，以熊亮为代表的本土作者正在发掘汉民族特有的内容和艺术风格。欧洲的绘本风格近于美国，也有各国特色：德国绘本重严谨，绘图偏于写实，科普绘本尤其独树一格；法国绘本天马行空，造型富于艺术夸张；英国绘本则饱含着让人莞尔的英式幽默。

同样都是日本绘本，我也会着力搜集不同风格的作品。像长谷川义史，画风充满童趣，完全模仿孩子的笔触；林明子，文字和画风都重视写实，非常温馨，深得女孩子喜爱；喜多村惠，笔下主角多是男孩子，故事充满想象力，绘图上喜欢用钢笔勾线；小林丰，走遍东亚采风，用日式画风演绎了一个个异域故事。宫西达也、五味太郎、西村敏雄、岩村和朗……可以说，每位作者都代表了一种创作风格，都带来了一种采撷故事的途径和方法。

对不同艺术手法的挑选，我在其他章节有谈。在同一题材下，即使画风相似，若内容的构思不同，我也会搜集来给孩子阅读。比如同样是介绍餐具的两本书，一本是《餐具总动员》，讲的是歌子大妈生病后，餐具们齐心协力为她烹煮食物的故事；一本是《大厨房里的小叉勺》，讲的是小叉勺不见了，勺子妈妈和叉子爸爸在寻找它的过程中一路跟餐具朋友们打听的故事。这样一读，孩子就知道了，要想达到介绍餐具的写作目的，可以用怎样的构思把它们串联起来。

如果单纯把绘本当作阅读能力的训练手段，就太可惜了。其实，每一本绘本就是一种问题解决方案、写作方案、绘画方案；当然，更是一扇窗、一道门，推开之后，就可以去领略不同国家的风土人情，去认识这个辽阔的世界。

要特别重视说明性文本的阅读

阅读的多样性当然包括文体的多样性。孩子小的时候偏于形象思维，所读绘本十有八九都是叙事性的。五六岁以后，很多学习产品也投其所好，即使介绍科学知识，也会进行人物设定，尽量让小朋友听得有趣些。这固然是由孩子的心理和思维发育特点决定的，但是一味这样做，却无助于孩子说明性语言阅读能力的发展。很多语文老师都和我有同感，一些孩子回答问题时习惯做大量的铺垫、修饰，让听者迷失在叙述的细节中而抓不到观点。造成这种情况的原因很多，若从小借助说明性文字的阅读重条理、去繁缛，问题一定不会这么严重。从文体特点来看，说明性文字和叙述性文字在表达方式上也是完全不同的，会给孩子不一样的阅读锻炼。比如，科普书《血的故事》中有句话："比红细胞大的白色东西是白细胞，比红细胞小的扁平东西是血小板。"不妨问问孩子："哪个最大？哪个最小？"你看，这就是我们在记叙文的阅读中很少遇到的语句理解。

近几年，数学、物理等理科中考试卷上的文字阅读量屡破新高，"阅读"成了第一个拦路虎。举几道4岁孩子数学题的例子，体会一下说明性语言的理解如何作用于孩子的理科学习。

例1. 数数有几辆车，贴上相应数量的棒棒糖。

孩子是否能明白"相应"的意思？

例2. 小猫抓到了蓝蝴蝶，小兔抓到了黄蝴蝶。请你把蝴蝶分别贴在它们的网兜里吧！

"分别"的题中意是什么呢？归类标准是什么？这时候孩子就需要去关注"小猫穿的是蓝衣服，小兔穿的是黄衣服"。

例3. 小公主正在串她的宝石项链。请你按照前面串好的样子完成吧!

这道题很明显是让孩子观察已经串好的项链,并找出规律。第一次我问女儿:"前面串好的是什么样子?"她回答:"哦……有黄的,有紫的。"很显然,"是什么样子"这个问题包含了太多的维度,3岁半的女儿只挑选了颜色这个维度来回答,还要看看黄的和紫的有什么规律。

例4. 把小镇里每排房子按照从高到低的顺序排序。

画面上一共有两排房子,用不同颜色表示。女儿没读出"每排",上来就笼统地去找最高的房子。这至少反应两个问题:一、对数学术语"排"不理解,不敏感;二、头脑只处理了优先信息"从高到低的顺序",没有注意限定语"每排"。看来,从阅读角度来讲,了解该领域的背景知识、常见词汇很重要;还要能够同时处理多个信息。

以上的4个例子鲜明地表现了阅读理解与数学思维结合的必要性。从阅读的角度去辅导孩子的学习,或许能给养育者提供新的思路。

我一直很重视孩子说明性文字的阅读,每次借书、买书都会挑选一定比例的科普书。这并不容易,因为给幼儿的科普书在我眼里都太"生动"了,有时形象性会冲淡客观性。女儿4岁以后,我愈发加大了她阅读中说明性文字的摄入量,甚至给女儿听了3本大人的书《肠子的小心思》《学会吃饭》《运动改造大脑》,小家伙竟然很喜欢。听了《运动改造大脑》,女儿要求我早晨叫她起床跑步去幼儿园;《肠子的小心思》成了她的睡前书,一听再听。我很欣喜,这意味着女儿能接受说明性文字的阅读,并乐享其中了。

视听阅读的加入

对幼儿来讲,纸质书阅读是应该坚持的主要阅读形式。一来,出于视力保护的需求;二来,阅读纸质书的安静状态最贴近日常学习需要的状态。但是，其他"阅读"形式也应该作为一种有益的补充予以考虑。

首先是适应时代的需求。当今这个时代，视听资源异常发达，"阅读"早已不仅仅指纸质阅读；即使同样是阅读文字，纸质书也不是唯一选择，电子阅读早已呈峥嵘之势。成人阅读领域，越来越多的书是纸质版和电子版同时发售。后疫情时代，教育信息技术不断发展，在我们可以预想到的将来，学习形态也一定会不断地发生变化。教材会逐渐电子化，课堂教学也会越来越多地引进视听资源。

其次要对资源善加利用。在幼儿学习领域，市面上有非常多的视听资源制作精良：构思、文字脚本的撰写、图像的拍摄与剪辑、配乐的设置等都花了大力气。比起纸质书，它们信息量更大，更为直观，是一种高效的学习方式。一集5分钟的科普视频可以涵盖不少知识，如果写成科普书则需要读很久；又因为有视频的辅助，孩子的记忆效率也会更高。何乐而不为呢？

再者，孩子时间有限，如何保证充足的语言输入量？听读和看读是不错的补充。我经常在坐车出行时给孩子放中文听读材料。3岁半后，她的听读专注力就已经很好了，能够边听边猜读，听完一个点评一个，连配乐也一起点评。比如，听完《雪夜的怪声》她立刻兴奋地叫："耶，那个蛋里面真的是春天耶！""妈妈，表现春天来时的那段配乐好像芭蕾舞的音乐啊，听起来就让人很喜悦！"这就是听读的立体阅读效果。视频可以看作动起来的、有声有色的"书"。从女儿4个月开始，我就尝试每天给她看一集《小猪佩奇》，中文的。5分钟视频所容纳的信息量远远超过了她同时期阅读的低幼绘本，恰可以作为一种思维和词汇量的挑战。后来，这种视听阅读方法一直保留了下来，女儿很欢迎。比如，我发现了一个100集的《动物世界百科大动画》，每集1分半钟，内容很好玩，像"为什么蜜蜂蜇了人就会死"，女儿听得不亦乐乎，全家人散步时，她就给我跟爸爸做小老师，滔滔不绝地讲了起来。没想到她都能记下来，学习效率非常高，看来新时代阅读的形式真可以是多种多样的。

总之，挑选视听资源也要拿出搜集绘本的精神；只是要控制时间比例，因为视听的刺激远远大过静态的学习，孩子习惯了，就会觉得纸质阅读乏味了。

看儿童剧也是特别好的"阅读"方式。从女儿很小开始，我就关注各种演出信息，人偶剧、木偶剧、手偶剧、皮影戏，只要内容合适都带着她去看。像《野绿仙踪》《大闹天宫》《爱丽丝漫游仙境》《我是霸王龙》等，我都是先与女儿一起共读文本，再去看表演，看完之后一起交流，其实这在阅读方法上也是一种跨媒体阅读。还有一些电影，也可以陆续带着孩子去看了。不过，电影院视听效果强烈，共情强烈的孩子容易害怕，需要家长根据孩子的心理特点去权衡。任何事，都要慢慢来。

有一种理论强调不要给孩子讲解戏剧，让他自己去看。我想，这种说法的重点指的是不要打断孩子，也不要将自己的观点强加给孩子；其实，从语文老师的角度来讲，只要交流方式得当，大人的分享可以很好地加深孩子的理解，值得提倡。

阅读资源的发掘

除了市面上已经出版的书，可以看和听的视听产品、阅读资源在我们身边其实无处不在，完全可以随时读给孩子听，或者DIY独属于自己的绘本。

- **网络上即时性的文章**

一本书、一个视听产品的完成需要较长的创作周期，互联网却可以给我们一支马良神笔，想要什么就立刻有什么。

例1. 春节时，智利大樱桃进口到我国，女儿很爱吃。这是个不错的教育契机。我于是上网查找，为什么智利樱桃格外好吃？这个地方有什么得天独厚的地理条件？它们为什么这么贵？是经过怎样的贸易途径到达普通消费者手里的？今年智利樱桃的价格为什么较往年便宜？哪些世界形势影响了它的价格？像这些内容，还没有一本书能够为孩子解答。我上网按照自己的想法搜寻一番，将资料整合成图文并茂的 word 文档，打印出来，就成了一本"及时雨"绘本，让女儿在大吃樱桃的同时增长了知识。

例 2. 新冠疫情刚刚爆发时，女儿被告知只能待在家里。她不明就里，也没什么绘本可以拿来讲给她听。我于是从各种新闻报道中摘录适合她的内容——病毒的可能来源、自身形态、感染后的症状，小朋友应该怎样远离疫情，抗疫过程中的感人事件，人类历史上爆发的其他疫情。将这些内容进行编辑后，我还手绘了病毒的图片作为插图，就这样，女儿以最快速度拥有了一本独属于自己的新冠绘本，及时缓解了困惑的情绪。

例 3. 网络上现成的好文章，我都全文打印下来给女儿看。三月打头，给她读《古画里的春天》；春节时读《春节风俗 100 图》；她喜欢故事性绘本《小乳房》时，我就去网上搜乳房的科普文章给她读。当然，还有很多并不是即时性的，看到好的，我就读给女儿听，比如被《人民日报》转发的《几个图形可以变成什么》（某校小学二年级想象作文），少儿图书馆公众号推送的纸杯娃娃制作方法，某童书编辑部公众号推送的《古画放大：一粒米怎样走上古人的餐桌？》……有时打印下来 DIY 成书，孩子大一点也常常直接在手机上给她看——新时代本来就该给孩子展示阅读媒介的多样性。

- **出游时的各种介绍牌等内容**

不少家长都懂得带孩子去公园游玩、参观博物馆时要读读介绍牌上的文字。不过，孩子年幼，大部分没耐心听完，都急着玩呢。这是孩子的天性，可以理解。不妨挑一些重要的用手机拍下来，待孩子静下心来再读。我带孩子去广西旅行时，发现当地的侗画很有特色，可惜买不到相关画册。我就将博物馆里的精品侗画一幅幅用相机拍下来，打印成册，给女儿看。参观侗族鼓楼时，小家伙没有耐心听完一版又一版的介绍，我也是拍下来，到家打印、装订成册，在睡前相对静心的时刻读给她听。

- 其他

女儿的药品、食物、玩具，这些东西的说明书都是非常好的语文学习资源，我都直接读给她听，而不是大人读完之后转述。去饭馆吃饭，带着她读菜单，了解食材和做法的词语，有时也抬头观看滚动播放的宣传视频——那里通常包含食材基地、做法等信息。不管走到哪儿，只要用心，都能发现丰富的资源。语文的外延就是生活。

阅读进阶：组合阅读

孩子升入小学和中学后，会在语文课上听到一些新鲜名词："群文阅读""主题阅读""任务群教学"。这些教学方法含义不同，但都有一个共同点：强调将文本组合在一起学习。21世纪以来，在阅读素质测评领域富有公信力的国际PISA测试中，多文本阅读占比越来越大，正反映出它在阅读教育中的长远价值。

为什么组合阅读越来越被提倡？一是互联网背景下，人们需要具备将庞杂信息快速、高度整合的能力；二是在比较、整合中自觉运用群文思维，可以有效提升常态阅读能力；三是多文本阅读有利于学生发展系统思维、创新思维、批判思维等高阶思维能力。

联系、整合、比较的能力对于学龄前儿童来讲，比较难，不应该做过高的要求，组合在一起阅读了，有点感觉，大人讲一讲，和孩子一起讨论讨论就可以了。不过，我还是秉承着自己一贯的观点：对阅读方法的学习应该与阅读本身同步。组合阅读是自然发生的，只要大人悉心示范，我们又怎能小看孩子们的潜力呢？

什么样的书可以组合在一起阅读呢？父母们不必把自己当成语文老师，只心平气和地把自己当作普通的阅读者，你觉得哪些书让人发生了联想，就可以把这些书组合在一起阅读。

我给大家提供几个组合角度供参考。

把相同结构的书组合在一起读

宫西达也的恐龙系列，最有名的是《你看起来好像很好吃》，其余6本有着大致相似的结构：主角都是凶猛的食肉恐龙霸王龙，故事的开头都是他想吃掉弱小的食草恐龙，却因为意外没有成功。在和弱小恐龙相处的过程中，他获得了友谊，内心的善良被激发出来，并最终成全了对方。霸王龙为什么会转变呢？也有一些共同情节，比如称呼的转变，被对方称为"爸爸""叔叔"，被对方称赞"你真好""谢谢"；或者对方做了让霸王龙感动的事情，帮他舔伤口啦，喂他吃贝壳啦。至于霸王龙转变的标志，也往往是他开始吃他并不爱吃的红果子。这些共同点，让孩子总结，难度太大，毕竟年龄越小越难以综合处理信息。但是，书读得熟了，孩子即使说不清楚，也会有感觉。

怎样让孩子关注到情节的设置呢？可以多用猜读法。读了几本恐龙书后，再读《遇到你，真好》，读到霸王龙眼看就要把棘龙宝宝一口吞掉，我问女儿："猜猜这时候发生了什么？"女儿按照之前几本书的经验列出一堆猜想，地震、火山爆发、天空中来了一只其他恐龙，还不忘俏皮地加上一句"反正没吃成就对了"。读到书的后半程，小棘龙因为想妈妈抽抽搭搭地哭起来，我又问女儿："你觉得后面会怎样？""肯定是见到了他妈妈,因为每本书结尾霸王龙都帮别人达成了心愿啊!"能回答到这个程度,说明孩子对宫西达也讲故事的结构已经感知了一半了,组合阅读的目的就达到了。

把同一作者的书组合在一起读

同一作者的书组合阅读,也有很多不一样的比较点。读韩国白希那的作品,可以关注综合艺术手法的运用;读安东尼·布朗的书,可以关注超现实绘画的技法和批判现实的选材倾向;读日本林明子的书可以学习作者关注日常小事的创作习惯;读李欧·李奥尼的书,可以关注他作品中的人物形象,像《小黑鱼》《田鼠阿佛》《一寸虫》《鳄鱼哥尼流》《佩泽提诺》都是直接以人物命名的作品,《亚历山大和发条老鼠》《蒂科与金翅膀》《西奥多和会说话的蘑菇》《蒂莉和高墙》《玛修的梦》是人物和关键事物组合的命名方式。美国的一名幼儿园老师还专门写了一本书,讲述师生共同研读李欧·李奥尼绘本的经历,名字就叫"共读绘本的一年"。

怎样让孩子关注到人物的塑造呢?可以尝试这些问法:

问法一:"我觉得这些故事书里的人物都有点像诶,你觉得呢?"

问法二:"你喜欢这里面哪些人物啊?为什么呢?"

问法三:"这些人物中,你觉得谁和谁会是好朋友呢?"

问法四:"读了这么多他的书,让我们猜猜作者是一个什么样的人吧。"

问法五:"我们让这些人物开派对吧!要是蒂科给老鼠西奥多一根金羽毛,你猜西奥多会用它来干什么啊?"

同题材不同改写的组合阅读

对同题材进行不同改写且都能够出版，证明各有优点，组合阅读不是分辨高下，而是欣赏不同构思。让孩子关注到这一点，可以采取开放式提问法。比如："你比较喜欢哪本书啊？"或者"你喜欢这本书的哪儿？又喜欢那本书的哪儿啊？"。也可以用平等的交流："我比较喜欢这本的画风，那本的……"即使下一个判断"我喜欢这本"也没有不妥，目的虽不是一争高下，但表明态度可以帮助我们明晰某一方面的优点。

像《让路给小鸭子》和《幸运的小鸭子》都是根据实事改编，故事类似，都是讲在警察和好心人的帮助下，鸭妈妈带着小鸭子安全过马路的故事。前者是凯迪克金奖获奖作品，进入核心事件之前，还讲了鸭爸爸鸭妈妈选中公园小岛的一番周折，力图更厚重地表现对人与环境关系的思考。孩子小时，理解不了那么丰富幽微的内容，这本书的铺垫就显得有些长了。《幸运的小鸭子》入题快，核心事件突出，语言明快，我和女儿非常喜欢。也许随着年龄的增长，喜好会变，这也很正常。你也不妨组合着读读看。

《约瑟夫有件旧外套》和《爷爷一定有办法》都改编自意第绪民谣《我有一件小外套》，讲的是小外套不断变小，变成夹克、背心、围巾、领带、手帕、扣子，最终被写成一本书、一个精彩的故事。前者的作者正是另一本经典绘本《有个老婆婆吞了一只苍蝇》的作者，两本书都获得了凯迪克金奖，两个故事都使用了环环相扣的叙事结构，在艺术手法上都借鉴了低幼绘本常用的挖洞洞的做法，让页与页、情节与情节之间建立起关联。《爷爷一定有办法》的创作时间晚于这本书。但是作者别出心裁，设计了爷爷这个人物形象，使得"无中生有"这个主题之外又浸透了几分亲情的色彩。除此之外，还在正文的下面安排了一个副线故事：住在我们地板下的小老鼠一家，利用我们丢弃的布料过上了幸福生活。这就使得"无中生有"的主题再添一重韵味。我与女儿把这两本书组合在一起读的时候，大开眼界。这样的书还有不少，像《安娜的新大衣》与《彼得的新衣》，不妨找来看看吧！

同题材的书组合阅读

把同题材的书放在一起读，有利于我们对某一问题进行多角度的思考。以环保题材为例，《这片草地真美丽》《推土机年年作响》和《小房子》讲的都是乡村变成城市的过程。《这片草地真美丽》侧重探究人们改造乡村的原因；《推土机年年作响》由七张大尺幅挂图组成，每幅图表明时间，用写实的手法表现变迁的现实；《小房子》用拟人手法，从小房子的视角讲述它在城市化变迁中的悲喜命运。

怎样让孩子领略到此种组合阅读的效果呢？对学龄前的孩子要求不宜高，组合在一起读，对孩子本身就是一种启发。环保题材对孩子来讲比较难，除了阅读，还可以讲述自己的亲身经历。

同一故事的不同改编

与大灰狼相关的经典故事经常被作家们拿来改造。三只小猪的经典故事，几乎每个中国人（或许全世界的人）都知道，美国的大卫·威斯纳突发奇想：小猪们为什么要坐等着被吃掉？不如让它们飞出固有的故事，穿越到一个个新的故事里，也改变了其他动物的结局。这就是《三只小猪》的特别之处，这个绘本获得了凯迪克金奖，褒奖的正是作者打破固定思维的艺术冒险。另一本绘本《三只小猪的真实故事》在内容上也有新意：先是刊发了《大野狼日报》的报道，以一只狼的口吻来讲述这个故事，既有狼的狡猾，也有狼作为肉食动物的不得已，结尾又通过《小猪日报》从小猪的角度讲述同一个故事。这种叙述手法使我们看到硬币的正反面，摆脱了单向度的道德评判。《狼婆婆》融合了小红帽和七只小羊的故事，结局却不是小红帽被吃掉，而是三姐妹通过自己的智慧斗败了狼婆婆，将大灰狼摔死了。《大灰狼才应该小心》讲的是从小熟读故事的大灰狼被各种结局吓坏了，而故事里的动物们也熟读大灰狼的诡计，因而变得小心谨慎。这下大灰狼三只小猪、七只小羊一个都没吃成，它去敲小红帽家的门，还被她数落了一顿："哎呀，大灰狼，你怎么来得这么晚！谢谢你把东西送过来。"唉，大灰狼只好饿着肚子回家了。

这样的组合阅读可以帮助孩子养成多角度思考问题的习惯，学习讲故事的多种方式。怎样让孩子体会得更深呢？除了阅读，还可以跟孩子玩角色扮演游戏，妈妈扮演大灰狼，孩子扮演小猪或小红帽，或者角色互换，亲子之间一边演绎故事，一边说出各自的想法。

原著与缩写、扩写的组合阅读

缩写和扩写是常见的改动方式，此种组合阅读的方式可以让孩子对文章的详略安排有鲜明的认识。杰里·平克尼的绘本《夜莺之歌》是从安徒生的原著改编而来，为了使字数更符合一般绘本的阅读需求，进行了缩写和改写。比如安徒生的原作中有这样一句话："那只真夜莺被逐出了这个帝国。"这句在杰里·平克尼的绘本里是没有的，加上这一句之后，真夜莺的命运显得更惨烈了，这种情况下，它还能回来看望皇帝，就更体现出它的感恩了。这恰恰和当初人们说夜莺"忘恩负义"形成了鲜明的对比。

要想让孩子注意到改动背后的作者意图，可以问问孩子："如果你是作者,你要不要加上这句话,或者删掉这句话呢?"

绘本和影视组合"阅读"

好的绘本被改编成影视作品的情况并不鲜见,像《我绝对绝对不吃番茄》《猜猜我有多爱你》都被改编成了动画片。"怪物史莱克"更是加入了迪士尼的大家庭,成为第一位丑丑的主角。读完书后,我们又与女儿一起看了动画片。没看书之前,我还是挺喜欢这部电影的,看了书却觉得有点可惜,为了倡导正确的价值观,史莱克被改编成了一个外表丑陋内心柔软的青怪物,有着不被人认可的烦恼、自闭,也有着爱情、友情的羁绊与温暖。这些都是原著中被淡化处理的"人世之累"。依稀发挥原著精髓的是史莱克的一些坏习惯,比如挖出一坨耳屎来点灯——这得让多少喜欢抠鼻孔、咬指甲的小朋友心里偷着乐啊!还有一处:公主在与真爱史莱克亲吻之后,魔法开始显灵,没想到咒语解除后的公主保持了那幅丑样子——她终于放下了"美的重负",开始和史莱克一起"做自己"。这一处倒是很得绘本的精髓。

从本质上来讲,将绘本和影视组合在一起阅读是一种艺术欣赏,对孩子来讲,有难度,可以采取大人分享和适当交流的方式进行。比如问问孩子:"公主是变成美丽的样子好,还是和史莱克一样绿绿的胖胖的好?""你喜欢电影中的史莱克还是图画书中的史莱克?为什么?"大人也可以分享自己的看法:"妈妈更喜欢书里的史莱克,因为他从来没烦恼,总是那么开心,跟雷神电神闹着玩儿,跟脾气暴躁的大龙闹着玩儿,跟一本正经的骑士闹着玩儿,看到镜子里丑陋的怪物自己,也骄傲得无与伦比。最酷的是他跟公主结婚的理由是:'啊,我为什么那么爱你,就是因为你丑得不得了!'你不觉得很特别吗?当然啦,他的那句咒语也是最特别的——"女儿冲我会心地一笑,我们两人一起大叫:"苹果卷儿！"

这种跨媒体阅读的方式已经被写进了《普通高中语文课程标准（2017版）》。虽然孩子小时候不能对两种同题材阅读方式进行深度比较，但润物无声，孩子的感性认识再加上爸爸妈妈的引导，一定可以增进孩子对不同艺术形式和处理手法的理解。

对于学龄前儿童而言，能通过组合阅读建立起联系思维就很好了，比较思维还在其次。因此，亲子共读时可以多多鼓励孩子："读这本书你会想到哪本书啊？"大人也可以先做示范，比如读《夜莺之歌》时，我这样说："这本《夜莺之歌》让妈妈想起《九色鹿》，都是被请到皇宫里去，九色鹿就不肯去，因为皇后想要她的皮毛做衣服，夜莺就答应去宫里了，因为她想为所有人唱歌，包括皇帝。"故事中出现发条夜莺后，女儿怀着欣喜的发现之情说："妈妈！这个像我们读的《亚历山大和发条老鼠》。"凡以夜莺做主角的故事都与它们的美好声音有关，在网上听了真夜莺的婉转歌声后，我又找来王尔德的童话《夜莺与玫瑰》读给女儿听。就这样，书不断地赶来开起了派对。

和孩子一起，构建书与书的大聚会吧！

第六章

分龄阅读
指南

零岁婴儿"阅读"指南

对于零岁婴儿的"阅读",有两件事我们必须知道:

第一、阅读不是婴儿学习的主要途径。

一个小婴儿呱呱坠地,最最紧要的事情就是生长,发育,然后才是认识我们这个世界。几十平米的房子,对于一个初来乍到的小婴儿来讲,就已经够丰富的了。什么是妈妈、爸爸、保姆阿姨、爷爷、奶奶、奶瓶、尿不湿、小床……这些可观、可闻、可触的现实世界,才是小婴儿最好的课堂。歌谣、书都是对世界的二手转述,折射的是创作者的认知。一个婴儿应该首先向一手的世界学习,然后才是向二手的书本学习;一切能直接学习的,都尽量不转述学习。我们日后孜孜以求的情境学习,强调的正是从经验的世界返回到现实的世界中寻求真理。

第二、听读优先于阅读。

早在妈妈肚子里,小婴儿的听力就已经发育成熟了八九成;而视力的发育却滞后很多,先是看到黑色的世界,然后才是彩色的;开始时只会看静止的物件,慢慢地才能够识别动态物体,随着大脑渐渐发育,视觉才渐趋成熟。满月之后,婴儿就可以随着童谣的韵律而手舞足蹈;看书,却要等到至少一百天之后。而且,听读所能集中注意力的时间要远远超过阅读。

真的有必要给小婴儿阅读吗?是的,从只会躺着,到能坐起来、走几步，身为一个婴儿，他的世界是多么狭窄啊！幸好，还有"阅读"帮助他看到更广阔的世界。这也就是为什么自 20 世纪 80 年代起，美国儿科协会即开始强调"零岁阅读"的理念。

我这样带着婴儿听读

女儿 42 天之后，就开始听儿歌和童谣了，磨耳朵用的是朋友送的火火兔早教机，里面有一百多首儿歌，还可以从网站上下载，增加新的曲目。这类早教机在市场上有若干款。小小婴儿一天天醒着的时间更长了，放在车里一边轻轻推动，一边听着火火兔里的歌谣，能安静地待上好长一段时间。再大一些，她就能随着歌谣手舞足蹈，连眼珠也跟着一起转；有时竟成了对眼，需要大人用手按摩眼皮才可以归位——天哪，她听得多津津有味啊！

有一种教育理念认为婴儿阶段适宜听舒缓的音乐旋律，像音乐风铃、哄睡玩具，而有些儿歌节奏比较快，会对小婴儿构成较大的刺激。无论哪种理念，爸爸妈妈们都可以根据自己的观察做出适宜的决定。

一百多首儿歌通常两三天就能放完一遍，女儿听这些歌谣，不知道听了多少遍，一直到 3 岁出远门，她还将火火兔带去。重复，正如我在《语文启蒙关键词一：反反复复》（见 P061）中说的，是孩子对语言学习最基本的要求之一。至于每一次听多长时间合适，最好的方法是观察孩子的反映，如果他不想听了，会用肢体语言告诉你；八九个月，他的小手指就足够转动按钮，掌握开关了。

另外，我还观察到一个现象：如果将"儿歌"一档调到"故事"，小婴儿能够专注聆听的时间就少多了，看来语音的细微变化不足以吸引他们的注意力，还是要辅以音乐节奏。2 岁时，女儿就开始偏爱听词汇量更大的故事。这正说明，语言养料的输入要符合孩子身心发展的规律。

婴儿阶段，孩子对词语密度的需求没那么高，更喜欢重复听基本词汇。

火火兔里的儿歌真的很好，如果由妈妈来唱，岂不是更好？起先，我对着手机中的歌词唱给她听。但是，低头看手机的时间让我错过了宝宝的视线。这样的话，她就不觉得妈妈在唱给她听吧？为了让女儿觉得这是妈妈在与她交流，我背下歌词，唱给她听。她睁着亮亮的黑眼睛，快活地挥舞着手脚，不时发出各种声音——这小家伙感觉到了嗓子的存在，急切地想回应，想表达。

孩子真能听懂吗？育儿嫂的经历佐证了我的判断。

女儿40多天时，育儿嫂让这小小的家伙靠在自己竖起的大腿上，面对面念："小黄狗，汪汪叫，吓了妹妹一大跳，妹妹转身回头看，原来是哥哥学狗叫。汪！汪汪！"每次都一连念上七八遍，每一遍育儿嫂都充满激情，拉着女儿的小手打着节拍，念到最后一句"汪！汪汪！"，还戏剧性地用头顶顶女儿的头。这么念了不到一个星期，有一次，念到最后一句"学狗叫"，50天的小婴儿忽然发出鸽子般响亮的笑声。育儿嫂赶紧叫我："快来看，你女儿会笑啦！"再来一次，念到最后一句，依然是响亮的笑声。也许，这么小的孩子还听不懂句子的意思，但她分明已经领略了语言的趣味。设想一下，如果照着手机念这首歌谣，那么因为视线的缺失，孩子就很可能不会呼应地笑出声来。

放下手机，将歌词记在心里，让彼此感觉到语言和视线的交流吧。对于小小孩来讲，情感的连接大过一切学习的因素。因此，如果爸爸妈妈有时间，还是多面对面地教孩子歌谣吧，哪怕教一些最短、最经典的也好。

除了歌谣和绘本，我觉得婴儿对语言的渴求依然很旺盛。在"听"方面，完全可以领先一点，做到"一知半解"就可以了。产假期间，我订购了100多本儿童文学作品，每天读，读完一本就给女儿复述一本。后来，我索性给6个月的女儿全本朗读《狮子、女巫和魔衣柜》，一般都能读上十几分钟,一旦我发现女儿开始不想听了,就停止。她真的在听吗?

一个晚间,我正在床头灯下给女儿读书,爸爸走过来说:"唉,怎么还不睡呢?读这些她又听不懂。"没想到,就在爸爸随手拿过书,准备关灯时,小小女儿提出了严正的抗议,喉咙里发出尖锐响亮的声音,翻过身子,用一种奇怪的姿势去够那本书。连我也很震惊。或许她只是喜欢妈妈给她说点什么的感觉,或许她是真的喜欢那些词汇不同的发音,无论如何,她喜欢有人读书给她听,她乐意那些不太懂的词汇语音来按摩她的耳朵。

就这样,我用了两个月的时间给这小小婴儿读完了全本小说。从此"听读"作为一种泛读手段,我一直坚持至今,而且在时间的分配上通常会超过图文并茂的精读。

我这样带着婴儿阅读

婴儿书是什么样的?

为婴儿和低幼儿开发的阅读书有洗澡书、布书、布偶书、挖孔书、翻翻书、立体书、面具书、触摸书、地板书、音乐书等。这些形态各异的书带有极强的玩具性质,都在说着同一句话:"快来翻翻我吧,我很好玩儿的!"

从大小来看,低幼绘本比普通绘本小一点,比成年人的手掌大一点,这正是为了适合小手指的翻阅。1900 年,著名儿童作家波特因为坚持要出手掌那么大的小开本图书,被 6 家出版公司退稿,她只好自费印了 250 本。这本书正是风靡 1 个世纪的《彼得兔的故事》。看来,波特阿姨远远比出版商更懂得孩子的心。

就内容而言,婴儿绘本主要有两类:物品认知类和生活情境类。半岁之前，婴儿通常只能少量接触认知类绘本，半岁或者九、十个月之后就开始乐于接触情境类绘本了。

认知类的绘本也有进阶：

第一步，让孩子"阅读"身边真实的物品吧：小床、被子、隔尿垫、奶瓶、灯、餐桌、碗、筷子等等。

第二步，读实物照片类绘本，这类书没有经过艺术变形，孩子比较容易接受。我女儿最喜欢的是"宝宝认知全书"动物分册，我猜想很多孩子都如此。因为像"水果蔬菜"，用真的教比看书更有乐趣，而交通工具，对于一个婴儿来讲，太遥远了，要等到大一点，他才会感兴趣。

第三步，再读经过艺术设计的认知类书吧。比如，蒲蒲兰绘本馆引进的"挖孔认知"系列绘本，凡6册，包括动物、玩具、衣服、水果、动物外套、交通工具的图形认知。书的内容非常丰富，又通过艺术的巧思突出物体的特性，如：通过挖孔突出长颈鹿的长脖子，通过布色突出豹子的花纹。

第四步，复杂认知绘本。比如来自英国的《幸福的一天》，这本书虚构了不同情况的5个家庭，有白人家庭、黑人家庭，全职妈妈家庭、双职工家庭，单子家庭、多子家庭；再按照时间顺序把5个家庭的宝宝一天中会遇到的各种生活情境和相关物品都画了出来——你可以想象，这本书的画面会很丰富，每一页会有5—10张大图，小图更是不计其数。9个月之后，婴儿对于认知类书的兴趣会降低，但这本，因为画面丰富，女儿一直很喜欢，大约看到了1岁3个月。

情境类绘本要特别重视与孩子生活的相关性。比如《十个手指头和十个脚趾头》《挠痒痒，挠痒痒》《抱抱》《数一数，亲了几下》等。像《抱抱》这本书，全书只有两个词——"妈妈""抱抱"，讲述的是一只小猩猩在森林里走，看到蟒蛇、河马妈妈们都抱着自己的孩子，不禁悲从中来，哭着喊："抱抱！"善良的大象妈妈驮着小猩猩四处寻找，终于得偿所愿。小猩猩的经历多么容易引起小婴儿的共鸣啊！五六个月后，很多妈妈结束了产假重返职场，孩子只能在晚上见到妈妈，"抱抱"就是他们最强烈的心声了。

到了八九个月，孩子大都可以自由爬行了，他们的自我掌控感更强，认知水平也提高了。这时候，一些情节类的书往往会更得到他们的青睐。比如日本松冈达英的《哇！》（还有另一本姊妹书《蹦！》），这本书描述的是被"吓一跳"的感觉，比如青蛙被蛇吓一跳、老鼠被猫吓一跳、妈妈被螳螂吓一跳等。这类情节简单，又有戏剧性的绘本，最容易获得小宝宝的喜爱了，甚至可以在更小的月龄读给孩子听。

稍复杂一点的就是一些套系书，比如著名的小熊宝宝绘本（日本作家佐佐木洋子著），看看15册的题目就涵盖了小宝宝大部分的日常生活呢！——《你好》《拉屁屁》《午饭》《睡觉》《大声回答"哎"》《尿床了》《洗澡》《刷牙》《我会穿短裤了》《收起来》《谁哭了》《散步》《好朋友》《过生日》《排好队一个接一个》。除了这套书之外，还有法国的"阿波林的小世界"系列绘本，荷兰的"米菲"系列绘本，台湾地区的"米米"系列绘本，内容都是围绕低幼宝宝的日常生活展开的。小熊、阿波林、米菲、米米的年龄在1—3岁。在亲子共读时，即使同一个系列，你也可以挑选其中的一些给孩子读，等他大一点，再挑选另外一些适合的来读。仍以小熊宝宝绘本为例，《拉屁屁》《尿床了》《洗澡》《刷牙》《睡觉》这些在八九个月时就可以开始读了，而《好朋友》《过生日》等，可以等孩子有了社交生活再读。

一般来讲，绘本的适读年龄有一个简单的判断方法，即书中的人物多大，就适合多大的孩子懂。按照我自己的经验，阅读不求完全理解，孩子的年龄可以比书中人物小一点，给孩子一点小小的挑战，他会对未知世界充满兴趣。

是什么阻挡了零岁婴儿的阅读？

有两种代表性的声音："给他书就往嘴里塞，一通吃"；"小家伙总是撕书，翻折页刚修好，就又一把扯下来了"。吃书和撕书对于婴儿来说，再正常不过了。他们不仅用手去翻动书，还会撕书——他们想试试这个东西是什么材质的，自己的小手有没有力气征服它；更会去啃——他们想试试这玩意儿嚼起来怎么样，是什么味道的。

如果书被弄坏了，别做出大惊小怪的举动，那会吓坏小宝宝，使他陷入迷茫——"我做错什么了吗？我正在探索它啊！"。小宝宝与书的亲近都是这样"不打不相识"的，来到这个世界不满1岁的他，就是尝百草的神农啊！偶尔咬两口书，实在没什么稀奇，看着他就是。有一次，我女儿咬下一个书角，狠命嚼，我费了老大劲儿才从她嘴里掏出来，要是有塑封的书页就更令我担心了。不过，就这样也没动摇过我给她读书的决心。动手和动嘴都是孩子的天性。书本来就是一种玩具。撕坏了，再粘上就是。2岁前，好多个晚上，我在哄睡时爸爸都在台灯下给女儿修补书，粘贴各种材质的胶水不知道买了多少。现在回望，还颇有乐趣，我准备未来给女儿讲古用，告诉她她是怎样踏上阅读之路的。

其实很多婴儿书都是硬板书、塑封书、布书，不怕撕咬，书角也都做成保护小手的半圆形。为安全起见，一定要买正版书，再不放心还可以像消毒玩具那样擦拭。总之，因为怕孩子吃书、撕书就不让他读书，实在是因噎废食。

怎样给婴儿读书？

我在上一章节中提到四个关键词：反反复复、循序渐进、情境学习、长程学习，每一项都适用于婴儿阅读，另有三点需要特别注意。

• 眉飞色舞、手舞足蹈

对于注意力容易分散的小宝宝来讲，平淡的语调对他们来讲过于乏味了，要想让他们觉得读书有趣，不妨略略夸张一点：眉飞色舞、手舞足蹈。

拿最受孩子欢迎的动物题材举例，女儿很喜欢的一本书《宝宝认知全书·动物》，讲小鸡则"叽叽"，讲小鸭则"嘎嘎"，讲小狗则"汪汪"，讲兔子则蹦蹦跳跳，讲公牛则"哞哞"顶人，讲老虎则"嗷嗷"扑人……读《哇！》就真的做出害怕的样子——捂住嘴、瞪大眼、抱住肩、塞住耳、转过身、跳起来；读《抱抱》，就真的抱抱，爸爸妈妈抱抱，毛绒玩具抱抱；读《挠痒痒，挠痒痒》就真的挠挠宝宝的小脚心、小胳窝、小肚皮，逗得她咯咯笑；读《数一数，亲了几下》，就认真地在孩子晚上睡觉前把她从头到脚亲上一遍……现在回忆起来，给婴儿时期的女儿读书简直是体力活呀！

当然，安静的阅读也是需要的，而且占据相当的比例，不然，就不叫阅读，叫演戏了。

• 在游戏中读书，在读书中游戏

a. 一定要让小宝宝动手。

很多低幼绘本都设计了挖孔、翻页等小机巧，这样做一举三得：用悬念的方式提高宝宝的阅读期待，增加喜悦感；锻炼宝宝的手部肌肉；增加宝宝参与度，引导对阅读的热爱。一定要舍得让孩子动手，坏了再修就是了。我家的"小鸡球球"套系绘本，简直称得上"千疮百孔"。每一次女儿都不厌其烦地用手指触摸一个个小洞，打开一个个翻页，很多地方，我跟爸爸都用尽方法粘了又粘。

b. 身体也要动起来。

艾瑞·卡尔爷爷的《从头动到脚》太适合小宝宝了："我是企鹅，

我会转头。你会吗？这个我会。我是野牛，我会耸肩膀。你会吗？这个我会。……"台湾的方素珍有一本《可爱动物操》，这本书里每首童谣有五六行，已经从局部动作进阶到全身动作了，比如这首《白鹅》："脖子细细，个子高，拍拍翅膀，弯弯腰，白鹅游泳，嘎嘎叫，白鹅走路屁股摇。"1岁半之后，这本书就可以玩了。英国"小公主"系列绘本，扉页上是小公主的各种动作，女儿2岁时就可以模仿了；3岁，读美国莫·威廉斯的《别让鸽子太晚睡》，这只淘气的鸽子表情和动作都很夸张，女儿的表演也进入到了表情阶段……看，不经意间完成了戏剧的启蒙呢！

c. 五官动起来。

触摸书《小熊波比》，小狐狸的鼻子是用一块黑色的软皮子做的，丽春花的花瓣是用一种红色绒布做的，花栗鼠的尾巴是用一块人造毛做的，小熊找到蜂蜜那一页就真的涂上了黏手的液体……这一套书女儿不知自己翻了多少次。《来，闻闻大自然的味道》这本书是带香味的，只要用手摩挲，薄荷就会发出薄荷的味道，桂皮就会发出桂皮的味道，神奇极了。

不过，绘本只是引子。亲子共读，读的不仅是书本，更应该把书本当作一粒种子、一个灵感，延伸到生活中，启迪我们的日常教育。既然闻书上的人造味道，为什么不闻实物呢？我去厨房搬来了各种调料，花椒、大料、茴香籽等等，一一让女儿触摸、嗅闻；抱着她去看家里的花花草草，摸摸叶子，闻闻花儿；打开冰箱，拿出水果蔬菜，一一洗干净放在女儿手里，让她用自己的小手和鼻子去探索。有段时间，几乎每天我都倒腾出点儿新东西让女儿又摸又闻。到了2岁半左右，她已经能准确地说出很多物品的材质了，比如这是玻璃碗，这是瓷碗；4岁的秋天，带着女儿在小公园捡拾落叶，她还会说："妈妈，这片叶子摸起来像布，这片有小绒毛耶！"

这正是种瓜得瓜、种豆得豆。

● **建立阅读规律**

婴儿时期的阅读有一个重要目标：建立阅读规律，培养阅读习惯。首先是重复的规律。女儿1岁以内，她的每本书我们都读过100遍以上。举个例子，《准备好了吗？》这本书我从女儿4个月起给女儿读，到了10个月，她还不时读，有一次刚拿起这本书，她就说"噗噗"，因为这本书里有一页是吹泡泡的画面，可见小宝宝消化一本书需要多长的时间。

在重复中，推进新书就很不容易。有一次，我兴冲冲地买来一堆新书，带响的，带味儿的，地板书，立体书，五花八门。本以为女儿会觉得很好玩，没想到她挑选的依然是读了无数遍的旧书。看来，小宝宝是不能一下子接受那么多新的刺激的。由此可见，推进新书，要一本本来。先将一本掺杂在旧书中，读熟了，再掺进一本新的。很有可能，一开始时，刚读两页新书，小宝宝就不肯听了，要换自己熟悉的书；随着月龄的增长，这种情况就会逐渐好转。

然后是阅读的时间规律。女儿从4个月开始读书，起先时间是不规律的，她心情好就读会儿；随着她的作息渐渐规律，读书的时间也规律起来。到了8个月月龄时，固定下来的读书时间基本是四段：早上起床后、午睡前、午睡后、晚上睡觉前。晚上睡觉前时间最充裕，基本要读半个多小时，随着她年龄的增长，有时读到1个小时，其余的时间段会读15—20分钟，如果孩子不反对就一直读。

有一幕情境令我记忆犹新。我上班早，每天6点就要起床。不管动作怎么轻微，女儿一定会醒来。在很多个黎明，都是爸爸把她放在婴儿车里推到洗漱间门口，一边看着妈妈的身影，一边坐在小椅子上给她读书。

从婴儿时期到现在，我们与女儿不曾一日废书。回望之下，颇多受益。

1—3岁，韵文启蒙

孩子1—3岁时，绘本阅读可以大量铺开。除此之外，我还想谈谈韵文启蒙。这个年龄段的孩子是语言的初学者，日常学习中，他们重点学习的是母语的内容、意义，如果我们能够创设条件，向孩子展示语言的音韵美，会极大地提高孩子对母语的亲近感。很多父母天然就认识到了这点，会给孩子听《三字经》《声律启蒙》和古典诗词。我在尝试做女儿的韵文启蒙时，有一些心得体会，分享给诸位读者。

古诗是1—3岁的必选吗？

先从《中国诗词大会》谈起。

自2016年播出以来，《诗词大会》迄今凡5季，在社会上掀起了一股强劲的诗词热。2017年，年仅16岁的才女武亦姝夺冠，2020年春，6岁神童王恒屹以500首的诗词储量刷屏。应各种时势，中高考古诗词占比加大，互联网上各种诗词产品更是如雨后春笋般涌出。在这股风潮带领之下，诗词的背诵也下沉到了低幼阶段。妈妈们见面除了聊英语启蒙、音乐启蒙，又多了一项问探："你家孩子开始背古诗了吗？"

确有身边的孩子能在3岁前就背会100首诗词，事实上，只要下足功夫，大部分孩子都是能够达到这个目标的。我也带着女儿背过一些古诗词，但并不想让在她低龄阶段背太多。

从一个语文工作者的角度来看，我觉得在低幼阶段，在音韵和生活认知双重启蒙上，儿歌、童谣更佳。

原因一：古诗的写作年代久远，认知情境失落了。举大家最熟悉的为例："一去二三里，烟村四五家。亭台六七座，八九十枝花。"你会发现，前三句孩子都是看不到的。城市高楼林立，难见"烟村四五家"；车水马龙，也很难领着孩子悠闲地走上"二三里"。亭台只在公园有，至于"烟村"，要么指炊烟袅袅、云雾袅袅，要么指春日繁花如烟，前两者孩子已经不容易看到了。退一步讲，每个单句尚可体会，整诗闲赏路景的心情、意境却难有。

但童谣就不一样了，纵有年代相隔，童趣总是相近。随手拈来一首《小蚂蚁搬虫虫》："小蚂蚁／搬虫虫，一个搬／搬不动，两个搬／掀条缝，三个搬／动一动，四个／五个／六七个，大家一起／搬进洞。"哪个年代的小孩不蹲在地上看蚂蚁呢？这样的童谣多生动！更何况，除了中华传统童谣，还有不少贴近现代生活的新歌谣不断涌现，像这首《小脚丫走天下》："小脚丫，走天下，走到海边捉鱼虾，鱼儿多，虾儿大。小脚丫，走天下，走到雪山摘莲花，冰雪寒，我不怕。小脚丫，走天下，走到西藏看晚霞，天很蓝，塔很大。小脚丫，走天下，祖国江山美如画，我爱你，大中华。"

原因二：古诗是大人写给大人看的，内容上多为思乡怀人、田园山水、边塞征战、托物言志，几乎每一项都是低幼孩子缺少的情感体验。但儿歌童谣，专为孩子而写，写孩子喜闻乐见的事件，比如这首《两个蝈蝈》："南道上，有棵麻，两个蝈蝈往上爬。茶也有，酒也有，两个蝈蝈唱一宿。"哪个小孩不过家家呢？"茶也有，酒也有"，会引起他们强烈的共鸣吧？

原因三：古诗是古人的书面语，艺术技法源于成人的思维模式。仍举最著名的童蒙古诗为例："床前明月光，疑是地上霜。举头望明月，低头思故乡。"就这首诗而言，前两句和后两句的关系是什么？为什么"举头望明月"，就"低头思故乡"了？"床前明月光，疑是地上霜"，至少证明诗人的居住条件欠佳：纵使窗棂上糊了窗纸，恐怕也是单层的、劣质的纸，才会如此透光；若居住条件优渥，内心根本不会起"地上霜"

的疑惑。[1] 羁旅或寓居条件艰苦，才会尤其想念家乡。为什么"望明月"就会"思故乡"呢？月亮这个意象缘何与思乡联系在一起？或是"月是故乡明"，或是"但愿人长久，千里共婵娟"，又或许只是月明难眠，不觉乡情侵入心头。这一"举头"一"低头"的动作勾勒出了作者情绪的变化。

其实孩童看事情往往重于情节的起落，而非情绪的涟漪，对自然造化与人生况味的结合也是绝少体味的，低幼读物中少有大段的风景描写，正是为此。而大量的古诗词，都是以写景起兴的。

歌谣就不一样了，它们起于民间的口头语，艺术技法如顶真、问答、起兴都源于日常对话、游戏习惯。歌谣之善于捕捉事件转折，也源于孩童的心理需求。像这首童谣《小五儿小六儿》，技法很简单，结尾的转折形成一个小高潮，极易博得孩子的笑声。"小五儿，爱上高儿，一爬爬到柳树梢儿；柳树梢头枝儿软，摔得小五儿翻了眼。小六儿，爱唱戏，戴上胡子唱出儿戏；唱完了戏，喝凉汤，汤不凉，烫得小六儿叫'亲娘'。"

原因四：古诗词汇密度大，且多为书面语。比如我们熟悉的童蒙诗《登鹳雀楼》，"太阳"是"日"，"眼睛"是"目"，太阳落山叫"依山尽"，极目远眺，直到看不见了，叫"穷"。2岁以内的孩子可以凭借记忆力将诗歌背下来，但若谈到对内容的理解，需要孩子语言进入丰富期，能听懂解释了，才有可能理解。

和古诗相反，童谣里的词汇有意追求口头语的清切，比如《小巴狗赶集》："小巴狗，挂铃铛，叮叮当当到集上。买个桃，一身毛，买个杏，酸溜溜，买个李子面单单，买个小枣嘎嘣甜。"其中"酸溜溜""面单单"都是ABB型构词法，"叮叮当当"是AABB型构词法；"嘎嘣甜"，用咬枣时的清脆声音来修饰甜，是一种通感。这些词语极易被孩子转化

---

[1] 目前也有一种说法，认为"床前明月光"的"床"指的是井栏，全诗系在庭园中赏月。

成自己的语言。

以上所讲，每一条都能找到批判的理由。比如：从小念古诗，可以先感受形式美，长大了再体会意境美。当然可以，读和背的确可以领先于理解的；但若能将形式美和内容美结合在一起学习，岂不快哉？再比如：古诗确实是书面语，但正好可以让孩子积累书面语、文言词汇，了解古代生活，这不是一举多得吗？当然可以。学习一事，条条大路通罗马，可以视父母和孩子对语言的兴趣来选择。

大体来讲，歌谣和古诗二者互补，可以随着孩子年岁增长，不断调配比例来学习。我推荐在0岁，甚至3岁以内多听歌谣，不要急着背古诗，在教育上要警惕，不要有一丝一毫的虚荣心，要在意孩子的学习舒适度。

至于歌谣，听得多了，孩子在不知不觉中就会追求语言的韵律感。

以我女儿为例，1岁半的一天，她一边玩游戏，一边叨唠着自己编的三句半："小宝的妈妈是小奶牛，小宝的爸爸是小毛熊，小宝的哥哥是小猪头，哼哼哼。""奶牛"一说大概是在她吃奶时，我常打趣说"妈妈简直是你的奶牛"；"小熊"是他爸爸的外号，奶奶和我有时这样叫，"小毛熊"的叫法显然是她自己凭语感加上的；"小猪头"是她一位堂哥的外号，不久前，他们刚刚在一起玩过。

这在当时是一个惊喜，随着长大，女儿常会编造一些口头的韵文组句。比如，她画了一幅画，起名叫"王子仗剑 公主提裙"。再比如，写这篇文章时，女儿正在玩她的玩具蝴蝶——蝴蝶的身上有一根皮筋儿，反复转动就能借着皮筋的弹力飞起来。下面就是她随口吟出的歌谣：

转呀转，转呀转，转转蝴蝶的小脑袋，

转呀转，转呀转，转转蝴蝶的小尾巴（指肚子尖儿），

转一圈，转两圈，拍拍翅膀飞得高。

歌谣：取之不尽的语文养分和人生智慧

这些年来，人们谈绘本的好处谈得多，往往只单纯把歌谣当作韵文启蒙素材。其实，歌谣，特别是传统童谣历数百年而成，能流传下来的都有相当强的艺术生命力，是孩子亲近母语的绝佳范本，也是他们学习生活、认识社会的绝好途径。这座宝库，有待好好挖掘。

歌谣看似稚拙，其实蕴含着精彩的文学技法。

活泼的叙事手法

像《数鸭子》这首儿歌，唱的是孩童时期数鸭子的趣事。"快来快来数一数，二四六七八"，活化出孩童呼朋引伴的热闹情景。可是呢，鸭子怎么数也数不清。怎么可能数得清呢？开始想"二四六八"，一对对的数，刚数到六就数不下去了，换成挨着数"六七八"；哎呀鸭子动了，又动了；你数我数他也数，当然数不清了。鸭子数不清就和老爷爷聊天吧。故事重回优哉游哉的节奏，孩子眼中的赶鸭老爷爷"胡子白花花"，"唱呀唱着家乡戏，还会说笑话"，笑着闹着，画风突变，老爷爷假装板起面孔："小孩小孩，快快上学校，别考个鸭蛋抱回家，别考个鸭蛋抱回家。"此"鸭蛋"非彼"鸭蛋"，真是一语双关呢！孩子们受了这一番慈爱的调侃，必定一哄而散啦！两段歌词，每段都是以一个小小的高潮结尾，多自然又多高超的叙述手法！

别把它当作文学鉴赏，只是唱给他听吧，唱到"别考个鸭蛋带回家"那句，就刮刮他的小鼻子，让他从你的表情、你的动作中体会这句话的滋味吧。等到有一天，他和他的小伙伴们漫步公园，兴致勃勃地数金鱼，数鸭子，你再起个头儿，带着孩子们唱这首歌，再把歌词的精妙讲给他听吧！

出乎意料的结尾方法

比如《粉刷匠》。前面的铺垫简直做足了功夫：先是立下"宏愿"，充满骄傲甚至有一点自负，"我是一个粉刷匠，粉刷本领强。我要把那新房子，刷得很漂亮。"看他多忙啊！"刷完房顶又刷墙，刷子飞舞忙"，简直充满了漫画一样的喜剧感。紧接着，高潮来了，并在高潮中戛然而止，"哎呀我的小鼻子，变呀变了样"，这一声惊叹中充满了游戏的快乐。

怎么让小婴儿感到这种意外呢？用你的表情和肢体语言吧！唱到最后，点一下他的小鼻子吧，保准他会给你一个甜美的笑容，甜到你的心里。女儿4岁时画画，又想起了这首歌，拿着画刷，提着沙滩桶，假装在墙上刷来刷去，刷了一会儿突然转过身，用近于舞台表演的夸张冲我唱道："哎呀我的小鼻子，变呀变了样！"如果一个孩子在游戏中已经可以自如地用出人意料制造快乐，未来他在写作上的表现又怎会差呢！

对比和衬托

《蜗牛和黄鹂鸟》，词作者陈弘文用短短几十个字就写出了一幕出色的短剧。葡萄刚刚发芽，"蜗牛背着那重重的壳啊／一步一步地往上爬"，有翅膀的黄鹂鸟不能理解它的执拗，嘻嘻哈哈嘲笑它："葡萄成熟还早地很哪／现在上来干什么"，蜗牛呢，却像一个实心眼的呆小子那样回答："阿黄阿黄鹂儿不要笑／等我爬上它就成熟了。"

爸爸妈妈一起来唱，做一点戏剧性的表达。妈妈唱旁白和黄鹂鸟，声音要尽量尖细一点、刻薄一点，但不能含着恶意；爸爸唱蜗牛，声音的表达上尽量憨厚一些。

1岁多，女儿会走以后，我带她去看雨后的蜗牛，两个人蹲在地上看蜗牛爬动，看它很慢很慢地在身后留下一条银线。女儿看得比我更久。我顺势把这首儿歌的内容解说一遍给她听。3岁，她会唱歌了，挑选的是黄鹂鸟的角色，以她自己的理解比妈妈演绎得更柔和一些。

其他文学技法

　　大学文学课，讲到《聊斋志异》中"鹅笼书生"（书生口中吐出一女子，女子口中吐出一男子，男子复又吐出一女子）的故事，老师几乎拍案叫绝，近代人亦作诗感叹"人间何事不鹅笼"。我后来一看，这有什么稀奇，童谣中不早就有了吗？"从前有座山，山里有座庙，庙有个老和尚，老和尚讲了个故事，从前有座山……"故事就此循环下去。还有一首童谣《板凳板凳歪歪》与"鹅笼书生"的结构更像，"板凳板凳歪歪，里面坐个乖乖；乖乖出来买菜，里面坐个奶奶；奶奶出来烧汤，里面坐个姑娘；姑娘出来梳头，里面坐个小猴；小猴出来作揖，里头坐个公鸡；公鸡出来打鸣，里面坐个豆虫；豆虫出来咕咕，咕咕，咕咕！"。你会发现，童谣中的顶真歌没有严格的逻辑，而是充满了游戏性。和孩子一人一句地唱着就好了。

　　不要被叙述手法之类的名词吓到，永远不知道也没关系，感受即是学习。

歌谣最能寓教于乐

　　比如这首《小板凳你莫歪》："小板凳，你莫歪，让我爷爷坐下来。我帮爷爷捶捶背，爷爷说我好乖乖。"从小板凳写起，足见小孩子在做一件好事时谨慎郑重的心情。还有一首儿歌《我给奶奶嗑瓜子》，也从"小板凳"起兴："小板凳，四条腿，我给奶奶嗑瓜子。奶奶嫌我嗑得慢，我给奶奶下点面。奶奶嫌我下得稠，我给奶奶倒香油。切点葱，剥点蒜，再放两个荷包蛋。"两首童谣，都表现孝亲主题，第二首包含了更多的行为动作，展现了更丰富的生活经验；在形式上有起兴，有顶真。唱着这样的童谣长大的孩子，焉能不体会长辈的难处？

　　再比如劝小朋友懂珍惜的《山歌好唱口难开》："山歌好唱口难开，樱桃好吃树难栽，白米好吃田难种，馒头好吃磨难挨。"

至于教生活常识的童谣，更是不胜枚举：《二十四节气歌》，《九九歌》，《一年的花》（"正月迎春金样黄，二月杏花粉洋洋……"），《一年的菜》（"一月菠菜发了青，二月栽的羊角葱……"），《十二子》（"正月十五汤圆子，二月惊蛰喂丸子……"）。

谜语歌可以锻炼孩子的观察力和想象力。最常见的："麻屋子，红帐子，里头坐着个白胖子。"一两岁，爸爸妈妈可以拿出真正的花生，让孩子摸外皮，感受"麻"，剥开壳，问问孩子："花生的外皮是什么颜色的？"剥开红皮，再问问："里面的仁儿是什么颜色啊？"三四岁，试着猜谜语；猜不出，再拿来花生让孩子亲眼看，亲手摸。

婴幼儿时期念歌谣，最重要的是让孩子感受到语言的美妙——形式上的韵律，内容上的趣味，更在游戏中感受到运用语言的快乐。

以上种种，从孩子1岁甚至0岁就可以开始，至小学，孩子韵文学习的重点可以渐渐偏移至古诗词，但学习在本质上并无终点，而是绵延不绝的。文学事远，教养道长，但别忘了播种。

4—6岁，自主阅读前奏

"实现自主阅读"，在如今的鸡娃圈是一个叫得很响的口号，我们的早教清单上多了一项目标，内心又添了一个焦虑的理由。不必说那些育儿公众号上的传奇故事，鸡娃社区的热门帖子；在我们教师圈，我的一位好友的女儿小Y就早早实现了中文自主阅读。听多了这样的故事，难免一瞬间有一种打了鸡血的亢奋，但作为一名深植一线教育的老师，我还是提醒自己需要冷静思考。

为什么会出现"自主阅读"热?

为什么幼儿教育圈开始追求"自主阅读"?我想:重点不在"阅读",而在"自主"二字。过去十年,绘本在中国发展得方兴未艾。我们"80后"一代父母刚好赶上这个潮头,每天给孩子读书已经成为一种普遍的共识。这个目标达成了,下一个目标自然就是"自主阅读"。毕竟,"自主"是一个可爱的字眼,它意味着智商、能力、毅力、兴趣、习惯、专注度——所有这些我们喜爱的学习品质。

如果自主阅读的背后是"我愿,我想,我快乐",那作为父母的我们真该深深地欣喜,如果这背后哪怕掺杂一点成年人的虚荣心,就会变成"我被迫,我吃力,我再也不想了"。不能因为那些美好的个案,就把"自主阅读"作为学龄前儿童的必选项,对于那些抽象的、繁复的汉字,如果不是兴趣使然,它们将给孩子带来无穷无尽的痛苦和挫败感。

"自主阅读"最大的意义在于孩子成功实践了一条学习路径,建立起学习自信。如果能够实现自主阅读,一定会带动孩子其他方面的学习进步,就好像阿基米德说的:"给我一个支点,我可以撬起地球",自主阅读就是那个支点;但,它不是唯一的支点,可做支点的学习方法还有很多,每个孩子都在自我发展着,爸爸妈妈不妨仔细观察。因此,对于早早实现自主阅读的孩子,我们可以真心奉上赞美,却没必要过分看重,更不必妄自菲薄。

每个孩子都能在学龄前实现"自主阅读"吗?

我内心天然的声音是"不"。现实会告诉我们:即使用对了方法,下过了功夫,自主阅读也不是每个孩子都能做到的。

首先，每个孩子的性格和天赋不一样。智商差异无甚讨论空间，单说性格。有的孩子在很小的时候就呈现出了强烈的自主意识，比如小Y：1岁半，我听小Y妈妈说，小家伙一个人睡一张没有护栏的床，把奶奶赶到隔壁房间去；2岁，我去她家，看到小Y一个人在书堆里翻来翻去，沉浸其中；3岁半，幼儿园第一天，小Y不顾爸爸喊叫，一个人噌噌噌爬上了高空索桥……尤记得当时，我仰头看着那无畏的小小身影，想：这是一个多么勇敢、自信又充满安全感的孩子啊！一个这样的孩子，乐于去学习认字，把阅读的主动权掌握在自己手里，我一点也不奇怪。

不管我们多向往那些美好的品质，也必须承认，不是每个孩子都如此。比如我女儿，她胆小、骄傲，又极度敏感。那天，作为幼儿园同学，她没有和小Y一起往高处跑，而是止步于矮矮的滑梯下——我知道：没有十足的把握，女儿是不会迈出这一步的。一瞬间我就领会了这个事件背后的隐喻：我的女儿什么事情都将慢半拍。面对这个事实，我愈发用力握了一下她的小手，"不怕"。身为妈妈的我知道她小心眼儿里闪念而过的恐惧、羡慕、自责。我想：世上有小Y这样的孩子，也会有我女儿这样的孩子。

其次，每个家庭的情况不一样。教识字卡片、亲子共读、给孩子做伴读，日日坚持，哪一样背后不是时间成本呢？爸爸妈妈总是要工作的，和孩子待在一起的时间有限，要想让孩子早早实现自主阅读，还需要全家总动员，形成教育合力。小Y家正是这种情况，爷爷奶奶外婆齐上阵。如果教育条件不允许，又何必强求？用有限的亲子时间去做你认为更重要的事情吧。

孩子不能早早实现"自主阅读"，怎么办？

如果你刚刚读完一篇鸡娃文，心情不平静，建议试着写写以下几个问题，也许会帮你冷静、客观地看待目前的状况：

问题一：孩子的语文水平达到什么程度了？请参考前文《语文启蒙要达到什么样的目标？》（见 P015）。以下是我给自己女儿写下的诊断书，供参考：

　　a. 有阅读习惯，每天固定的阅读时间在她眼里千金不换，4 年来从未间断；

　　b. 有阅读积累，每日共读和听读时间加在一起，中文输入量为 2 小时；

　　c. 是自己阅读的主导者，自己挑书，自己决定读几遍，对书的好坏也有自己的鉴赏能力；

　　d. 有语言积累方面的心得，遇到好词好句会一边叫好一边背下来；

　　e. 对语言记忆力好，绘本基本读几遍就能背下来；

　　f. 热爱表达，享受说话的乐趣，会在说话中自觉调动语言积累；

　　g. 有语文学习的自信，识字 APP 不需要大人辅导，自得其乐。

问题二：孩子没有早早实现自主阅读，那么他的学习特点是什么？以下是我给自己女儿写下的诊断书，供参考：

　　a. 女儿在亲子阅读时享受读图，看字识字对她来讲是负担；

　　b. 有自己学习语言的心得，与其把时间花在识字上，她更喜欢在玩耍中发展感受力和想象力，获取直接经验；

　　c. 喜欢听读在一定程度上干扰了她的视觉学习。

如果你觉得孩子的语文功底打下了，自主阅读将会是水到渠成的事儿。4—6 岁，家长们权且把这个年龄段当作自主阅读的预备期、过渡期。

怎样实现自主阅读？

"自主阅读"的深层含义是热爱阅读，有阅读的欲望和习惯，对这一点的培养越早越好，要不遗余力去做，从 0 岁开始，全力以赴。

识字，一般方法是：识字 APP 系统学习，配套的识字卡片每日操练，长程温习，自主阅读进阶读物辅助，亲子共读时常常鼓励孩子读，日常生活碰到了生字，随时在情境中教读。中文基础阅读需要 500 字，很多是象形字，家长可以上网查查甲骨文字形让孩子加深印象；还有很多字是形声字，当孩子对独体字有一定积累后，不妨带着他认识偏旁部首，翻翻字典，孩子会觉得自己的识字量成倍增长。如果父母没有造字法方面的知识背景，也没有关系，任何字都可以用联想法，即观察字像什么。例如，"呢"字，我女儿认为是一个长发女孩在临窗梳头。还可以设计一些认字小游戏，比如用识字卡片中的字组词组句，谁组的句子长，谁胜。光用识字卡片教识字，脱离使用语境，不利于孩子在上下文中记忆汉字，还是要在读书中融入识字；相反，仅在读书时教认字，不成系统，难度大，也容易干扰阅读。最好的方法就是将二者结合起来。

什么时候可以推进识字教育呢？没有具体的时间表，2 岁、3 岁、4 岁都可以，有两个基本原则：一是打牢阅读基础；二是孩子呈现出一定学习的意愿。有识字热情，家长就往前推一步；暂时不喜欢识字，也不必赶鸭子上架，四五岁开始渗透识字教育，循序渐进即可。

最后，还是要说，不用急着让孩子实现自主阅读，更不要把这一点当作语文启蒙的目标。"自主"意识的建立是重中之重，识字可以慢慢来，小学一二年级实现自主阅读也不迟。

另外，孩子的时间是恒定的，做了这件事就不能做那件事，关注了这个点就不能关注那个点，教育果实往往失之东隅收之桑榆。因此，孩子较早实现自主阅读，有三点需要注意：

一、读图能力的重要性不亚于识字能力，早期亲子共读时把较多精力放在识记汉字上，容易错过对图的鉴赏；而图画是绘本重要的语言，蕴含着叙述和艺术双重价值。

二、艺术启蒙的重要性不亚于阅读启蒙，发掘阅读中的文学营养，在绘本共读中从容地进行视觉艺术的鉴赏，这些都是亲子共读的题中之意；当孩子把较多的注意力放在识字上，放在对情节的追求上，难免会削弱艺术鉴赏方面的注意力。

三、即使实现了自主阅读，也一定要保障亲子共读的时间。孩子受限于阅历，理解能力有限，往往是"信息获取式"泛读，无法做到精读，阅读能力的提升还有赖于大人指导。

第七章

爱表达
会表达

关于"表达"的三个误区

表达，包括口语交际和书面写作。语文启蒙阶段，孩子的表达以口语为主，这既是出于交际的需要，又可以看作书面写作的必要准备。

? 写作是语文学习的目的吗？

提起写作，不少人容易陷入三个误区：一、单纯地认为写作是语文学科的分内事；二、直接把写作等同于应试写作；三、认为写出好文章是语文学习的目的。

写作真的仅仅是目的吗？10年前的美国就已经出现了另一种声音："通过写作来学习。"持有此种观点的教育者认为：学生思维能力的发展与他们在写作过程中付出的努力有直接关系；也就是说，写作作为一个自我发现、自我认识以及认识周围世界的方式，它的过程性价值、方法性价值得到了充分的肯定。这一共识已经写入了2010年美国政府颁布的《共同核心州立英语语言艺术与历史、社会、科学、技术学科中的读写标准》中。目前，我国的一部分高校也认识到了写作对于育人的深刻价值。清华大学已经成立了跨学科跨院系的"写作与沟通"教学中心，其创制的课程《写作与沟通》在2020年成为全校本科生必修课。

今天，即使我们的孩子还没有正式入学，我们依然要站在高处去思考表达的意义。

? "明白，就是说不清楚"，此话可信吗？

我国明代哲学家王阳明有一句名言被很多人追捧——"知行合一"。怎么理解？一件事，一个想法，如果你没有做到，没有说清楚，就不能算是真正明白。常有人持如下的看法："明白，就是没说清楚。"按照王阳明"知行合一"的理论，没说明白就是没有真正明白，因为表达的过程恰是一个帮助我们整理思维的过程，这一环没有走通，自然谈不上明白。不过，话也不必说满，是否存在"他明白，就是说不清楚"这样的事实呢？作为语文老师，我认为也存在。其原因正在于表达技巧的欠缺。用哪个词语更准确？句子和句子之间怎样组织起来？表达力的培养既可以助力于本身，又可以反向作用于思维的发展。

? 培养表达能力貌似是很专业的工作，交给语文课不行吗？

将孩子表达能力的培养仅仅交给语文课，不妥当。

首先，作为一门母语学科，孩子的天然需求优先于语文课而存在。在小学语文统编教材中，二年级才明确提出"仔细观察"，这一项从孩子半岁就可以开始培养了；三年级才明确提出猜读和续编故事，这在幼儿园中班的故事会中已经广泛实践过了。在对孩子的教育中，既不要"揠苗助长"，也不要"被动等待"，一切教育都应该遵循孩子的自然需求。

其次，语文的外延是生活的外延，语文的学习渗透在生活的方方面面，需要在真实的情境、真实的生活中去最终完成。

另外，也常有人诟病：语文老师给孩子改作文只会改改词句。抛开学科素养和敬业精神的因素，还有一个原因不容忽视：对一篇文章而言，思维这种深层次的东西并不好改，改一次，作用也没有想象中那么大，还得依赖学生课下反复练习——这个阵地就要家长守住了。

所以说，培养表达力不能仅仅依赖语文课堂，要在生活中多多寻找机会。

会听，才会说

会听，对一个孩子学习的意义有多大？可以说，不会听，就不会说，就等于不会学。在中学的课堂上，我经常遇到由"听"引起的问题。

情形一：40分钟的课，听到20分钟已经听不下去，开始发呆、看窗外。

诊断：注意力集中强度不够，需要自我练习。

情形二：老师刚刚讲过的课，无法说清楚讲的是什么。

诊断：在听的过程中无法把握重点，一是因为注意力集中的程度不够，二是因为听的时候不会听框架、重点，容易被细节、情绪牵着走。

情形三：老师还没说完问题，就开始举手回答，答案不准确。

诊断：听的耐心不够，急于表现自己；听得不够细致，无法捕捉到老师要求中的限定、引导。

情形四：不认真听同学回答，无法复述出同学答案中的要点，别人还没说完，就急着举手表达自己的观点。

诊断：听的耐心不够，对同伴意见不够尊重。

儿童天生是以自我为中心的，凡孩子都爱自我表现。学习行为与儿童天性相反，需要听老师、听同伴的，才能从中学习。"听"的背后，首先是对知识，对人，深怀谦逊敬畏之心；然后才是排除干扰、克服劳累的耐心。有一本书叫《自私的基因》，人类天生关注自我，热爱表现，成年人也如此，克服这一点像克服地心引力一样难。做大人的要充分认识到这件事情的难度，才能更好地理解小朋友。

怎样练习听的耐心？

第一步，亲身示范，在孩子跟自己说话时，不要打断孩子，耐心等孩子说完；没有这一步，后面一切都是枉谈。

第二步，告诉孩子这样做的道理：认真听，是对别人最大的尊重。

第三步，指导孩子认真听的小技巧：不要边玩边听。摆弄头发、耍玩具都不可以，对方会觉得你听他讲话是迫不得已。可以柔和地看着对方，但不要让人觉得你在盯着他看。不要轻易打断对方，急不可耐地表达自己的观点，听别人把话说完整。不时回应，让人觉得你始终在与他呼应，"后来呢？""嗯，确实是这样。"。

第四步，有意识训练。启蒙阶段的课一般都是 20 分钟，学完之后跟孩子交流一下，看看记住的内容有多少。"你今天学什么了？"以这句话开头的亲子交流，虽然只有三五分钟，威力却是巨大的。长此以往，孩子听课时注意力集中的程度一定会得到极大的锻炼。

听的过程也要关注。磨耳朵的泛听可以有，但也一定要有"专听"的练习——这 20 分钟只听，只学，不干别的。不然，孩子会形成对耳朵的蔑视，形成一种不恰当的自负：哼，"听"不就是补充吗？我的脑子还可以同时做很多事。这样可就麻烦大了，在课堂上他会觉得：我可以边听边看书，边听边写作业。最好一开始就别让孩子养成边听边玩的习惯；不过，不能太心急，孩子越小，注意力集中的时间越短，不能要求一步到位。慢慢来，树立起意识最重要。

怎样提高听的质量？

一个问句就可以解决了："刚才，哥哥说了什么啊？"不时让孩子复述刚才听到的内容，就可以知道他听的效果如何了。怎么指导孩子听清楚别人话里的内容呢？日常交流充满了细枝末节、丰沛的情绪，组织形式也往往是意识流的，听的时候最重要的是区分主要信息和次要信息。

如果是听事件，要听清楚谁，在哪儿，干了什么，至于那天的天气怎么样、风景怎么样就是次要信息。有的孩子会从细节入手复述，"哥哥说，昨天的天气特别好……"，大人听完后可以判断一下，有的孩子可以胜任完整的讲述，有的孩子会因为细节太多，在语言的森林中迷路，把核心事件忘了，这时候大人就要提示他先记住事件的主体，"哥哥去公园玩了，还在小溪里抓了蝌蚪"，然后才是一些细节，天气晴朗啦，小溪的水很凉啦……同理，如果对方讲话的内容是观点性的，就要先把握主要观点，再去关注阐述。先要能听出"哥哥不喜欢这辆车"，再听出"因为他不喜欢这个颜色，车梁上的颜色让它看起来很奇怪……"。

时而地，轻拍孩子的肩膀，提醒他集中注意力听；时而地，跟孩子聊上几句他听到的内容，这些简单的行为都能对孩子的学习产生巨大的作用，是真正的"事半功倍"，甚至"一本万利"。

会听的孩子不孤单

会听，对一个孩子生活的影响有多大？可以说，不会听的孩子没朋友。倾听，代表着对他人的尊重、关注；每个人的天性都是表现自己，表达自己；总是抢话的小朋友，心里只有自己，装不下别人，自然也得不到别人的认同。做班主任的经验告诉我：课堂上每个问题都第一个举手回答的学生，不一定是学习最好的——他可能因为太心切，听不清楚老师的问题，或者没时间充分思考，也不一定是朋友最多的——很有可能，他是那个曲高和寡、被同学疏远的人，因为在忽视听的同时，他让自己的同学感受到了一种漠视。这就是集体生活的法则。相反，班级里不太爱抢话、关键时刻从不缺席的学生，却可能是最受同伴喜欢的那个。在每个人都很自我的学生时代，如果谁能善于倾听别人的心思，给别人带来无声的关爱，谁自然就是那个最被朋友们热爱的人。每个孩子个性不同，"倾听"的难度不同，无论如何我们都要教导自己的孩子：听，是一种美德，是伸向朋友的第一只手。

我做老师时，爱说三句话，觉得对培养孩子"听"的能力还有一些帮助，分享给大家：

"谁能说说刚才老师讲了什么内容？"

"谁能记住刚才几位同学的发言？"

"我们先让其他同学说一说，你听听好吗？"

对于不太会听讲的同学，我会选他做"书记员"，记录老师和同学发言的要点，下课前由他带领大家进行总结和温习。如果有需要，可以在孩子身上试一试，毕竟，到了中学再培养听课习惯，实在太晚了。

如果一个孩子能够静下心来听，他离会说就不远了，毕竟"说"的契机、范本都是由"听"而来的。

仿写，学习的开始

模仿，是人类一切学习的开始。大到仓颉模仿万物造字，小到儿童模仿歌谣游戏，人类的每一项学习都是由"模仿"开始从外向内转移的。在表达领域，仿写看似模仿的是语言形式，其实学习的是思维方式、观察角度。我们对孩子的引导，也不应耽溺于词句，而应从内在思维扩展到外在的形式。

学龄前儿童读物，蕴含着丰富的语言资源，适合仿写的很多。凡是结构上讲求形式美的都可以用来仿写，但是，挑选仿写素材时，需在心里问一下自己："做这件事可以为孩子带来什么？"也许可以增强孩子的观察能力，也许可以锻炼孩子的语言能力，总之，心里有数，做起来才能不含糊。

指导孩子仿写需要注意什么？

一、带着孩子分析仿写对象的特点、仿写的角度，看到语言形式背后的讲究。比如《小真的长头发》，告诉孩子可以从头发的用处、不同状态下的头发去思考，孩子的想象就会变得有方向。这个热身，不仅是搭台阶，更是使孩子意识到他所要学习的不仅是语言形式，更是背后的思考方式。

二、帮助孩子整理语言，树立信心。在仿写《重要书》这本书时，妈妈提问："对床来讲，最重要的是什么？"女儿："就是，有了它人就不用睡在冷冰冰的地上了。"妈妈："嗯，很对，能不能从床的角度去说呢？简短一点？"女儿："对床来讲，最重要的是有人来睡它。"

三、仿写中，大人和孩子要共同参与。仿写本来就是一个游戏，不要让孩子感到是一场考试。爸爸妈妈不是考官，是玩伴。很多时候，儿童都比大人更富有诗才呢！犹记得，女儿提问我："对小兔子（玩偶）来讲，最重要的是什么？"我答："是有一双长耳朵。"女儿却信心满满地说："错。对小兔子来讲，最重要的是有人来爱它。"果真，诗是属于孩子的。

以下分别从不同角度举例说明。

1.《小真的长头发》

内容简介：小真的好朋友小叶和小美都留着长发，美得不行，而她却是短短的妹妹头，于是在幻想中，小真长出了长长的头发。长得呀，能钓上鱼，能套住牛，能卷起来当被子，能拉在树上当晾衣绳；要是洗

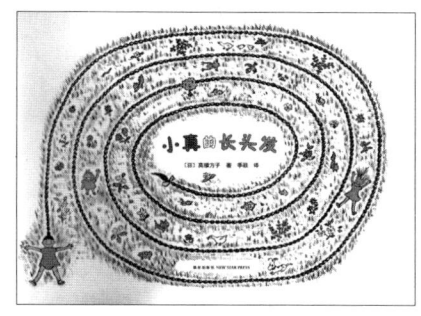

《小真的长头发》

起来泡沫就能够到高高的云彩,在小河里一冲,就成了海带;要是梳起头来,需要十个妹妹一起来;要是烫起头来,就成了大树林。

仿写语段:就是在露天地里,也能睡大觉。只要把头发像紫菜卷寿司那样卷在身上,就成了暄腾腾的被子了。

学习要点:发展想象力,接触夸张的修辞手法。

学习热身:把作者发展想象力的角度告诉孩子,或者跟孩子一起分析得出,这样,他的想象会变得有方向性。

"要是你也有一头小真那样的长头发,打算干点什么呢?我们可以从头发的用处,洗啊,梳啊,烫啊,不同的状态下去思考哦!"

仿写示例:a."就是在最陡峭的悬崖,也能采到蜂蜜。只要把头发'嗖'地一甩,就能像猴子一样爬上去,大熊朋友一定会感谢我的。"

b."就是在最热最热的天气,也能出去玩。只要把头发往头顶一盘,就成了一把遮阳伞啦,所有的小动物都可以来避暑。"

2.《重要书》

内容简介:作者是玛格丽特·怀兹·布朗,著名童书作家,《逃家小兔》《晚安,月亮》的作者。书中写了对于勺子、雏菊、雨、草、雪、苹果、风等物体来讲最重要的特性是什么。

仿写语段:对雏菊来说,最重要的是它美丽的白色。

黄色的花蕊,长长的白花瓣,蜜蜂落在上面。

它散发着痒酥酥的香味，生长在绿色的原野上，那里总是开满雏菊。

不过，对雏菊来说，最重要的是它美丽的白色。

……

对雨来说，最重要的是它湿漉漉的。

对苹果来讲，最重要的是它是圆的。

学习要点：发展观察力，把握事物特征。

学习热身："什么是'最重要的'呢？就是一个事物之所以成其为一个事物的标志吧。如果你觉得对苹果来讲，最重要的是它是红的，也没关系，关键在于你自己对它的体会。"

仿写示例：因为下午刚去过海洋馆，我与女儿的仿写由此开始。为了突出语言的形式美，我简化了仿写的句式。

对鲨鱼来讲，最重要的是锋利的牙齿；

对白鲸来讲，最重要的是它的洁白；

对海豚来讲，最重要的是优美的身材；

对爸爸来讲，最重要的是陪我；

对我来讲，最重要的是我是我。

3. 金子美铃的诗歌《做》

原诗赏析：小鸟／用稻草／做它的窝。那稻草／那稻草／是谁做的？

石匠／用石头／做墓碑。那石头／那石头／是谁做的？

我／用沙子／做盆景。那沙子／那沙子／是谁做的？

学习要点：发展探索、追问能力，学习疑问句。

学习热身："我们日常接触的一切东西都因为太常见而变得理所当然了，现在，我们就向诗人学习，问问它们的出处吧。"

仿写示例：它／用蓝墨水／做天空。那蓝墨水／那蓝墨水／是谁做的？

我／用石榴汁／做小粉舌头。那石榴／那石榴／是谁做的？

4.《幸运的，不幸的》

内容简介：小塞翁为奶奶送雨伞，一路遇见了一串坏事情，却每次都能遇见好事情化险为夷。

仿写语段：幸运的是，今天天气非常好。不幸的是，一朵乌云飘了过来，要下雨了。幸运的是，小塞翁有奶奶的雨伞，不幸的是他没看清脚下的路。幸运的是，雨伞能当降落伞，不幸的是，来了一头大鲸鱼……

学习要点：感受情节的转折，体会"福祸相依"的哲理。

学习热身："听了小塞翁的经历，我们知道一件坏事总是伴随着一件好事。你也试试看，把我们的经历像这样讲出来。"

仿写示例：a. 不幸的是，小希希今天生病了。幸运的是，今天妈妈刚好在家。不幸的是，家里的药没有了。幸运的是，现在网上买药很方便。不幸的是，吃了镇咳药，咳嗽还是没有好转。幸运的是，妈妈给她用了抗过敏药物后，总算有了效果……

b.《鼠小弟乔治和鼠小妞蒂娜的玩偶屋》这本书一波三折，峰回路转，为了让女儿体会这种情节特点，我提议用"幸运的是……不幸的是……"这种句式来讲故事。

幸运的是，乔治和蒂娜顺利地从水壶嘴里逃了出来；不幸的是，乔治和蒂娜闻到了一股特殊的气味，他们意识到附近的树丛里有只猫。幸运的是，蒂娜摸到一个小把手，原来是一座玩偶屋，他们可以躲在里面啦；不幸的是，玩偶屋太旧了，太脏了，乔治和蒂娜收拾了好一阵子。幸运的是，到了晚上，它已经变得又干净又明亮了，真是一个完美的家；不幸的是，门外的拉车翻倒在地上，一只猫爪子正按在上面……

5.《动物绝对不应该穿衣服》

内容简介：描述动物穿衣服的搞笑场面。

仿写语段：动物绝对不应该穿衣服。因为，对一只豪猪来说，穿衣服是个大灾难。因为，一头骆驼或许在不该打扮的地方乱打扮。因为，一条蛇会穿不上裤子。因为，一只老鼠会在衣帽中迷路。因为，一只羊穿上衣服恐怕会觉得很热。

学习要点：发展想象力，体会每种动物的特点。

学习热身："太有趣了，不是吗？你先想想每个动物都有什么特点，再发挥想象，这样就又准确又好笑了。比如森蚺身上有鳞片，运动时立起来增大摩擦力，如果穿上衣服就太滑溜了。"

仿写示例：

如果一只变色龙穿上衣服，它就会被天敌给逮到了。

如果一只苍蝇穿上衣服，它就不知道帽子该戴在哪儿了。

如果一只壁虎穿上鞋，它就会从墙上掉下来。

如果一只森蚺穿上衣服，它就滑溜溜地上不了树了。

如果一只鸭子穿上毛衣，它就会沉到水里去了。

如果一只兔子戴上帽子，它就会听不到远处的动静了。

如果一只蝴蝶穿上衣服，它就飞不动了。

如果一只狮子穿上衣服，它就会经常挂在灌木丛里。

如果一只长颈鹿穿上衣服，它就得花好多钱买布料。

女儿说到兴头上，一直兴致勃勃地拓展下去了，"妈妈，我又想到了好玩的……"。

如果眼珠穿上衣服，就什么也看不见了。（奶奶家的宠物狗刚得了白内障。）

如果汽车穿上衣服，兜风就跑不快了。

如果头发穿上衣服，每一根就都很孤单了。

如果灯泡穿上衣服，它就要发疯烧着了。

如果月亮穿上衣服，黑夜可就黑得掉渣了。

如果花穿上衣服，它就不能自由地开放了。

如果冰柱穿上衣服，它很快就会化了。

如果大人穿上小孩的衣服，就会卡在头上成了帽子。

如果小孩穿上大人的衣服，就会掉到腿上变成裙子。

其实在儿童绘本中，动物经常是拟人化的，穿衣服的，比如法国绘本《是你吃了狒狒吗？》。不妨再仿写一个"假如动物穿衣服"系列。

《是你吃了狒狒吗？》内页

6. 歌谣

歌谣本来就是语言的艺术，能有效引导孩子观察生活，体会语言的音韵。有非常多的素材便于仿写。

• 问答歌

问答歌特别贴近日常生活，很适合全家人一起做游戏。比如这首《什么有腿不会走》，爸爸问一句："什么有腿不会走？"孩子答："板凳有腿不会走。"换成孩子问："什么没腿游遍九州？"妈妈答："大船没腿游遍九州。"如此往复。

- **顶真歌**

《娃娃和瓜瓜》："金瓜瓜，银瓜瓜，瓜瓜落下来，打着小娃娃。娃娃叫妈妈，妈妈抱娃娃，娃娃怪瓜瓜，瓜瓜笑娃娃。"这一串事件像多米诺骨牌一样一一倒下去，真是既有戏剧感又富有韵律感。爸爸妈妈和孩子可以接力念。爸爸一句，妈妈一句，孩子一句，循环往复。

更可以一时兴起，随口编造。比如在公园漫步时，全家人可以这样接力：大树大树歪歪，梢上坐着乖乖，乖乖打个辫悠儿，碰上鼻子老怪，老怪打个喷嚏，喷到花花身上，花花吓了一跳……孩子词汇量有限，只要他能自觉运用顶真的形式就好，要能再有点押韵意识，就再好不过了。

- **逗趣歌**

比如不同版本的《颠倒歌》："太阳出西落了东，胡萝卜发芽长了根葱，天上无云下大雨，树梢不动刮大风……"这种童谣用颠倒的形式表达生活常识，真是幽默极了！孩子定会边笑边念，乐到绝倒。

还有拍手歌、谜语歌、绕口令，都可以根据孩子的接受情况念起来，耍起来。

养成积累词句的习惯

养成积累词句的习惯，对词句保持敏感性，是语文学习的基础之一。我在书的第一二章曾涉及词句学习的问题，旨在引起父母的重视。此章又专门撰文，重点在于提供方法。

我们先一起看一下全国统编语文教材：一、二年级，语言学习板块叫"字词句运用"；三至六年级叫"语句段运用"。阅读教材，知道孩子未来在语文课堂上学什么、怎么学，能使语文启蒙与课堂更好地衔接。另外，统编教材的编写倾国之力，也必会给我们带来很多内容和方法上的启发。现摘录一、二年级语文教材中与语言学习相关的部分习题，供诸位一起了解、思考。

习题示例	教材出处	标签词
例1.你有过下面这些心情吗？说一说，写一写。 高兴　生气　害怕　难过	一年级下册	表达情绪的一组词语
例2.读一读，体会每组句子意思的不同，再用加点的词语各说一句话。 曹冲七岁。　曹冲才七岁。 大象有多重呢？　大象到底有多重呢？	二年级上册	副词
例3.注意下面句子中加点的词语，仿照例子在括号中加上合适的词语，再读一读。 细长的葫芦藤上长满了绿叶，开出了几朵雪白的小花。 （　）天空飘着（　）的气球。	二年级上册	形容词
例4.猜猜下面词语的读音，再选择合适的放在句子里读一读。 叭唧吱呀　叮当 嘟嘟嘟　哗啦哗啦　叽叽喳喳 大家都睡着了，突然响起_____的电话声。 _____，雨不停地下着。	二年级上册	拟声词
例5.读一读，再选择一两个词语演一演。 微笑　狂笑　傻笑　笑眯眯　笑呵呵 眉开眼笑　破涕为笑　哈哈大笑　捧腹大笑	二年级下册	表达"笑"的一组名词
例6.下面的事物像什么？看谁想得妙，说得多。 例：爸爸的鞋像小船。弟弟的鞋像鸟窝。 柳条　云朵　枫叶　椅子　路灯　胡子	二年级上册	比喻

以上6例，再结合教材中其他习题，我们可以看到，低年级的语文学习已经涉及名词、动词、形容词、副词、拟声词、语气词等各类词语，比喻、拟人两种修辞方法。在学习要求上，并未出现这些学术名称，重在感受——即在阅读表达中引起重视；到了中学阶段，才从语法角度进行学习。在学习方法上，教材常用表演，比较，填空，说一说（解释、想象）的方法。

对教材的学习启示我们：带着孩子积累词汇时，不是只有"风雨交加"这样书面的、陌生的词语才值得积累，"刚刚"（副词）、"飘啊飘"（语气词）、"一栋楼"（量词）、"因为……所以……"这些增进我们语言表达准确性的词语都可以引导孩子注意。在方法上，多用游戏的方式，多鼓励孩子用自己的语言对词语、句子进行解释，有助于他们的深入理解。

分享一些我常用的方法，诸位读者可以根据自己的精力和经验情况参考。要说明的是，很多时候，方法都是几种共同使用的。

阅读中积累词句的方法

朗读法

朗读时加重语气，引起孩子重视即可。

  例1.德维特戴上这只巫婆变的手套，悠哉悠哉地回家去了。

  例2.他、他、他，简直太不像话了！

填空法

读上几遍后，跟孩子商定做游戏，大人朗读时空出词语，请孩子合作完成。通常，孩子都很愿意施展他们小小的本领。这种方法，我从女儿1岁能将话说利落就开始了。

《爷爷一定有办法》这本书，讲的是爷爷用一块布料给约瑟缝了一条毯子，又随着它的变小变旧，逐渐改成了外套、背心、领带、手帕、纽扣，每一次都是重复的语言，每一次都是我跟女儿合作读，我读其他，女儿读重复的文字。

例3.（妈妈读）约瑟说：（女儿读）"爷爷一定有办法。"

（妈妈读）爷爷拿起了手帕，（女儿读）翻过来，又翻过去。

（妈妈读）"嗯……"爷爷拿起剪刀开始（女儿读）喀吱、喀吱地剪，（妈妈读）再用针飞快地（女儿读）缝进、缝出、缝进、缝出。

每一次女儿都那么迫不及待，每一次我们都那么愉快。

表演法

表演法融合了情境理解，可以帮助孩子很好地掌握词语。特别是低龄宝宝，他们的语言不足以阐释词语，但通过肢体语言可以很好地展现出来。我们也可以从旁观察孩子对词语的领会，加以指导。

例4. 他真是沮丧极了。

这个词语表现的表情比较细微，可能孩子只是轻微地低一下头。不过，这也证明他明白这个词语至少是"不高兴"的意思。可以启发孩子："爸爸晚上突然被电话叫回去加班时什么样啊？是不是头垂着，嘴角往下撇，连睫毛都往下垂着？宝宝表演试试看。"

造句法

例5. 长缨的事，成了大家心照不宣的禁地。

什么叫"心照不宣"？就是大家心里都明白，但是不说出来，"宣"，宣扬的意思，就是说出来。比如，"我们决定瞒着爸爸，不告诉他去学轮滑的事，等到学会了让他大吃一惊。饭桌上，爸爸问'你们怎么这么晚回来？'，妈妈和我心照不宣地笑了"。

例6.小蝴蝶<u>时而</u>飞到东边的菜地里，<u>时而</u>飞到西边的花田里。

可以鼓励孩子用"时而……时而……"造句，根据孩子造句的情况，了解他对词语的掌握程度。

解释法

孩子小时，大人多解释；随着孩子年龄的增长，鼓励孩子多用语言解释语言。

例7.我<u>拭</u>了拭泪。

妈妈："'拭'就是'擦'的意思，有时候我们也连起来用'擦拭'。"我一边说，一边用手在她的眼角做拭泪状。

例8.俩人相视一笑，真是<u>心有灵犀</u>啊！

妈妈："'心有灵犀'是什么意思啊？"女儿："就是两个人想到一块儿去了。"妈妈："很对。这个词语出自一句诗'身无彩凤双飞翼，心有灵犀一点通。'说的是两个人虽然没有共同的翅膀，但他们的心意是相通的。你什么时候觉得跟妈妈心有灵犀啊？（引导孩子联系使用情境，加深理解。）"女儿："咱们俩同时想到不告诉爸爸我们学轮滑，好让他大吃一惊，这就叫'心有灵犀'。"

举例法

举例法的重点是联系孩子的生活情境，加深印象。

例9.说到"金灿灿"，还记得四月份，我们窗外的重瓣棠棣吗？一拉开窗帘你就说"好漂亮"，妈妈还带你去小区里看，拍照。午后阳光正好时，它简直像在发光，这就是"金灿灿"。

例10.如果到了晚饭时间，妈妈没有按时回来，你会感觉怎样呢？那时的感觉就是沮丧。妈妈带着宝宝去游乐园，到了才发现，游乐园正在关门整修，此时，你和妈妈感受到的就是沮丧。

提问法

不要对这种方法持有偏见，觉得一旦提问，就把阅读推向功利化了。这是一种十分有效的学习方式，只要问得好，问答氛围轻松，孩子是很乐于接受的。

例11. 妈妈："谁又知道有多少叶子、花朵会被活下来的蜗牛吃掉呢？"（《小小自然图书馆·蜗牛》）这种说法表示有很多人知道吗？

例12. 妈妈："天知道有多少蜗牛是被老鼠、刺猬和画眉鸟吃掉的。"（《小小自然图书馆·蜗牛》）这句话是什么意思呢？

女儿：天知道也不会说啊，所以"天知道"就是不知道。

真好，你懂得了俗语的意思。晚上我们家庭聚餐，女儿和一桌亲戚打了招呼后，喃喃地说："天知道我打了多少招呼！"还真是活学活用呢！

各种方法的综合运用

以上几种方法，经常是共同使用，尤其是在词语或句式比较难时。摘录一则女儿3岁3个月时的日记分享如下：

讲到《梅花》一诗时，你问我："'花落知多少'的'zhī'是不是'树枝'的'枝'？"我回答是"知道"的"知"，既而又解释："一夜又是风又是雨，花儿不知道落了多少。"解释的时候我才发现"花落知多少"里面不仅含有倒装，还含有以肯定表否定的意味，的确是个难点。于是，我又寻找生活中的近例进一步解释:"这就好比说,秋天,我们房子对面的银杏树叶子落了好多,妈妈看着满地的落叶,叹息'啊,叶子落了多少啊!'。"把这个句子加上语境和语气,就容易理解多了。你说:"好像前几天下雪了,爸爸带我出去玩儿,雪落得到处都是,就是'雪落知多少'。"这个回答充分证明你明白了。

生活中积累词句的小游戏

游戏1:公园里面有什么?

要求:带孩子出游,找找公园里面有什么,引导孩子用恰当的量词、形容词表达出来。

注意:学习密度不要太高,以免加重孩子的心理负担。尽量塑造轻松愉快的游戏氛围,密切关注孩子的反应,如果孩子呈现出厌烦、疲惫的情绪状态应立刻停止,如果孩子兴致盎然,可以多进行。游戏的丰富程度也可以视孩子的语言发展程度而定。

示例1:语言技能专项练习。

量词:"一棵树""一朵花""一只小蜜蜂""一座小房子""一栋高楼""一匹马""一头牛""一座滑梯""一架秋千""一块场地""一根雪糕""几条/尾鱼"……

形容词:"一棵高大的树""一朵火红色的花""一匹温柔的大马""一座雪山形状的滑梯""一根草莓味的雪糕"……

比喻:"这棵树像一大朵棉花糖""这棵树像巨人的一只脚掌""这棵树像一个长发女孩在梳头""这棵树像一棵要起飞的热气球"……

拟人:"风真温柔啊!她刚才亲了我一下,像妈妈在叫我起床。""小蜜蜂真胆小,看到我过来,马上就跑走了。"

示例2:一个主题下,语言技能的综合练习。

"公园里有草地。"

"一片草地。草地是什么颜色呢?"

"一片绿油油的草地。"

"摸上去什么感觉?坐上去什么感觉?你觉得它像什么呢?"

"一片绿油油的草地,好像一块毛茸茸的毯子,坐上去舒服极了。"

"草地上的人们都在干什么啊?"

"有的小朋友在放风筝,有的小朋友躺在上面看天空,还有的跟我一样,光着脚在上面跑。"

游戏 2: 词语,词语,快来开派对

要求:从下面的词语中选择几个,展开想象讲一个小故事吧。

花朵 雨点 慢悠悠 一眨眼 叽叽喳喳 而且

注意:根据孩子年龄不同,选用词语的数量会有很大区别,要有针对性地给予孩子鼓励,比如:"你连'而且'都用上了,这个句子真是又长又顺畅!"

示例:我跟爸爸妈妈慢悠悠地散着步,突然发现两只小狗在花丛里打架。我赶紧冲过去说:"别打了,别打了!花都叫你们给弄断了,而且前面来了一只大狗,快跑吧!"树上的麻雀叽叽喳喳的,好像也在说:"别打了,别打了,快跑吧!"

游戏 3: 我见过,我见过

要求:你见过下面这些词语描写的景象吗?选一两个,跟同学说一说当时的情景。

云开雾散 微风习习 冰天雪地 风雨交加

云雾缭绕 寒风刺骨 鹅毛大雪 电闪雷鸣 (选自二年级上册语文教材)

注意：要跟孩子一起回忆当时的画面，或者调出当时的照片，或者在网上寻找图片，唤起孩子的记忆。启发孩子："你看到了什么？听到了什么？感到了什么？"特别注意的是：不要对小朋友太苛刻，孩子能有一定程度的了解就可以了，精确度的问题会随着年龄的成长而解决。

示例：我去看过龙庆峡的冰灯展，那里面就是冰天雪地。好高好高的冰瀑，好像水在一瞬间静止了。有的冰雕很高，快要顶到天了，我都可以在里面住下了。

通过对女儿长期的观察，我发现儿童对语言的学习天然怀有渴望，只需要大人稍稍帮他们一把，这把热情之火就会烧得很旺盛。要充分认识这种力量。摘录两则日记，让大家感受一下儿童的自发力量。

2018年3月17日　1岁8个月

《古利和古拉》讲的是两只小田鼠在树林子里发现了一个大鸡蛋，没法带回家，就地烤成了大蛋糕，和森林里的动物朋友们一起吃的故事。我拿了真的打蛋器给你看，你兴奋极了，说了一大串话："妈妈，你看，这个打鸡蛋，这个很坚硬。"我夸你"坚硬"这个词用得好，你又说："小手，小手……不坚硬。"——因为书里有一个细节，古利用手砸鸡蛋，弄疼了，眼里都含着泪了。我知道你在寻找一个词语，就说："小手很柔软。"你果真如得宝物，赶紧在嘴里嚼橄榄似地念叨。后来，妈妈出来喝水，你还在不停地练习："打蛋器很坚硬，小手很柔软。"

2018年3月29日　1岁8个月

我们一起读《阿秋和阿狐》的故事，听完了你自己念叨："阿秋，阿狐，阿爸，阿妈……"奇怪，我翻了翻，书里没出现"阿爸阿妈"的称呼啊，可见是你关注到了"阿"这个字的用法。妈妈连忙跟进一句："'阿'这个字啊，经常用来表示很亲昵，不过，也不是所有地方的人都这么用，有的地方的人表示亲昵时喜欢加上'小'字，比如'小秋'。"

哦，我是不是讲得太难了。妈妈开始是有这个顾虑的，不过看你并没有拒绝，哪怕一知半解，单是感兴趣就是好事了。语言的敏感就是这么一点点培养起来的。

又及，3个月后，我们读到《款冬姑娘》，讲的是一个小女孩在梦中陪着冬日里沉睡的款冬一起玩耍，疏解它们的寂寞。那之后，女儿就对我说："妈妈，叫我希姑娘。""为什么？希姑娘是什么意思？""就是你有什么需要帮助的，就可以叫'希姑娘'。你想干什么只需要按亮这个红灯（电褥子控制器上的灯），希姑娘就会来帮你了。"

能够关注"阿""姑娘"这些称呼上的细微变化，证明对语言的敏感已经培养起来了。

2019年2月21日　2岁7个月

几乎每一天，都能从你的嘴里听到新鲜的词汇，妈妈每次都宝贝似的记录下来。这几天你用到的词句有：依旧、小心翼翼、笔挺的衣服、挤作一团、一旦……就……、始终、每时每刻、伤痕累累、优哉游哉、一手……一手……、虽然……但是……、从……到……、潜下水面、薅了一手毛、飞奔而去……动词、副词、关联词、成语，你用起来都乐此不疲。看来，你已经和语言成了最好的朋友。

玩转一个故事：猜读、扩写、续编

给女儿买玩具，常常遭到她毫不留情的批评："妈妈，你买的玩具'玩点'太少了。"什么叫"玩点"？据我理解，女儿是想表示一个玩具可供改造、拆解、拼接，以及与其他玩具构和的能力。同理，有一些书，女儿读了两三遍就不想读了，大概是因为书的"玩点"少，要么浅显，要么太满，不能留下参与空间。

文艺批评领域，有一种理论认为：读者不是被动的接受者，阅读也不只是读者寻解作者意图的过程，而是一种参与。更有激进者认为：艺术作品的最终完成是由读者来实现的。从阅读的角度来说，参与、互动，是与寻解同样重要的阅读活动，这两种方式的载体就是表达。可以说，表达，既是学习的方式，也是学习本身。

我在与女儿共读的时候，很在意"玩点"的寻找。按照女儿的理论推导，"玩点"指的是一本书中可供扩展、改造，与自己的心思进行竞猜的地方。书中的"玩点"通常在四个地方：伏笔处、反复处、关键处、结尾处。"玩"最重要的方式就是想象，可以猜读、扩写、续编。这样做，既有利于阅读的深入，也有利于表达能力的培养。下面以《彩虹色的花》为例来说明。

早春，一朵有着七彩花瓣的小花终于从泥土中冒出来，她想跟每个人分享自己的快乐。于是，她把花瓣送给小蚂蚁当船，送给小蜥蜴当礼服，送给小老鼠当扇子，送给小鸟当女儿的生日礼物，送给小刺猬当雨伞。最后大风刮走了她最后一片花瓣，她被淹没在雪中。春天再次回来时，彩虹色的花又从泥土中冒出来了。

伏笔处

当太阳看到昨天还积雪的原野上,竟然开着一朵花时,它惊讶极了。花儿说:"早安,我是彩虹色的花。冬天,我一直待在泥土里,现在终于见到你了,我多高兴呀!真想跟每个人分享我的快乐。"后面的主要情节都是彩虹色的花把自己的花瓣送人,以此来分享自己的快乐。这句话是伏笔,可以让孩子试着编故事,呈现出他对"分享"的思考。

启发:"如果你是彩虹色的花,打算怎么跟每个人分享你的快乐呢?想想看,你平时特别开心时,怎么跟爸爸妈妈分享,跟小伙伴分享。"

示例:

  a.我会把自己的快乐写成歌儿,唱给每一个路过的人:"天空多么蓝啊!树儿多么绿啊!小小蝴蝶,快到我的身边来,闻闻我有多香,看看我有多美啊!"

  b.我会请小蜜蜂来尝尝我的花蜜。"小蜜蜂,小蜜蜂,快来呀!来尝尝我的花蜜吧,装满你的小篮子吧,这可是我酿了一整个冬天的蜜酒。叫你的伙伴一起来尝尝吧!"

  c.我会冲着不远处的另一朵花喊过去:"喂,我们能做朋友吗?让我给你讲讲泥土中的故事吧。我钻出来的时候,差点弄伤了脖子,你呢?你是什么时候感到太阳的光亮的?你遇见过蚯蚓吗?你口渴的时候是怎么度过的?"

以上三个事例都很好,a是直抒胸臆,b是和朋友分享,c是交换故事,探讨过程。a符合孩子的心理,能讲得这么好已然不错,只是延展性稍弱,故事不具有继续讲下去的弹性。示例b已经和原文相近,触及到了"分享"的主题,可以鼓励孩子仿照这个结构,继续讲下去,形成一串平行的情节。小蜜蜂来了分享花蜜,小鸟来了呢?小蜥蜴来了呢?还有什么可分享的？如果说示例b的主体部分会是一个平行结构的故事，那么示例c，由于内省的构思，会形成一个线性的故事，比较有深度，也可以鼓励或者跟孩子一起设想下去：小种子口渴了怎么办，遇到蚯蚓会说些什么。这样，利用原故事的一句话，孩子就可以创造性地讲出两个完全不同的故事。

反复处

反复，是儿童对阅读的心理需求，所以，越是低幼的童书越青睐反复的结构，比如《晴朗的一天》《小壁虎借尾巴》《小蝌蚪找妈妈》《萝卜回来了》《布娃娃找房子》等等。这种结构很适合孩子体会创作意图，模仿创作思路。

比如这段：

又过了几天，一个温暖的日子，好像又有谁走过。

"你好，我是彩虹色的花。你是谁呀？为什么不开心呢？"彩虹色的花问。

"我是蜥蜴。我正要去参加宴会，可没有合适的衣服，我不知道该怎么办。"

"哦，也许我的哪一片花瓣能与你的绿色相配。你看呢？"

下一页画面上，小蜥蜴披着一片红色的花瓣开心地走了。

启发："要注意哦，这本书可写的是四季呢！你想挑选哪个季节呢？谁会需要彩虹色的花帮助呢？"或者："书里写最后一片花瓣被大风吹走了，如果没吹走，你觉得彩虹色的花会把它送给谁呢？"

示例：

a.一个大风的日子，一个老鼠般大小的娃娃哭哭啼啼地走过来。

"你好，我是彩虹色的花。你是谁呀？为什么哭呢？"

"我是小希希的娃娃,她用彩纸给我做的帽子丢了,我想她一定会伤心的。"

"哦,也许我的哪片花瓣能给你当帽子呢。"

小希希的娃娃带着一片粉红色的花瓣帽子开心地走了。

b. 天色越来越暗,传来阵阵雷声。大风中,走来一个小小的人儿。

"你好,我是彩虹色的花。你是谁呀?为什么在这样的天气出门?"

"我是匹诺曹。因为想看木偶剧,我卖掉了爸爸给我买的课本,没法上学,我后悔极了。"

"哦,把我的花瓣拿走吧,装下你的眼泪,仙女姐姐看到了,就知道你的悔恨了。她一定会帮你的。"

示例 a 对孩子来讲不难,体现出他真的读懂了故事的结构:遇到困难→解决困难。示例 b,孩子能想到其他故事中的主角就很好(这就是我女儿期待的"玩点""读点")。匹诺曹和花瓣怎么构建起关系?这一点对孩子来讲虽不简单,但饶有趣味,大人可以和孩子一起来想。

关键处

承前启后情节

"太阳隐去了光芒。花儿也被折断了,但她仍然静静地站在那儿。"

这个情节"承前",因为她对自己一生的付出很坦然;"启后",因为她把种子留在了泥土中,种下了新的希望。

启发:"彩虹色的花把自己的花瓣都送给了朋友,她自己也被折断了,如果你是彩虹色的花,你会怎么想呢?为什么'静静地'呢?"提醒孩子注意观察图,画面上彩虹色的花儿虽然折断了,但是她的种子已经落在了泥土中。

示例：

  a. 狂风中，彩虹色的花心想："哇，过去的一年我多么快乐啊，认识了那么多朋友。现在，让我的种子孩子们也去享受这种快乐吧！"

关键情节点的扩写，本质上是一种阅读理解的传递和呈现。这种方式有难度，既要相信孩子，又要提供帮助，搭建台阶。

转折情节

"很快，大地一片白茫茫。谁会想到，在这里曾经开过一朵彩虹色的花呢！就在这个时候……"

启发："你觉得会发生什么啊？是一个悲伤结局，还是一个充满希望的结局呢？"

示例：

  我希望是一个好结局。好的结局就是花又开放了。

  一朵花再次开放，需要什么呢？

  种子。

搭足了台阶，孩子就可以合理的想象了。也许一个小女孩发现了这朵枯萎的花，把她的种子带回了家，种了下去。

与主题相关情节

"雪野上升起一道耀眼的彩虹色的光芒，把天空照亮了。蚂蚁、蜥蜴、老鼠、小鸟和刺猬都从远处跑了过来。他们看着彩虹色的光芒，心里渐渐温暖起来。大家都想起了彩虹色的花曾经给自己的帮助。彩虹色的花永远在他们的回忆里。"

之所以认为这是一个关键情节点，因为对此处展开想象，可以很好地贴近文章主题，理解助人为乐在朋友们心中引起的怀念。彩虹色的花变成一道彩虹继续温暖着朋友们，也是主题的一种提升。

启发："你觉得朋友们会怎么怀念彩虹色的花呢？他们会说些什么，做些什么呢？""他们拿走花瓣的情景书里都没有写，你觉得会是怎样呢？""拿走了花瓣之后，他们的心情怎样呢？高兴？后悔？感谢？抱歉？"除了给提示，也可以寻找参照物，比如这个部分很像《獾的礼物》中朋友们对獾的怀念。

示例：

小蚂蚁："要是没有彩虹色的花，我就没法去看奶奶了。我扯下一片花瓣的时候，她看上去一下子就不圆了。看我难为情的样子，她却说：'没事儿，小蚂蚁，拿走吧。'告诉奶奶，我很快乐。"

小蜥蜴："披上红色的小花瓣，我觉得自己真是美极了，整个宴会的人都在夸我。要不是怕把它压坏，睡觉时我都舍不得扔呢！"

小老鼠："那天真是把我热死了，多亏了彩虹色的花，我拿着她的花瓣当扇子，扇出来的风都是香香的。唉，可是，可是，我竟没想到她也会热啊！"

小鸟："是啊，彩虹色的花真是慷慨。我女儿可喜欢这个礼物啦，还把那片小花瓣晒干了垫在窝里，每天都能看到呢！"

小刺猬说："我想起来了，那天下雨，我拿走了彩虹色的花的花瓣裹紧自己的身子，那时她的声音就已经很虚弱了。要是我能想起来给她带几片叶子取暖就好了。"

每个人的眼里都含满了泪水，可是它们知道，彩虹色的花喜欢看它们快乐的样子。

孩子会从"反省"的角度去考虑彩虹色的花的无私帮助吗？未必，

要看性格和年龄。但是，这样的想象可以帮助孩子站在别人的角度去考虑问题。

结尾处

故事的结尾往往讲究留有余韵，特别适合续编。《彩虹色的花》结尾写道：漫长的冬天过去了，春天又来了。一天早晨，太阳探出头来，他吃了一惊，高兴地说："早安，彩虹色的花。又见到你了！"当我们都以为彩虹色的花就此化作彩虹，留在朋友们的记忆中时，没想到，彩虹色的花又活了过来。

启示："你觉得新的一年，彩虹色的花会发生怎样的故事呢？""朋友们会来看她吗？""她和太阳之间有什么故事吗？"主体故事要请孩子大胆地来编，再请孩子谈谈他的创作意图，"你为什么这么编啊？"。用语言启发孩子去完善。

示例：

> 彩虹色的花说："早安，太阳。又见到你真是太高兴了。睡在泥土里，最冷最冷的时候，我一直幻想着你在我身边，想着想着，就真的不冷了。"
>
> 太阳："去年冬天，我在这片原野上，到处听到你的故事。"
>
> 太阳公公把好消息告诉给每一个朋友。小刺猬背着存了一冬的红果子来了，小蜥蜴拿着它去年捡到的最漂亮的鹅卵石来了，小老鼠带来了它存了一冬的干奶酪，大家都聚在彩虹色的花身边，向她问好，向太阳公公问好，听小鸟唱从远方带来的歌。
>
> 彩虹色的花开心极了。她努力把花瓣展得大大的，彩虹色的光芒投在每一个朋友脸上。

故事的结尾还常常一波三折，猜读、扩写、续编，都可以特别好地锻炼孩子的叙事思维。补充一例加以说明。

宫西达也恐龙系列《遇见你，真好》讲述了一个这样的故事：棘龙宝宝到海边来摘红果子，遭遇了霸王龙。一场地震将二人脚下的陆地分开成了一座孤岛。相处过程中，霸王龙得知小棘龙是为了生病的妈妈才到海边来采红果子的，深受感动。结尾是这样的：

第一折：又是一场大地震，小岛离大陆原来越近；

第二折：小岛在靠近大陆的地方停止了，霸王龙抱起小棘龙好不容易跳了过去；

第三折：霸王龙突然想起了什么，又独自跳了回去，扛回了一棵红果子树；

第四折，霸王龙只把红果子树扔到了岛上，自己却坠入了海中；

第五折，几年后，小棘龙游回了孤岛，一边吃着红果子，一边怀念霸王龙。

像这样精彩的结尾，在几个波折处随意停下来，跟孩子一起猜读，再和原文比对，一定能让孩子更好地领会原作的精彩。还可以改写。宫西达也的恐龙系列有一本叫《你真好》，讲的是海中的薄片龙救了霸王龙，俩人成为朋友的故事。女儿据此改写了故事的结局：

霸王龙坠海后，感觉到自己的身体突然被托了起来，原来是他的好朋友薄片龙。小棘龙抱着红果子树哭得伤心时，突然看到一个庞然大物出现在沙滩上，"啊，霸王龙叔叔！"。

爸爸妈妈们试一下，结尾是编故事特别好的契机。

全国统编语文教材一年级上册出现片段创编：小兔可以用哪些方法把南瓜运回家？二年级上册出现续编：蜘蛛开店之后，会发生什么？三年级上册出现猜测与推想：读课文（《总也到不了的老屋》）的过程中，你有没有猜到后面会发生什么？可见，练习猜读、扩写、续编可以很好地与小学语文学习衔接。

简单的改写可以是猜读的延续，比如大雪覆盖了彩虹色的花。接下来发生什么了？小女孩捡走了彩虹色的花，把她的种子种在家中的花盆里。这就是一种改写了。孩子不喜欢悲伤的结局，就可以让她试着改变故事走向。还有一种改写，难度较高。像对经典故事"三只小猪"的改写，就出现了改换叙述视角——从大灰狼的角度讲述故事；改换故事结局——三只小猪飞出了故事；改换人物性格——大灰狼成了笨蛋，任凭三只小猪欺负。这样的改写可以等孩子稍大了进行。

特别想强调的是：无论是猜读、扩写还是改写，大人都要参与，也要对彼此的表达稍加交流——大人点评孩子，"我觉得你这个不错，但是没有解决这个问题，还可以……"。邀请孩子点评大人，"你觉得妈妈这个点子怎么样？"。

举一个例子来说明：日本童话大师宫泽贤治的《橡子与山猫》，讲述山猫邀请一郎协助一场官司的裁断。原来橡子们为了争夺"谁是最伟大的"吵闹不休，头最尖的、头最圆的、最大的、最高的、力气最大的都觉得自己才是最伟大的。怎么解决这场争吵？我和女儿进行了猜读。女儿的第一个方案是："做一个隔音的玻璃罩子把它们罩起来。"我说："可是这并没有解决争端啊！"女儿又给出第二个方案："建几个不同的村庄，把头尖的、头圆的、高的等等赶到不同的村庄去生活。"我说："这个主意不错，至少村庄内部就不会争吵了。不过，几个村子要是爆发战争怎么办？"女儿又修订自己的方案："把它们放在不同的村庄后，还要一个个去跟它们讲道理。"估计这是幼儿园经常使用的处理争端的方式。我说："你看看妈妈的主意怎么样？一郎也许会说：'把它们都磨成橡子面吃掉吧！'"女儿说："争端是没了，不过橡子也没了。妈妈，你还记得'100万只猫'的故事吗？它们都吵架说自己最好，想留下来，爆发了战争，结果只有一只不争不抢的猫留了下来，长成了最可爱的。所以，叫橡子们来一场大战好了。"我说："这个主意太棒了！不过，这样的话就不需要法官了,山猫啊,一郎啊都不需要了。我们看看作者怎么说吧。"在童话里,一郎说:"你们中间最笨的、最丑的、最不像样的才是最伟大的。"这下,橡子们一下子安静下来。我问女儿,你觉得这个方法怎么样?女儿说:"还不错嘛,我又学了一招。"

以上,我们讲了玩转一个故事的三种方式——猜读、扩写、续编,还提到了几个"玩点"——伏笔处、反复处、关键处、结尾处。所有的"玩"都需要想象。想象不是凭空而生的,合理、精彩的想象需要具备两个特点:一是对文本有一定理解,言之有理;二是有阅读积累、生活积累,言之有物。怎么看待孩子的想象与原文的区别呢?去想象本身就是很棒的,一定要肯定孩子的创意。大部分时间,对于原文来讲,扩、改、续都是画蛇添足的行为,可以跟孩子们讲原文这样写的好处。但是通过这种参与,孩子不断进行着理解的深入,也在这种有所依凭的情况下,锻炼了表达能力。

不妨把故事本尊当作杰克的魔豆,孩子不断地攀援而上,生长的是属于自己的故事能力。

细节,从何而来?

叙述想要生动,细节一定要丰满。犹如一棵树,有了枝干还得有叶子,有花朵,才能吸引更多的人来驻足观看;即使是冬天,只剩下枝干,伸展的方向、弯曲的弧度也都是细节。细节来源于两个方面:细致的观察,用心的体会。

细节在何处?

孩子的表达能力到什么程度,家长需要密切关注,一要关注条理是否清楚，二要关注细节是否丰富。怎么判定细节丰富与否？看以下几个方面。

- **看修饰语**

"我被狠狠夹住了，一点点挤出来。"

"妈你看，小水波一圈一圈展开了。"

"三个和尚纷纷去挑水，把火扑灭了。"

- **看修辞方法**

"你怎么把榴莲给烤了？简直像一摊软塌塌的土豆泥。"

"我的肚子饿了，像大野狼的肚子一样饿。"

"我的脚趾真痛啊，痛得像被巨人踩了一下。"

- **看描写（语言、动作、心理、外貌、环境等）**

"长颈鹿低下头一看，'这个宝宝好小啊！'。"

"我用手指尖捏住蝴蝶的翅膀，把它放进昆虫盒儿里，'啪'地扣上扣子，拧开透气阀门。"

"我们出去玩那天，天气太热了，把我的脸晒得烫烫的，好像一团火一直在亲我。"

- **看五感（看、听、嗅、品、摸）**

"这片叶子毛茸茸的。"

"我闻到了血味儿，看到了血痕。我沿着血痕走呀走，走呀走，最后来到了蟒蛇来过的地方，发现小兔子正躺在地上。"

• 看其他

有一种描写就叫"细节描写",比如"小鱼的食盒正好与水面齐平"。局部的想象也是细节,是体验的"进一步",比如睡前唠叨了太久,女儿打趣我:"你忽然发现小东西睡着了,只会说'嗯、嗯、嗯'。"

怎样丰富讲述中的细节?

在情境中及时引导

现在早教体验课非常多,很多父母都有意识地周末带孩子出去玩玩,参加各种体验。有人就会疑惑:体验挺多的,怎么到说的时候就干巴巴的呢?因为连"观察""体验"也都是要教的啊!用提问、分享各种方式,教孩子观察,教孩子捕捉自己的"体验"并作用于下一次的行为,这就是学习的过程。有时,我甚至会耍点小伎俩,类似于"妈妈忙,你能过去帮我看看吗?"。下面十个例子提供角度上的参考:

• 观察类

"女儿,妈妈需要回复几个工作微信,你能帮我看看那丛牡丹开得怎么样了?香吗?"

"爸爸的呼噜声好大啊,可能是昨天加班累了,你去看看,回来告诉妈妈爸爸睡觉时什么样。"

去一家"猫主题"咖啡厅,回来闲聊:"你最喜欢哪只猫啊,能跟妈妈说说吗?妈妈最喜欢那只英国短毛猫,它的毛真柔软,那种灰色很特别,不是特别暗,也不是好像白色脏了的样子,恰到好处的那种灰,再配上蓝眼睛,优雅极了。"

"等待打针的小朋友都什么表情啊?"

"今天你去宠物医院啦?生病的动物是什么样子呢,能跟妈妈说说吗?"

- **体验类**

"你感觉肚子疼啊?是什么样的疼呢?像撞到了桌子角?像麻花拧在一起?还是……"

"妈妈刚才出去买菜,你一个人在家很害怕啊?害怕的感觉是怎样的呢?"

"今天在幼儿园你主持升旗仪式啦?紧不紧张啊?有没有绞衣服角啊?"

"跟大海玩儿得开心吗?一会儿跟你的好朋友说说吧。"

"这样的大风天还跑出去玩儿?有没有被吹飞?"

利用追问进行引领

在讲成段的故事时,孩子最先能讲清楚"事",要想丰富细节,大人可以不断追问,帮助孩子回忆起当时的情景,提示孩子需要关注的方面,犹如讲授添枝加叶的方法。下面这则日记,是女儿追问朋友,共同完成故事的情节。一方面,女儿在模仿妈妈以前对她的追问,另一方面,也体现出她已经掌握了追索细节的方法。

2020年11月 4岁4个月

在桂林的游船上,女儿碰到一个小姐姐。小姐姐讲了一个故事:有一次,我在家里小区遛狗,遇见了一条小蛇,小狗就跑开了。

遇见蛇,对于小朋友来讲,显然是一件紧张刺激的事儿,但一句话显然没能说出这种感觉。这个故事激起了女儿的兴趣,引起她连珠炮一样的追问——

女儿:"你们家的狗是一只什么样的狗?多高?蛇立起来了吗?立起来后它高还是狗高?"

"蛇是怎么发起攻击的?用哪个部位?碰到了狗的哪个部位?是含着凶残的光还是含着笑容?"

"狗怎么发现的蛇?是看到了,还是嗅到了蛇的味道?"

"是你牵着狗还是妈妈牵着狗?发生这件事之后,你是怎么做的?跑开了吗?害怕了吗?其他人看见了吗?"

难为小姐姐一直耐心地回答,直至被她问得哑口无言,只能以"反正就是这样"来代替。回忆起来,真实的情况可能就是"反正就是这样",紧急之时,谁也不会看那么多,想那么多。但这些追问,呈现出我们在雕刻一个故事时必要的细节因素。

在两个人的共同努力下,这个一句话的故事变成了这个样子:一天晚饭后,我照常在小区里遛狗。我们家的小狗是一只约克夏,还没有一只猫大。不过它浑身银毛,走起路来像一位优雅的公主。天气已经暗下来了。小区甬路的两侧都是高高的小叶黄杨,很密。忽然,一阵窸窸窣窣的声音传来,一条会游动的棍子出现了,是蛇!我吓得呆住了。约克夏汪汪地叫起来,把我手里的链子拖得紧紧的。小蛇也立起了脑袋,冲着小狗的鼻子探出头去。"汪!汪!汪!"我的小狗也弓着身子露出了牙。也就是一瞬间的工夫,小蛇忽然撤退,又溜进灌木丛不见了。我才缓过神来,要不是小狗愤怒的叫声一直回荡在耳边,还真觉得刚才的一幕只是幻觉呢!

因为有了丰富的细节,故事的惊险刺激感就出来了。说到底,这些追问是为了让读者和你一样达到如在目前、身临其境的感受。很多人在表达时的干瘪,也来源于读者意识的缺乏。如果不是通过文字,谁又能共享你头脑中的情景呢?

绘画是个好办法

绘画可以有效提高观察能力。因要落在纸上,画家必须事无巨细去观察形态、色彩,仔仔细细去揣摩神态、气氛,必须要老实、诚恳地回答一个个关于细节的问题。一个会画画的孩子,观察力、体验力都错不了。可是看到了,感到了,不等于会说出来,在画画的时候可以不时和孩子交流,鼓励他把自己所看、所感用合适的语言表达出来。

我与女儿玩涂色游戏——涂的是一大玻璃罐的水果糖,就是五彩缤纷,看上去就让人很快乐的那种。怎么能准确传达出水果的颜色呢?这里面就体现着观察的功力。

"我画一颗柠檬味儿的糖。这个姜黄色太暗了,要是有明黄色就好了。"

"我画苹果糖。一颗红色的花牛果,一颗红黄相间的富士果,一颗红绿相间的国光苹果。"

"我画火龙果味儿的糖。哎呀,只有丁香紫,太浅了,还要再涂一层红色。再点上小黑点。"

"西梅糖是什么颜色呢?"

"比起火龙果,西梅糖也是要调上一点黑色了。"

那天,我们还画了好多口味的水果糖:桂圆、香蕉、杏、哈密瓜、蓝莓、蔓越莓、草莓、芒果、薄荷、橙子、香梨……每画一种水果,我们仔细回想它的色彩。

演出来,想出来

孩子天生喜爱表演,这是他们"阅读"的一种特别方式。用肢体语言将文字再现出来,势必要对表情、动作、语言等进行猜想、补充。

2020 年 5 月　3 岁 10 个月

发现你最近很喜欢表演。

你 3 岁半左右，我们发现了"玛蒂娜"，足足 60 本，真是宝藏。你简直着魔了，跟我约定，"现在开始，我是玛蒂娜，你是让"。（"玛蒂娜"和"让"是书中的主要人物。）有时我叫你名字，马上被纠正，"叫我'玛蒂娜'！"。

表演书里的内容已经不过瘾，你开始自己创编故事讲出来。这些故事通常是把自己经历的、书里听过的、想象出来的故事糅杂在一起，还出现了非常多的细节，语言也比较考究，有明显的书面语痕迹，能看出受到阅读的影响。

印象最深的是你编的这个故事——"玛蒂娜海上历险记"，讲到她掉进海里，你说："像是掉进海里的树叶儿"；讲到让来了，你说："让从人缝儿中挤了出来"；摸着让（当然是妈妈我扮演的）的手，说："啊，怎么这么凉？是不是被大海冰的？"讲历险之后平安登陆，你说："围了一层层人，所有人都惊叹着。"讲到玛蒂娜被救走，你说："轻轻地把玛蒂娜公主担下来。"……真好！那些书已经化成语言的养分了。

故事大王养成记

女儿很爱讲故事，闲来无事，我俩常做的游戏就是"故事机"。长途旅行中，刚刚睡醒的午后，赖被窝的冬日早晨，我都会拿出一百二十分恳切的语气对女儿说："请求故事机，请求故事机。"

故事机就是女儿的小手（蜷起来只有一只小笼包那么大），每只手指代表一个故事，手腕上的小骨头是开关键。按一下，"滴"，开机啦！"请问您选择哪个故事？"。每个手指代表的故事不一，有时是绘本故事，有时是生活中发生的故事，有时是自己创编的故事。"大拇哥：'蚂蚁和小屎球'；二拇弟：'猴子希希爬樱桃树'；中三娘（中指）：'我们去火星'；四小弟（无名指）：'臭大姐爬被窝'；小拇指：'阴天有时下肉丸'。"我总是不吝惜自己的赞美："讲得真好啊！妈闷了，把你带身边就一切都够了。"

身边有朋友羡慕女儿的"故事能力"。那就分享一些我们母女之间的游戏点子给大家吧。

从日常出发

"这里有一个故事点子！"

日常生活中，只要用心，总能发现好的故事点子。一场雨后，草丛中长出一棵鲜艳的毒蘑菇，女儿随口说："看来，这个夏天要热闹了。"故事点子，就好比一棵特别的蘑菇，俯拾即是，随时聊一聊，全当头脑的放松或是一场趣味竞赛。举两个我与女儿日常生活中的例子。

例1.蜜蜂为什么躺在地上？

散步时，看到一只蜜蜂躺在地上。为什么呢？

妈妈说："蜜蜂被雨水打湿了翅膀。"

女儿说："雨水吹打得青杏落了下来，打到了小蜜蜂的翅膀。"

在奶奶家院子里，又碰到一只蜜蜂趴在雨湿的地上慢慢爬。

妈妈："这回你猜猜是什么原因呢？"

女儿想了一会儿，说："是一片花瓣落下来蒙住了她的眼睛，一下子跌落下来。"

例2.一棵大树有一个洞。

散步时发现一个树洞，我问女儿："你觉得里面装着什么故事？"

没想到她真的信口编了一个故事：

在一棵大树的树洞里，住着小猫头鹰和他的爸爸。有一天，猫头鹰爸爸正在做饭，树洞里都是喷香的味道。突然，起了大风，呼呼地灌进了洞里，连大树都倾斜了，小猫头鹰一下子从树洞里飞了出来。小狗奇奇正在自己的小窝里睡觉。突然，"嘭"的一声，有什么东西撞了进来。睡眼蒙眬中，奇奇并没有看清楚是什么，可是他对毛过敏，打了个大喷嚏，差点把小猫头鹰喷出去。看清楚是谁后，奇奇对小猫头鹰说："你是想带我去哪儿吗？"他们一起到了大树旁，树洞里伸出一只翅膀，有一只和小猫头鹰一样大的眼睛……

这个故事讲得不错，自觉运用了"话从两头说"的技法，一边从小猫头鹰的角度讲，一边从小狗奇奇的角度讲。人物的出场方式也各有不同：猫头鹰爸爸是伴随着饭香，小猫头鹰是在"嘭"的一声碰撞中出场，小狗奇奇在一个大喷嚏中出场，最后出场的应该也是猫头鹰爸爸（有一只和小猫头鹰一样大的眼睛），他的出场充满了悬疑色彩，先出翅膀和眼睛。这些设计使情节热闹、生动。

下面是10个故事点子，你可以试一试：

• 两只小脚都架在椅背上，它们一会儿是朋友，一会儿是敌人……

• 出租车上有一个脖子底下带弹簧的小和尚摆件。为什么它一直摇头？

• 一只流浪猫好几天没来小区了，它发生了什么？

• 罗汉豆的碗里混进了一颗花生米，它们会说些什么？做些什么？

• 房檐下原来有一片漂亮的碎玻璃，早晨不见了，昨夜发生了什么？

• 从一处装修工地捡回来好几块鹅卵石，放在门外的台阶上，它们在夏夜里会说些什么？

• 新买了一盏太阳能小夜灯，向日葵形状的，插在花园里，昆虫们会在它下面开会吗？

- 妈妈的一支唇膏丢了,沙棘油味道的,谁会捡到它?发生了什么呢?
- 夏日炎炎,芭蕉叶怎么度过最热最热的中午呢?
- 气球飞走了。它要去哪里?遇到了谁呢?

贴贴,画画,讲讲

女儿喜欢讲故事,我也顺其自然,淘了一些组合余地大的道具。比如各种各样的手偶、手指偶,可以扮演不同角色的动物玩偶。比如贴画,旅途中,只需一张白纸,几张不同类型的贴纸,就能组合出各种各样的故事。在家的时候,冰箱贴也很好用,再加上一张白底的磁性软板、一盒水彩笔——什么样的故事没有呢?美国凯迪克大奖得主艾伦·贝克尔"不可思议的旅程"三部曲,讲的正是这样的故事:孤单的小女孩意外地得到一只神奇的画笔,用这只笔画的任何东西都可能变成真的……

特别要提醒的是:购买的贴纸也好,冰箱贴也好,一定要种类多样,比如交通工具、水果蔬菜、动物、零食、日常小物、运动器械、小猪佩奇和她的朋友们……种类越多,故事变换的可能性就越大。

画一棵大大的樱桃树,再画上一架梯子。贴上"小猪佩奇爸爸",贴上一只篮子,在篮子里画上采好的满满的红樱桃。画上草地,画上地毯,贴上"小猪佩奇""弟弟乔治",贴上"自行车",贴上"小羊苏西","丁零零",好朋友过来玩了。再画上一个个大玻璃瓶,贴上"猪妈妈",一起来做草莓果酱吧!再在天上添几朵白云,涂上大片的蓝色,多好的天气啊!让草地上滚个球吧,把"乔治"移过来;做果酱的"小猪佩奇"是什么样?给她的裙子涂上一点深红色吧……

贴贴,画画,讲讲,一个故事接着一个故事,就像鱼嘴里吐出的泡泡一样,源源不断地出来了。

过家家

过家家是特别好的练习语言表达的游戏。

至于道具，网上现成的有很多，厨房做饭的，当医生看病的，娃娃、娃娃家以及所有配套玩具。我女儿拿到新玩具也新鲜，不久就会厌弃"玩点少"。最为她青睐的"百宝箱"是一箱子"废物"。自从她1岁后，我一直控制自己断舍离的性格，留下很多"废物"看女儿再利用。玩古利和古拉做蛋糕的游戏，平底锅是一个装蔬菜的塑料盒，当鸡蛋的是一枚女儿捡回来的白石子，打蛋器是奶奶废弃在抽屉里的头皮按摩器。比起实物玩具，这些"废物"都是百变的，女儿简直可以用它们造出整个宇宙。想象，本来就是表达的前提；或者说，"想象"本身，已经是表达的一种了。诸位读者朋友也不妨试试。

在过家家中练习语言表达，大人要做一个好的听众，抱着好奇心，一步步"引诱"孩子讲得更多，更细，更长。下面这则日记选段展现的就是我们母女二人的过家家游戏。

2020年10月　4岁3个月

"我去森林探险啦！"

"这些全是森林里的小动物送给我的。这是小松鼠送的，这是小鹿送的……"

"呀，这些东西真好啊！它们有什么魔法啊？"妈妈引导孩子多讲一点。

"假如你吃下这个黑色的小球，想飞就能飞起来啦。这个小木棍呢，如果你敲一下谁，并且在心里许一个愿，这个愿就会实现。这个（一块碎瓦片）嘛，我先不告诉你。"

"他们为什么要送你礼物啊？"换一个方式引导，希望孩子拓展得更多一点。

"我救了他们呀!小松鼠被一只大野狼追逐,我紧随其后。小松鼠跳到一棵树干上,跳到另一棵树干上。当还剩下一根头发丝的距离时,我抓住大野狼的尾巴,甩了三下,磕在一棵大树上,把大野狼弄死了。我就爬到小松鼠面前,捧起她,轻轻地对她说:'没事的,我陪你去找松果好吗?'小松鼠说:'可以,我们一起上路了。'"

"真好啊!你怎么认识这么多朋友。"妈妈鼓励。

……

做一本旅行故事书

照片是特别好的故事引子。现在,越来越多的父母重视带孩子出行,小到周末去公园、博物馆,大到短途长途的旅行、游学。怎么能避免孩子一回来就忘呢?有两种方式:第一种方式很简单,只需要用上这个开

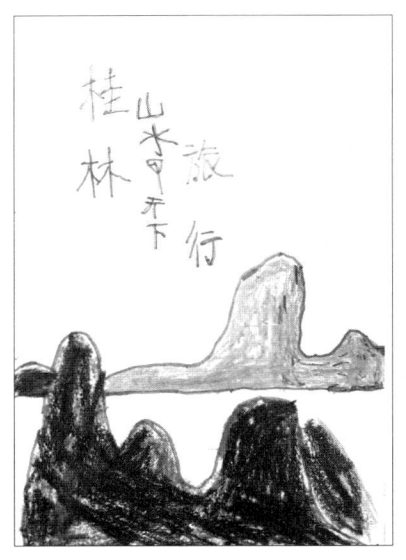

女儿手绘的桂林旅行书封面(左)及内页(右)

头,全家人一起接力说就可以了,"还记得吗"。第二种方式可以把照片打印出来,DIY成书,没事儿翻一翻,孩子的小伙伴来了,爷爷奶奶来了,都可以把它拿出来照着图说一说。想象一下孩子眉飞色舞的样子吧。

照片怎么挑选和排列呢?有两个经验跟大家分享:首先是征求孩子的意见,让孩子多参与。挑选照片可以让孩子自己来,选出他印象最深的,孩子才会有言说的欲望。大人自然也要参与"旅行书"的编辑,可以不必拘泥于浏览时间,不妨按照主题来排。比如我们去广西,带着孩子了解米酒、茶、土布、服装,但是因为时间关系,难免出现一个主题并不全在一个时间段进行的情况,在编辑时最好放在一起,让孩子有一个完整的印象。

从故事出发

利用故事书里现成的角色、框架来编故事,是一个很便捷的方式。贡献几个点子供选用。

你在哪儿啊?

孩子很小的时候是不能胜任自己讲故事的,但是他们的共情能力发达,会真的相信故事里的世界。爸爸妈妈不妨做导游,带领孩子在故事的世界里遨游。以下是我在孩子1岁10个月时写的一则日记。

2018年5月　1岁10个月

哦,其实你不太会玩捉迷藏。每次都藏在窗帘后面,每次都握紧小手,紧张地等待着爸爸妈妈来找。有时是妈妈找,爸爸陪你躲在窗帘里;有时正相反。家里的世界多狭小啊!不如我们到故事世界里去游历一番吧!

我们的台词是这样的——

"妈妈,我们的小希希呢?"

"我们的小希希啊,在春田绘本馆呢,钻进了小鸡球球的书里,和她的好朋友向日葵一起玩儿呢!"

"爸爸,我们的小希希呢?"

"我们的小希希啊,来到了莎娜的森林里,戴上了橡子帽子,和蟋蟀爷爷一起忙活,后来一阵风就给吹跑了。"

……

晚上,我们三个人玩了大约1个小时,几乎把你喜欢的绘本都讲了一遍,简直停不下来,还真是一趟故事之旅呢!

随着孩子的长大,角色互换,捉迷藏时她已经可以做我们的导游了。"妈妈,我在这里!在大鲸鱼的肚子里!快来救我!"

妈妈,假如我变成了这么小

这个点子大概是"拇指姑娘"引起的灵感。其实,变大变小是儿童文学中常用的手法。像《格列佛游记》中的大人国、小人国,《尼尔斯骑鹅旅行记》中的尼尔斯,宫崎骏的动画片《借东西的小人阿莉埃蒂》,等等。变大有时会超越孩子们的想象边界,变小却可以进入这个世界的内部,发现平常不能发现的乐趣,是个锻炼孩子观察力、想象力的好话题。以下是我女儿设想的《变小记》——

"妈妈,假如我变成了这么小(用手指头比画着花生米大小),你知道会怎样吗?我会待在你的口袋里,扣眼就是我的窗户。每天我都要新开的花瓣做我的床——不然,妈妈你想,兜口的边缘会硌疼我的脊背。还有,你要帮我糊上彩色糖纸,当我的窗帘,这样,每天都好像有彩虹挂在我的窗前。要是可恶的蚊子来了——哦，那时的它对于我来讲，就像大黄狗那么大了。妈妈，你还得给我预备一根大头针当剑，如果蚊子来了，我就打它的腿，让它劈叉。不过，也许它是一只好蚊子，和我拥抱的时候会小心地避开尖尖的吸管……"

故事主角大串联

故事书听多了，让主角们从一个故事跑到另一个故事，开起派对，是孩子们都会玩到的一种游戏。犹记得女儿4岁时，夏日午长，却不肯午睡，把这些天最喜欢的"玛蒂娜"系列和《如果你有动物的鼻子》等系列书大串联，凭借天马行空的想象力，一个中午一个中午地讲故事。

"这条蛇咬住了玛蒂娜公主的手指头……""它被关进了笼子……""它喝了药又好过来了……"女儿每次都很认真地表演晕过去，活过来，不厌其烦。妈妈因为午困，总想把故事讲死，女儿却总能让故事峰回路转，波澜起伏。每每到最后，我睡意全无，禁不住被女儿的故事吸引。

甚至还有这样一本书，叫《故事主角下班后》。《野兽国》里的野兽们逃离了海岛，兴高采烈地捣毁图书；《小红帽》的演出结束后，舞台布景后，狼先生正穿着浴袍，戴着眼镜，读《好狼日报》；好饿的毛毛虫是衣物寄存处的实习生（哦，天哪，难道衣服上不会被咬出洞吗？）……

这个点子真不错。故事主角下班后会干点什么？从一个故事跑到另一个故事会发生什么？不妨跟孩子一起编编故事吧！比如：

- 彼得兔碰上大饿狼……
- 阿秋和阿狐在去奶奶家路上

《故事主角下班后》封面

遇见了三个强盗……

- 田鼠阿佛来到了嘻哈农场……
- 有金翅膀的蒂科碰到了失去白马的苏和……
- 采蓝莓的小塞尔遇见了调皮捣蛋的奥莉薇……
- 森林里的躲猫猫大王走进了7号梦工厂……
- 驴小弟从石头变回驴之后……

假如14只老鼠来到我们家

这只是一个说法的示例。把故事里的角色编进我们的生活，就是对他们生活做派、性格特征、人物关系的深入理解和生动再现。只有那些最受孩子欢迎、走入孩子内心深处的角色才能够"下凡"。因为这种创编故事的手法有难度，爸爸妈妈不妨一起来参与。

"14只老鼠"是日本岩村和朗的系列绘本，我与女儿都非常喜欢，读了很多遍。我们真的像他们一样去采了树莓，真的买了一个玩具屋，设想他们是怎么生活的。读的遍数多了，每只老鼠的性格都有了点了解。老大、老二是家里的主劳力，疼爱弟弟妹妹的好哥哥，也会浪漫，会吹笛子、采花；老三是家里最大的姐姐，经常帮着妈妈和奶奶做饭；老六是倒霉蛋，经常出点岔子；老八精力充沛，最爱爬高；老九时时不离她的老鼠玩偶。12本书讲了他们的很多故事，吃早餐啦，春游啦，种南瓜啦，打年糕啦，等等。

如果让14只老鼠参加我们的春节包饺子，会怎样呢？

妈妈和奶奶一定早早地起床去割韭菜了，她们会挎着篮子，带着头巾。爷爷也会早早起床，坐在门外的树墩上，一边生火熬橡子面粥，一边听早晨小鸟的叫声。爸爸在一个树墩子上开始剁肉馅。（天哪，小老鼠吃的肉馅应该是什么动物的肉？）老鼠孩子们一个个醒来了，去凉凉的水池边洗脸。老四早就爬到山坡上去望妈妈和奶奶去了。那两个影子不是她们吗？姐姐老三赶紧小跑着过去迎接她们，老十在后面喊着"姐姐，等等我！"，边喊边追了上来。老大和老二洗完了脸一起去帮爸爸。"把手抬高，注意手指啊！"爸爸把刀给了老大。远远的，四个人已经回来了，新鲜的韭菜，气味儿真是香啊！和面包饺子喽！老十拉着自己的小车来了，妈妈给她捏了一个小面偶拿着玩儿。老六也学着奶奶的样子包，此时已经成了大花脸，胡子上，鼻子尖，耳朵上，到处都是面。"小心，别把馅盆打翻！"……

下面这则日记全当是本文的结尾——

2019年10月　3岁3个月

在新绘本携带的广告页里，我们看见了一本熟悉的书。我指着《向日葵笑了》说："这本我们读过，我记不清了，应该是两个小朋友吵架又和好的故事。你记得吗？"

"用你自己的方式讲。"你说。

"我真的记不得了。"

"用你自己的方式讲。"没想到你激动地、严肃地重复道。

"好吧！"妈妈几乎被你的凛然之气所震撼，不过，我发现自己还是在不由自主地回忆书里的情节，只好示弱，"你来讲吧，给妈妈做个示范"。

你欣然开讲："有一个小孩，她的爸爸妈妈去世了，爷爷奶奶照顾她。来了一群小强盗，把爷爷种的菜都拔了。小孩很生气，和他吵了起来。眼看要动手了，她的好朋友劝她：'你打不过他们的，我们可以再种的。'于是，她们就重新撒种子开始播种。"

"用你自己的方式讲。"真是振聋发聩的一句话。那一刻,我突然捕捉到了女儿对于故事的自信、自得。希望有更多的小朋友能享受到故事的乐趣。

**我的语文
实践手记**

第八章

"14只老鼠"系列绘本

"14只老鼠"系列绘本

作者：[日]岩村和朗　译者：彭懿
出版社：接力出版社
爸爸妈妈、爷爷奶奶和10个兄弟姐妹组成的14只老鼠的大家庭搬到了森林里，他们的愉快生活被写进了12本书里："大搬家""吃早餐""摇篮曲""去春游""种南瓜""洗衣服""蜻蜓池塘""赏月""挖山药""秋天进行曲""捣年糕""过冬天"。这就是他们从早到晚，经春历冬的美好生活——自由、温馨、安宁，充满自然之美和亲情之爱。

这套"14只老鼠"绘本简直拥有无与伦比的美妙。

如果说"图画书是用图画来讲故事的书"，那么"14只老鼠"就是典范中的典范。书里的文字非常俭省，画面却十分丰富，蕴含着说不完的故事。想想看，14个角色啊，得有多少大大小小的故事？这对任何一个作者都不能不说是一种挑战。岩村和朗却胸有成竹，笔下的每一只老鼠都性格鲜明，在不同的情景中上演着属于自己的精彩故事；每一幅画面也总是起着一点小小的戏剧冲突，让人从那静态的画面中也能听出这一家子的热热闹闹。这是何等的自信和高超，好像他就是10只老鼠的父亲！这样的一套书，一看再看也难以穷尽。比如，我一直粗浅地以为，10只老鼠孩子是按照从1到10的顺序睡觉的，老九老十不就挨着吗？看了不知道多少遍之后才发现，其实是男孩子们睡楼上，女孩子们睡楼下，只有老十，因为小，为方便照顾才睡在老九身边。

从女儿2岁开始，"14只老鼠"就一直陪伴着我们。我们对这套书的阅读大致经历了两个阶段：2岁，认知层面的阅读；4岁，理解层面的阅读。几年过去，我才慢慢懂得，好的图画书可以怎样深刻地影响我们的生活。

2岁共读，结识老鼠一家

"14只老鼠"整套书里都是跨页画面，每页只在画面的下方有二三十个字。这对于习惯照着字读的大人自然是一种挑战；而且，14只老鼠啊，该怎么讲呢？

- **从主要情节到次要情节，从一个人物到多个人物**

不到2岁的孩子，无法处理过于丰富的信息，14只老鼠，就是14条线索，听不了一会儿孩子就会混乱。再者，孩子的耐心也有限，一只一只老鼠依次讲，阅读节奏会拖得很慢。初次阅读，不如重情节、轻人物去处理，这样孩子的阅读负担会小一点。还好，岩村和朗用他精练的文字勾勒出了每幅画面的主要情节，照着读就好了，像这样："老七，抓住！还差一点点啦。在最后面使劲儿拉的那个大力士，是谁呀？"

这套书我们断断续续读了几个月，后来女儿渐渐喜欢上了老九——那个总是带着一个老鼠玩偶的小姑娘，可能因为跟自己很像吧。这之后再读，我们就每页看看老九在干什么，她的老鼠玩偶在哪里。或许，有的男孩子会喜欢调皮的老八、搞笑的老六吧！有了兴趣点，追踪阅读就可以自然而然地展开了。

单册书，我们读得最多的就是《14只老鼠吃早餐》。小老鼠们的早餐可真丰盛啊！每次女儿都要求翻到采摘树莓那一页，看，多有趣啊！老二爬得最高，把底下容易采的都留给弟弟妹妹，他的篮子已经冒尖了；精力充沛的老八也采了很多，正在用小尾巴倒挂金钟；老五呢，光顾自己尝了；骨碌碌，老七刚采到的一个滚走了；老大真能干，一口气抱了个满怀；"哎呦"，是谁扎了手啊？原来是老六。听了不知道多少遍，每次都像第一次那么新鲜；有时，小小女儿就趴上去假装啊呜啊呜地吃，伸出小手用力一摘，还坚称自己扎了手指，翻出床头柜里的棉签，一定让妈妈给上药。以这一本书为窗口，女儿开始从关注一只老鼠到渐渐能注意14只老鼠。

- **从生活到阅读，再从阅读到生活**

2岁的小朋友还不具备把书读细的能力，我们不如将书本当作认识生活的入口。

讲《14只老鼠吃早餐》，我跑了几家大型超市，终于买到树莓。小小女儿尝一口，一脸诧异："哇，好酸啊！小老鼠怎么会喜欢吃这样的东西呢？"

真的是这样吗？还是亲自去探个究竟吧！终于查找到市里的树莓采摘点，打了好多次电话都不通，我们一家还是驱车摸索着去了。没想到看门的大爷说树莓已经过季了。我不死心，下车去看，哇，还能找到一些采收之后的。树莓是灌木，半人高，枝干上长满了刺，叶子有点像草莓，但大很多。剩在枝头的树莓果只有小孩子拇指那么大，经了霜，红中透着点白，放在嘴里一尝，"哇，好甜啊！"。简直完全颠覆了我对树莓的印象。女儿奋勇当先，不怕刺，不怕杂草，兴奋地不住喊："妈妈，我发现了一个！这里，又一个！"这种感受，真是比在超市买现成的要好上不知多少倍！

咦，为什么女儿的小桶装得比爸爸妈妈的还多？原来只有蹲下身子，化身小孩子，才能发现好吃的树莓，才能发现大自然的丰富与美丽。

后来，我们在街心公园发现了一种伏地植物，已经3岁的女儿说："妈妈，好像小一号的草莓哦！"还真是，叶子也像草莓的亲戚。我索性买来松冈达英的《自然图鉴：我们的莓子朋友》一书，让女儿自己查找，原来这种植物是蛇莓。似乎已经离题万里，但是我们出发的原点是《14只老鼠吃早餐》中那诱人的树莓大餐啊！

讲《14只老鼠挖山药》，我真的从厨房拿出了家里的山药，给女儿摸上面的根须和尘土，掰开来给她看洁白的内芯，和她一起把发了芽的山药种在花盆里。花盆就在卧室的窗外，每天我们都能看到山药长高，绿意一点点盈窗。每隔几天，我就把女儿抱到窗台上给山药浇水，摸它那心形的叶子。直到秋天，一夜霜冻，我们的山药叶子全部变黄了，枯萎了。可惜花盆里的山药并不能像森林沃土里的那样，有深深的根须、长长的茎蔓、孳生的山药豆。女儿有点失望。以前去云南，带路的老伯

女儿采摘树莓

还说，林子里能挖到好多山药。我暗自许愿，等女儿长大了，要带她到真正的森林中去做一回"小老鼠"。

之前一直没把"赏月"这本书拿出来，怕女儿看不懂。一天，加班迟归的我在楼下看到了又大又圆的月亮镶嵌在清冷的冬夜中，美极了。火速上楼，用一件爸爸的大羽绒服裹着把女儿抱出来，一同赏月。小小女儿呆望着夜空，鼻尖都冻红了，还不肯上楼。时机到了，我拿出《14只老鼠赏月》读给她听；读毕，关上灯，坐在飘窗上跟女儿再次静静地赏月。此时此刻，我们也成了两只老鼠。

读《14只老鼠种南瓜》，女儿可是饱了口福了。我给她做了蒸南瓜、牛奶南瓜粥、炒南瓜子。用牛奶煮南瓜粥的做法是跟一家素食店学的，若要追求口感细腻，还可以用辅食机把经络打碎。似乎2岁以内的娃读书，书只是一个引子，吃才是要紧事。

以上就是女儿1岁半到2岁，第一次读"14只老鼠"时的情景了。1岁多初识，到以后的两三年间，"14只老鼠"成了我和女儿共同的亲密玩伴。后来我们又陆续阅读了岩村和朗的"7只老鼠"系列、"3只小松鼠"系列、《森林音乐会》、《一个人的末班车》等书。有时，我愿意和女儿一起相信，在我们的城市之外，还存在着一个童话世界。每到周末，我跟爸爸就会驾车带着孩子来到郊区，远离景点，去真正的野林子里探险，三个人一边走一边寻花、觅石、看小虫子。我们还买来了娃娃屋，蓄养了一家小玩偶，有时也带它们一起出行。

童年时期不就是应该充分地发

我为女儿制作的南瓜大餐

250

展想象力吗？绘本正给我们搭建了这样一座彩虹桥。借着岩村和朗的眼睛，女儿得以看到表层世界之外的另一个丰富存在。

连我这个大人，也觉得被14只老鼠治愈了。育儿疲惫时，翻开这套书，老鼠一家温馨和美的情景总能重新唤起我爱的力量；书中的自然野趣也每每勾起我乡居童年的回忆。虽然知道生活还有沉重的一面，书里画的只是美好的情节，但图画书的使命不就是以光明之力驱散阴霾吗？

4 岁共读，走进老鼠一家

两年之后，我又重新拿出了这套书，是时候重温了。此时的女儿阅读力、表达力都有了很大的提升，她完全可以充当这趟阅读的主导者了。

- **横着读，把每本书读细**

连续12天，每天一本作为我们的"睡前书"，女儿主导，妈妈补充。书真的是常读常新，这次我们在每册书中都读出了新内容；那感觉，像是对老朋友有了新认识。

以前读这套书，一直有桩悬案未解。采完树莓回来，老九妹妹为什么抹眼泪了？我跟女儿找了又找，明明跌跤的不是她，扎手的不是她，果子掉了的也不是她啊！这次重读，才发现故事开始，老九妹妹急着追上哥哥们去采树莓，老鼠玩偶落在了爷爷旁边。大概她以为弄丢了吧？肯定是这样。我跟女儿又翻了好几册书，老九和自己的小玩偶形影不离，看来我们的推测确定无疑了。哇，这条伏笔埋得好长啊！可不是吗？小朋友就是这样的，很久之后才想起自己落了东西。这个故事在文字部分完全没有提到，全靠读图才能获悉。

自从发现了这个秘密，我跟女儿越发兴致盎然，要在写这14只小老鼠的书里寻宝了。

单是这本我们读了无数次的"吃早餐",就能发现无数趣味。老六的手在采树莓的时候扎了,抬着筐的时候,他一直举着这根手指头,愁眉苦脸的,直到妈妈给他上了药;再看全家一起吃饭时,老六的一根手指依然红红的呢!作者在任何时候都没有忘记这个细节。看他们抬树莓筐的情景,起先是老二老七一组,老五老六一组,快到家的时候,已经换成了老二抬着两个筐在前面走,老七和老五在后面帮衬,老五正累得大张着口喘气。

这一切多细致啊!好像作者就和这14只老鼠生活在一起似的,好像这一切真的发生过。

• **纵着读,读出每只小老鼠的性格**

每册书的封面都仔细地为小老鼠们标上了"老大、老二……"的序号,看多了,对每只小老鼠的衣服也有了大概的印象。老二有蓝白宽条纹上衣,老三有红色细格子上衣,老九有枚蝴蝶结,老五有顶倒扣的棒球帽,老四有顶渔夫帽——这细微的差别,还是女儿看出来的。

拿捏每只小老鼠性格时,我跟女儿常常把其他册书拿出来一起翻看。老大、老二是家里的主劳力,疼爱弟弟妹妹的好哥哥。他们也很浪漫,老大在赏月和春游时给大家吹笛子,老二采来鲜花装点餐桌,用风铃草做"花面具"逗老十玩儿;老三是家里最大的姐姐,经常帮着妈妈和奶奶做饭;老八精力充沛,最爱爬高;老九时时不离她的老鼠玩偶,大家都洗衣服时,她也要给"小老鼠"洗衣服呢;妈妈是大家庭的后勤支撑,孩子们捉迷藏时,也要出门去找果子,晚上睡前也是最后一个洗澡,只有在春游时,才戴上漂亮的发带——我跟女儿差点没认出来,还以为是一个年轻的姐姐。

最引起我跟女儿注意的是老六。翻开第一本书《14只老鼠大搬家》,才到第2页,老六就差点摔了一个大屁蹲儿;第6页,从高高的树上摔了个四脚朝天的又是老六；第7页被竹竿砸到的是他；14页，把面包滚在地上的人当然还是他。"真是小倒霉蛋啊！"女儿说。"你可以说他'笨手笨脚''笨拙'，都成。"我顺势教了女儿两个词语。

这样的性格贯穿了12册书，"吃早餐"里，被树莓扎手的是老六；"秋天进行曲"中迷路的是老六，"去春游"里掉水里的是老六；"赏月"里，被橡子砸到头的是老六……以至于每次遇到这样的倒霉事儿，我跟女儿根本不用翻到封面去比对衣服，直接说："老六呗！"爱玩儿，承担责任比较少的，也是他。在"大搬家"这一册书里，奶奶给搭建饮水管道的孩子们送来了面包，大家都在忙的时候，老六已经拿起一个面包先吃起来了；"洗衣服"里，老五顶着一大盆脏衣服出发了，老六只顶了一条被单，在看野百合；"吃早餐"里，老五、老六共同抬着树莓筐，一直是老五在前，筐卸下来时也是放在老五身边。当然啦，更多的时候，老六都是在参加家庭劳动的。大概，每个家庭里都有这样一个孩子吧，憨憨的，很纯真，但是还不太会照顾人。

- **整体读，读出小老鼠们的生活**

12本都读完后，我提议给这些书排排顺序。

女儿最先提议把"吃早餐"和"摇篮曲"放在一起，"这是小老鼠们完整的一天嘛！"。剩下的呢？女儿又提议按照四季来排。"去春游""秋天进行曲""过冬天"这三本最明显。"'捣年糕'是冬天过年时，'挖山药'是深秋，'蜻蜓池塘'和'洗衣服'自然是夏天，小老鼠们都穿着背心呢！""'种南瓜'呢？这个横跨了春夏秋呢，咱们怎么排？"我问。"呃，这个嘛，既然从春天开始，就挨着'去春游'吧！""那'大搬家'呢？看样子像秋冬。""是啊，可是无论如何'大搬家'都应该是第一本啊！这是他们一切生活的开始。"

我与女儿一唱一和地聊了好久，熄灯睡觉后，女儿又说："妈妈，那本'摇篮曲'还是放在最后一本吧。咱们不是看到他们在门外修了一间澡堂吗，其他书里都没有啊！"还真是。这本书的封底也别具一格，是一张真正的乐谱，名为《14只老鼠的摇篮曲》。哇，真是一个美好的发现，我禁不住吻了一下小女儿的额头，唱起了这支曲子："睡吧，睡吧，合欢树闭上了叶子。睡吧，睡吧，毛毛虫做起了美梦……"

- **和其他书一起读，感受多样的美**

整体阅读，可以保持专注，享受沉浸的乐趣；和其他书一起读，则可以来一番开阔思维的品头论足。

《14只老鼠种南瓜》的结尾是他们收获了很多南瓜种子。我提议猜猜这些种子怎么处理。女儿说："送给朋友了吧，比如送给小老鼠乔治和蒂娜（"神奇小老鼠"系列主人公）。""太有道理了！这本书的开始就是爷爷从盒子里拿出一颗种子啊，肯定也是别人送来的。"

我又拿出了《妹妹的大南瓜》《南瓜汤》和《爷爷的神秘礼物》。

《妹妹的大南瓜》侧重讲亲情，是国内绘本作家九儿的作品。春天时，三兄妹在自家园子里播下了南瓜子。妹妹的南瓜秧因为浇水太多要蔫了，哥哥暗地里把自己的南瓜秧跟妹妹的换过来，想办法提醒她少浇水。到了收获时节，妹妹的南瓜最大，简直像一座小山。全家人开开心心地吃了一顿南瓜宴。

《南瓜汤》侧重讲友情，是英国海伦·库伯的作品。三个好朋友猫、松鼠和鸭子住在森林的小白屋中，他们三个一起唱歌，一起睡觉，最重要的是一起煮出好喝的南瓜汤——猫切片，松鼠搅拌，鸭子放盐。可是，有一天，鸭子突然想去搅拌，松鼠却觉得他抢了自己的工作。一番争吵后，鸭子负气出走，两个小伙伴冒险去找，三人终于言归于好，煮出了世界上最好喝的南瓜汤。

《爷爷的神秘礼物》侧重讲耐心，是意大利朱里安诺的作品。爷爷送给小老鼠的神秘礼物是一枚种子,告诉他只要耐心照顾,就会收获惊喜。经历了贪玩忘记浇水,小苗打蔫后,小老鼠开始用心照顾,就连生病也惦记着。结尾你当然已经猜到啦!他收获了世上最甜美的果实。

我正思忖着是不是该提点问题,女儿就问我了:"妈妈,好像每本书都告诉我们点什么。那《14只老鼠种南瓜》告诉我们什么呢?""你觉得告诉了你点什么呢?"女儿想了想,说:"快乐。"嗯,这真是最高的评价了。

对于4岁的小朋友来讲,比较阅读是有难度的,所以,不必刻意提问,孩子若能模糊地感到一系列书的异同,并在比较中加深了对某本书的理解,这就够了。

- **讲讲作者的故事,将思索引入现实**

4岁时再读这套书,女儿常常感叹的有两句话:第一句是"好难!画起来肯定很难吧?"。彼时,小家伙已经开始学习绘画,塑形能力还不够强,常常求助妈妈。看着"14只老鼠"逼真、繁复的画面,难怪她会这么说。第二句话是:"这些是真的吗?"这大概因为她这个年龄对世界的认识刚好在现实与幻想的边界。

"怎么回答呢?还是让妈妈给你讲讲作者的故事吧。"

"创作出老鼠一家人的是岩村和朗爷爷。他出生的时候,自己的国家刚刚结束了一场很大的战争,他们那代人最大的梦想就是过上安宁祥和的生活。岩村和朗爷爷从小爱画画,长大后在大城市东京工作。41岁时,他决定开始为孩子画图画书。那时候,他的住家附近有一大片森林,冬季会落叶,整座森林看起来亮晃晃,十分动人。那时还是叔叔的岩村和朗总是在林子里散步,走在其中,总觉得路的尽头会有奇特的东西等着自己,或有小动物的脸忽然出现眼前,有时他就躺在落叶织成的柔软的网上,看着蓝天,想着这座森林里可能发生的一切故事。后来,他索性带着全家搬到离城市更远，森林更大的地方去住，这就是为什么'14只老鼠'的故事从他们大搬家讲起。"

"现在你知道为什么即使'很难'，岩村和朗爷爷还画得那么好吧？因为他就生活在大森林里啊，天天和花啊，草啊，小动物们在一起。"

女儿很沉默。

她在想什么？可能以后会慢慢浮现出来。此时我想的是：看来一套发行量超过1000万册的畅销书，真的是要用生命去浸润的。

睡前，女儿问我："妈妈，那他们——我说的是老鼠一家子，可以有好的生活吗？"她还在想着这事儿，而且语气有点迟疑。即使是一个4岁的小小人儿，也感到了美好后的一点点虚无……我想了一下，这样回答："'很好的生活'是个人的感受，他们每个人脸上不是都带着笑容吗？不过也要牺牲掉一些什么吧。你记不记得他们的衣服上其实是有补丁的？"

岩村和朗在自己所居住的山村里建造了美术馆，我在心里许愿将来一定和女儿一起去参观；还有一个更长远而坚定的愿望：一定要多带女儿去大自然里，从容地，去发现那些潜藏起来的美。

Tips

1. 2岁的阅读，多联系生活；4岁的阅读，更多关注书本身。

2. 横着读，把每本书读细；纵着读，读出每只小老鼠的性格；整体读，读出小老鼠们的生活；和其他书一起读，感受多样的美；讲讲作者的故事，将思索引入现实。

《快跑，云梯消防车》

作为一个八〇后，我的童年并没有赶上中国图画书的丰富期，怎样阅读图画书，我也需要不断去学习。其中，给我印象特别深的是《快跑，云梯消防车》这本书，几乎每一次阅读，我都收获了新的喜悦，禁不住频频感叹："哇，原来图画书是这样的啊！"

阶段一：熟悉内容

女儿初读这本书的时候，刚刚1岁出头。第一、二、三、四、五次读，我们以阅读文字为主，了解主要内容。为了追求连贯性，我没在每幅画面上停留太久。"快跑，云梯消防车！穿过大楼，呜——呜——呜——看到烟了！是着火了吗？不是着火，是工厂烟囱里的烟。继续向前跑！呜——呜——呜——穿过城市，看到烟了！是着火了吗？不是着火，是澡堂烟囱里的烟。"云梯消防车"呜呜呜"地往前跑，穿过城市，来到乡下，遇到了篝火的烟、飘在天上的云，终于到达出事地点，原来是一只小猫咪，被困在了高高的树上下不来了。消防员叔叔乘着云梯把小猫救下来了。怪不得书名一定要强调"云梯消防车"，

《快跑，云梯消防车》
作者：[日]间濑直方　译者：彭懿　周龙梅
出版社：二十一世纪出版社
云梯消防车出发了，哪里着火了呢？穿过大楼，看到烟了！不是着火，是工厂烟囱里的烟。穿过城市，看到烟了！不是着火，是澡堂烟囱里的烟。……呜呜呜，消防车一路又遇到篝火的烟，遇到白云，原来是一只小猫被困在高高的树上了。好了，消防员把它救下来啦！

看来消防员的工作也不只是救火，还可以承担各种救援工作，是老百姓的好帮手呢！女儿一直简称这本书为"消防车的书"，在我分享了自己对书名的体会后，她每次提起这本书就加重语气强调"云梯"两个字。这就是1岁小朋友的潜力。给什么，得什么，慢慢消化着。

阶段二：读细读深

第六、七、八、九……二十、三十次，我们开始进行画面的探索。最先发现的是两只小麻雀，它们一直跟着消防车呢。每幅画面都有，找这两只小麻雀，成了我们的一大乐趣。后来，读了更多的绘本后，我才发现在书里点缀一点小动物，是绘本画家常用的提高阅读趣味的做法。《便便工厂》这本书甚至直接在犀页上标明：每页都能找到一只鸟和两只耗子。

我们在每页上停留的时间越来越长，也读出了越来越多有趣的细节。比如，消防车在城市中穿行时，房子多是高楼大厦；往城郊走，变成独栋别墅；进入乡村，房子、车子都变得稀疏，轿车少了，大大小小的载货车多了。往细了看：第8页，趁着大家都在看热闹的时候，一只小白猫叼了条鱼逃跑了，鱼店老板只好在门口徒然地挥动着木棒——唉，他怎么也无法登上房顶呀！第10页，另一只小花猫趁人不注意，从别人钓好的鱼桶里叼了条鱼上来呢。消防员叔叔乘坐云梯救下小猫那一页，有一家四口在仰着头看；往回翻，原来从第7页开始他们就一直跟着消防车，有的页画得明显，有的页画得不明显，但仔细找都能看出来。这辆车后面，有一个戴褐色帽子的人正在抬头画画，最开始，我和女儿也以为是周围看热闹的人，往前一点点找，发现他的灰色小轿车也是一直跟着消防车特意开过来的。

不知是哪一次读，女儿翻到封底，指着消防员们与小猫的合照，问我:"为什么有一个阿姨呢?"我们翻回上一页,找来找去,终于在云梯伸缩器旁边,特别不明显的位置发现了一位性别不明的消防员。应该就是这位女消防员了吧。"可为什么看不见脸上的瘊子呢?"女儿继续问。"可能就是因为太小了,已经看不清了,画家才决定省略吧。"就在刚刚,为写这篇文章重读此书时,我又有了新发现:第8页有个小男孩拿着一张画从书店探出身子来,画面上的,不正是云梯消防车吗?这会不会是从小就爱好交通工具的作者自己呢?

有时,我们甚至会有一些无厘头式的发现。比如,我们甚至据这本书推测ESAM应该是日本的一家超市品牌,第2页的一座高楼上、第9页一家小型二层小楼上、第10页一个小男孩的书包上、第11页的一辆小货车上都写着这几个字母。我在网上没有查找到确切的答案,绘本第1页有一个挂牌写着"江寒市消防局",那么这个ESAM应该是当地一家比较重要的企业吧,也可见作者在写实上花了多少工夫。我想:这种潜移默化的价值观教育,对孩子来讲,也是有意义的。

当然,除了这些散点的设计,有时我们也会带着专门的探索目的出发。比如,我会提议:"这一遍,咱们看看,人们看到消防车出发时,都是什么反应吧。"初读这本书的女儿还不会说太长的句子,她会认真地伸出小手指:"妈妈,妈妈!"可不是吗?一只小狗追着消防车跑,差点把妈妈拽了一个跟头。得到妈妈的表扬,女儿会开心地说:"希希发现的,希希棒。"几个月后,女儿的词汇量丰富,再读这本书,我会教一两个词语给她:"兴奋,小朋友看到消防车驶过的样子可以说成'兴奋',就像希希看到新玩具一样。"

在这一阶段,我也力图将绘本的鉴赏引入我们的共读。女儿早已能够将这本书流利背诵,我问她:"'快跑,云梯消防车!穿过大楼,呜——呜——呜——看到烟了!……这是谁说的话呀?谁在给消防车加油啊!'""是我呀,是我呀!"女儿笑嘻嘻地回答。没错,正是以小朋友的口吻去写的，才这样紧张又亲切。也只有小朋友，才会以为水汽、白云是烟吧。我请女儿给她的玩偶兔子讲这本书，在每一次翻页时，我都让女儿拿起玩偶兔的小手摸摸那个遮挡页的特殊设计，都加一句"哇"，以此来体会作者设置悬念的巧妙。

阶段三：读厚读宽

把书读厚读宽的方法有：读同一作者的书、同一系列的书、同一主题的书，还有去实际情境中体验等。

读过四五十遍之后，我们拿作者间濑直方的"开车出发"系列来读。原来这本书里的小猫一家就是《坐电车去旅行》一家的主角啊。这本书里出现的骑摩托的邮递员也穿越到《来信了》这本书里，成了主角。读书多了，爸爸妈妈们就会发现：这是绘本画家爱用的方法呢。比如美国的怀兹·布朗《晚安，月亮》一书中，房子墙壁上挂着的，就是她另一本著作《逃家小兔》里的画面呢！这正好说明，艺术家的世界都是自成一体的，是现实世界的映照。可以推测，间濑直方整个交通套系画的就是自己的家乡日本爱知县呢。还有些秘密，我怎么也没有发现，直到读了作者的介绍——

> 《坐电车出发》和《坐电车去旅行》这两本书冷不丁一看，好像很相似，但这其中藏有很多秘密：《坐电车去旅行》是继《坐电车出发》7年后创作的新绘本，因此描绘了电车上的乘客们7年后的风貌。对比一下就会发现，婴儿已经长大，孩子也多了……老爷爷、老奶奶还健在。7年后，爸爸手里的相机由胶片相机变成了数码相机。

这就是我爱读绘本鉴赏，特别是作者自述的原因。跟女儿分享这些的时候，是我们读过一百遍之后的事了吧！（别惊讶，这本书不到10

参观消防车

分钟就可以读完一遍呢。）

除了读同一个作者的书，我们还按照"消防车"的主题来读。读《消防车普吉达》，我们知道了《快跑，云梯消防车》第 1 页画的三辆车分别是干什么的；读"长大干什么"系列之《消防员》，我们明白了这本书里的消防员为什么要戴厚厚的手套和头顶的小灯。

最酷的是，在女儿 2 岁 7 个月时，我们一家人真的去参观了消防局。此时，距离她第一次读到这本书已经过去了 1 年半了。以下就是我们那次参观的日记和照片。

2019 年 3 月 16 日　2 岁 7 个月

本来谁都说消防局不可能让进的，妈妈还是决定厚着脸皮带你去问问,并且已经做好了以可怜母亲的身份去求人家的心理准备。谁让你那么爱读消防车的书呢!从1岁多的《快跑,云梯消防车!》到最近的这本《消防车吉普达》,真奇怪,你这么个小小女孩,居然喜欢这个,或许是因为它自带的惊险刺激?

没想到那么顺利,不仅让我们进去了,还有一位叔叔热情地招待了我们,甚至让你坐进车里试试看。哇,小朋友就是人人爱。你快乐地指认着哪个是"阿高"(书里的角色,云梯消防车),哪个是"阿泵"(书里的角色,有大型储水罐的消防车),哪个是"阿快"(书里的角色,救护车)。可惜没有找到普吉达,叔叔领你去看消防摩托,说微型火灾,以前用吉普车,现在就用摩托了。"长大干什么"系列中的《消防员》一书提到消防员遇到火情为了节省时间,都是顺着杆子往下滑的,大概你对这点印象很深,问叔叔:"杆子呢?"叔叔真的带着我们往里走看滑竿呢!

其实这个小消防站也就这么几辆车,你看了又看,每个细节都认真问到。"这是什么啊?""水泵,接水龙头的口儿,连接地下水。""哦,这个是梯子,可以飞快地爬上去。"……问了好多问题不算,你还说:"我要闻一闻消防车。"说着就凑上了小鼻子。

哇,一个小孩子投注了多少热情啊!晚上睡觉,你还跟我说:"妈妈,我明天还要去消防局。"

后来,我还给女儿买过瓦楞纸做成的消防车玩具,就是像一般的儿童帐篷那么大,可以爬进去玩的那种;店家还赠送了丙烯颜料,可以给消防车涂色,加深对消防车颜色的印象。我还买过一套过家家用的消防员服装,让她亲眼看到上面的反光条——这是为了在浓烟中便于发现而设计的。我们的阅读已经从单纯的叙事走向了知识的探究。

在这么久的时间里,《快跑,云梯消防车》不断被我们提起,重读。

随着女儿视野的开阔，我们又从这本书画面的边边角角出发，触及社会的方方面面。

• 第 9 页提到澡堂，在日本、韩国以及我国北方高纬度地区，取暖没那么方便的乡村都设有公共澡堂，我给女儿讲起了自己小时候上澡堂的经历。后来我们读韩国白希那的《澡堂里的仙女》，我又拿出这本书，翻到澡堂那一页跟女儿一起温习。

• 户外烧烤完，我们用水浇灭了余炭，再读这本书第 12 页，女儿就注意到了郊外烤红薯的火堆旁也放着一桶水。

• 吃过日料后，我给女儿讲为什么日本的街上有"新鲜鱼店"，因为日本是岛国，海洋资源丰富，喜欢吃鱼和各种刺身。

• 见识过机场中小型的起重叉车后，我们再看第 4 页，就知道工厂里的人正在运送重物。

• 去过我国西南农村旅行，见到供奉的小佛像，我问女儿记不记得这本书里也有这样的佛像。

• 读了关于燃料的科普绘本，我们又拿出这本书，猜想澡堂的烟为什么是黑的，工厂的烟为什么是白的；取暖季，开车去郊区的路上看到高烟囱中散发的白烟，女儿问我："妈妈，你说这是烧什么发出来的烟呢？"

……

从这本书出发，在不断的重复和勾连中，我们已经走出去很远很远。这本书真的让我深刻地认识到了好书究竟有多耐读，究竟有多需要重复读。

《勇敢的艾琳》

威廉·史塔克（《怪物史莱克》的作者）的书语言丰富、生动，特别适合作为孩子的语言范本加以学习，比如这本《勇敢的艾琳》。

第一遍读，要尽量保持故事的完整性。我一般不停下来做任何解释，

《勇敢的艾琳》

作者：[美] 威廉·史塔克　译者：任溶溶
出版社：二十一世纪出版社

一个名叫艾琳的小女孩，冒着巨大的风雪，将妈妈缝好的晚礼服送到公爵夫人手中。一路上，风雪用它们的威力恐吓着艾琳，礼服被刮飞了，艾琳也在黑暗中迷了路，扭伤了脚，甚至整个人跌进雪里；被埋得只剩下一顶帽子。克服了重重困难，艾琳终于将晚礼服送到公爵夫人手中，赢得了大家的赞誉。

只是用声音、动作将女儿带入那个风雪之日中。

• **我模仿**

像风那样尖叫着："回家去！艾琳——回家——去——"像艾琳那样倔强着回击："我才不回家呢！我不回家，你这讨厌的风！"我是多么希望将艾琳的勇敢灌注在女儿时常怯懦的小小身躯里啊，于是我把那声音演绎得如此嘹亮、坚定。

• **我表演**

风要把盒子从她手中抢走，它猛击、裹挟、摇晃、抓挠着盒子。盒子被吹得摇来摇去，眼看就要脱手，可艾琳就是不放手。"这是我妈妈做的礼服！"她大叫。

我扮演着风，用很大的力气"猛击、裹挟、摇晃、抓挠"着正在我怀里听故事的"小艾琳"。我扮演着小艾琳，用力抓住我怀里的"盒子"——此时此刻，这里不是温暖的卧室，分明是雪夜的旷野。

• **我共情**

讲"眼泪在艾琳的眼睫毛上冻住了"，我用手指摸摸女儿的长睫毛；讲艾琳扭伤了脚踝，我把女儿的脚丫从温暖的被窝里拿出来，晾到外面的冷空气中,用力地捏了一下;讲"她浑身哆嗦,牙齿咯咯作响",就真的裹挟着她一起哆嗦;讲艾琳跳上盒子,像雪橇一样滑行起来,就加了一声长长的拟声词"咻——",抱着她左右轻晃,好像真的乘坐雪橇滑下来一样。

母女两人借着史塔克的妙笔,来了一趟雪中行。也许有人会担心这么多的动作会打断故事的叙述。其实,虽然一样追求"绘声绘色",但是亲子阅读不是常规的朗读,营造气氛优先,读起来要视孩子的兴趣适当地放慢或是加快速度。不过,有哪个孩子会为了快快知道结局而放弃一趟神奇的穿越之旅呢?因此,不用担心你的速度,最重要的是适合你的孩子。

- **一起猜故事**

还有一项工作很适合在初次阅读时进行,那就是猜读。猜读有利于锻炼小朋友的想象力,在不断与原作的比较中,潜移默化地学习构思方式,是一种很好的文学熏陶。

但是,请不要生硬地说:"现在,让我们猜猜故事的结局吧!"

比如,这本书我会说:"小艾琳真是又勇敢又聪明,可是礼服被大风吹走了,公爵夫人会不会责备她啊?妈妈会伤心吗?你觉得会是一个悲伤的结尾,还是一个快乐的结尾呢?"这个问法包含两点讲究:其一,指出了这个故事的核心矛盾——大风把艾琳要送的礼服吹走了;其二,包含了一处具体指导,即前文提到过的艾琳的顾虑——妈妈和公爵夫人的态度,还有一处笼统的指导:"悲伤的还是快乐的结尾"。

如果孩子回答"不知道",那很正常,至少一半的孩子和大人都会这么回答吧!

如果孩子回答"公爵夫人因为艾琳的勇敢而选择原谅了她",证明孩子的逻辑思维水平非常高,因为这符合现实经验,也符合题目"勇敢的艾琳"的暗示,孩子模模糊糊地知道艾琳应该是得到褒奖的那一个,这不应该是一个悲伤的故事。

如果孩子回答："也许被猎人捡去了，又被仆人从集市上买回来给了公爵夫人"，那这个孩子的文学素养已经相当高了！通常，故事经由一连串"事故"而最终归位，成就一个首尾呼应的美好"故事"。至于礼服怎样失而复得，这个"怎样"就是想象力和文学能力高下的问题啦。一本本读故事，一次次猜故事，有一天必定会成为讲故事的高手。

第二遍第三遍，甚至第四遍读，模仿、表演、共情，这些塑造情境的方法自然还要继续，不过，已经可以邀请小朋友和你一起进行了。

- **抓起她的小手**

把一只手攥成拳头当盒子，一只手握起那只小笼包一样的小小手，带着她"猛击、裹挟、摇晃、抓挠"着那只"盒子"。你不觉得史塔克这一串动词用得格外准确、生动吗？这是多好的学习机会。除了"裹挟"的"挟"，每一个词语都是小朋友听过的，但是用来表现风对于盒子的攻击却是新鲜的，蕴含着拟人的表现手法，表现着风的力量、手段、决心，甚至还有丑恶的嘴脸。这就是语言的传神运用，而不仅仅是积累几个单摆浮搁的词语。这一切，都通过手与手的传递在小朋友的肌肤与内心留下了记忆。

- **适当进行讲解**

不要排斥"讲解"这个词，最初人类的经验与智慧就是通过口口相传的，更何况这种讲解还附着着妈妈的体温呢！

比如词汇，故事的开始有这样一句话："到公爵夫人的宅邸还要走那么远的路"，我告诉女儿，"宅邸"通常是有地位的人住的房子，很大。在接近尾声时，又有这样一句话："那一定是公爵夫人的宅邸！"读到这句话时，我故意没读"宅邸"，将"公爵夫人的"这几个字读得很迟缓，等待女儿想起这个词。说不出来也没有关系，毕竟"宅邸"是一个那么生僻的书面语，大人也常常忘记呢！不过，在亲子共读中，只有长期养成了积累词语的习惯才可以这么做，否则很容易造成孩子的精神负担，影响阅读的愉悦感。总之，怎样做，要观察孩子的反应而定。

读到第二遍的时候，女儿问我"她在雪地里蹒跚地走"是怎么走。我解释说"蹒跚"这个词就是书前面写过的"深一脚浅一脚"，因为有的地方雪厚，有的地方雪薄嘛，还可以是"高一脚低一脚"。这时候，女儿伸出中指和食指在我的膝盖上走开了，得意地问："妈妈，这是不是就是'蹒跚'？"可不是吗？中指、食指一高一低，不正像我刚才的描述吗？

再看这句话："穿着新礼服的公爵夫人就像夜空里的一颗明亮的星星。衣着平凡的艾琳也同样熠熠生辉。"如果孩子已经有了一些对于词汇和上下文关联的推断能力，则可以在读的时候加重"也"这个字，强调"明亮的星星"和"熠熠生辉"的关联性，再解释。第二遍阅读我讲解了这个词语，第三遍，我问女儿："熠熠生辉"是什么意思啊？女儿把自己的小手一张一合地，"妈妈你看，闪光"——这就是在上下文的语境中记住了词的意思。

当然，很多时候还可以什么都不讲，只需要放慢速度或者加以停顿，孩子自然懂得妈妈在强调这个词。这种方法适用于像"顶风冒雪""步履艰难"这样的词语，特点是孩子基本懂得什么意思，但是词语本身的组合方式值得注意。

• **我们来做游戏吧**

可以做游戏的地方有很多，比如破折号。"你知道妈妈为什么要把风的声音拖得长长的吗？你看这'——'，就是告诉我们要拖长声音，就像唱歌时的音符一样。"不妨找个句子，让孩子亲身体验一下。"风尖叫着：'艾琳——回家——去——'"孩子一定兴高采烈地表演，因为她又增长了一样新本领。如果读到第五六七八遍，每一处用"——"表示声音延长的句子都可以让孩子表演一下。妈妈和孩子可以比赛，看谁的声音响亮，谁的声音拖得长。如果这样做了，你一定会听到孩子咯咯的笑声。不过，破折号的其他用法对于三四岁的孩子来讲还太难，也不需要知道，不能强行变成学习。

比如这句话，艾琳被雪埋了起来，她几乎想放弃，不如冻死，一了百了。这时她想到："再也看不到妈妈的脸了吗？见不到那闻起来就像刚出炉的面包一样的好妈妈了吗？"多棒的表达！从修辞上来讲，这句话属于拟物，即把人比拟成物；还包含一定程度的通感，把孩子对妈妈的感受用嗅觉表达了出来——温暖、有熟麦的香味、能解除饥饿、慰藉心灵。每次看到，我都忍不住在心底赞叹它的美妙。没有谁会傻到给一个4岁的孩子讲什么拟物通感。

为了吸引女儿注意这句话，我用略显夸张的声音笑起来："哈哈哈，她说自己的妈妈闻起来像刚出炉的面包。快告诉我，你的妈妈闻起来像什么？"也许孩子会回答你像她刚刚喝的牛奶，刚刚吃的糖果，要是不巧正想俏皮一下，也许会说你闻起来像臭狗屎，哈哈哈！实在一点也不用往心里去，而应该和她一起哈哈大笑；或者假装委屈，摇着孩子的肩膀说："不行，不行，你必须再说一个！"或者，干脆回击："你你你，闻起来就像一只臭榴莲！"然后大笑着跑开，等孩子来追你。总之，要能领略这份幽默。

至于孩子的拟物用得准不准，一点也不用在意，因为"准"真的很难，大都是偶得；最重要的是这样一种形容妈妈的方法，她在嘻嘻哈哈中记住了。也许有一天，孩子会突然蹦出这样一个句子："哇！妈妈真像刚刚晒完的大棉被。"那个时候，就是会心一笑的时候了。

• **不妨做点演示**

"演示"是科学老师们常常用到的方法，它对于学习生活常识也很管用。书中有这样一个情节："她把盒子放好，再爬到盒子上。可是盒子陷在雪里不动。她再次尝试，这一次不是爬上去，而是跳上去。盒子一下子动起来，就像雪橇一样向前滑行。"艾琳为什么要这么做？这对于孩子来讲，绝对是一个阅读难点。我随手拿起床头柜上的纸巾盒，开始了演示，用一只手按压盒子的一端，让盒子翘着，另一端深深地陷入被子里，"你看啊，艾琳肯定得从一头儿爬上去，这样，盒子这一头儿因为受到的力气太大，就沉到雪里去了"。接着，我又将整个手掌拍到纸巾盒上，让它快速从自己的膝盖山上滑下来，"快看，因为受力均匀，盒子没有塌陷，而且，因为一瞬间的冲力它一下子就动起来了！"。

女儿一边兴奋地说："艾琳好聪明啊！"一边用小手来回来去地让纸巾盒翻过妈妈的膝盖山。这里面的科学常识她说不上懂了，还需要等到一个更直接的学习契机，但是若能模模糊糊地感到艾琳勇敢又聪明，这就是一大收获啦！阅读难点就是这么突破的。

• **接受孩子的引领**

亲子共读，读到第三遍的时候，很多时候已经不再是妈妈主导了，小家伙们会越来越多地参与进来。在《勇敢的艾琳》中有这样两句："冰冷的雪钻进她的靴子，把她的小脚冻得冰凉。她闭紧嘴巴加快脚步往前走。"读到这里的时候，女儿突然问我："妈妈，你猜如果她张开嘴巴会怎样？"这真是一个非常好的问题。我提议："不如咱俩每人想一个吧！"小家伙骄傲地扬起下巴："你先说。""冷风吹进她的嘴巴，把她吹成了一个大气球。"我有意用了夸张的手法，希望激发孩子的想象力，不过，这种表述方式与整本书写实的风格并不协调。女儿当然早就想好了答案，她说："雪花一定嗖嗖嗖飞进她的嘴巴，冻得她牙齿咯咯响。"很显然，女儿不仅注意到了"闭紧嘴巴"这个描写，还注意到了上文"雪花钻进她的靴子"这一提示，并对此处进行了仿写。真是精妙的推断！很可能，这个想法的诞生，还在于生活经验的激活。我和爸爸曾在雪下得最大时，带她出去短暂地感受过——感受寒冷钻进鼻孔，渗透进衣服，感受雪打在脸上冰凉的感觉，迷乱的感觉，感受与风对抗时身体的倾斜与用力。

有没有发现，不知不觉间，这本书成了我们学习风雪描写的最好范本。有些家长，甚至老师，会惊讶、责备孩子们对风雪描写的单薄，可是这些都是需要学习的啊！首先得需要有体验，同时，头脑中还要存储着"顶风冒雪""蹒跚"等一系列词语；要体会细节——"雪"是"钻"进靴子的，在雪中走路是要"闭紧嘴巴"的；要会运用心理描写"我再也见不到好妈妈了吗"；知道可以运用破折号，表示风怒吼时的无坚不摧；还要懂得设计故事的波澜起伏首尾呼应：风把礼服刮走了，艾琳迷路了，受伤了，衣服失而复得……这么多的东西，怎么能都凭借孩子的天赋去掌握呢？当然要学习！如果没有机会学习过，我们又怎么能责备自己的孩子写得不好呢？而且，这样的学习是永在的、常态的。

• 永不结束的才叫学习

记得读完这个故事的上午，我们一家人去采苹果。女儿在田埂上高一脚低一脚地走路，她忽然惊喜地对我说："妈妈，你看，这就叫'蹒跚'！"其实"蹒跚"一词用在这里有点重了，但这种细微的差别还是等着小朋友长大点再与她交流吧，由于亲近了词汇，此时此刻她是多么欣喜。

又过几天，我们一起看了电影《海蒂和爷爷》。我问女儿："克拉拉家的房子是不是就可以被称作……"看女儿没反应，我微笑着自问自答："这就可以被称作'宅邸'啦！"大概这个词语与孩子的生活情境差距过大，她才会记不住。不过，这也不能说明这个词语学习的失败，说不定什么场合她就想起来了呢！积累词语嘛，就是一个个试。"蹒跚"这个词，女儿就记得很深。看完电影后，她兴致盎然地要求扮演克拉拉小姐，指定妈妈扮演海蒂，一起表演克拉拉终于站起来走路的片段。小家伙有点得意地说："妈妈，你看，这就叫'蹒跚'。"多准确啊！

抓住机会，我继续说："那让爸爸扮演高贵的绅士跟你跳舞吧！应该怎么跳呢？"女儿完全听懂了妈妈的暗语，高兴地对爸爸发号施令："把我抱起来跳舞，不让脚碰到地板，这样就不会加重脚踝的疼痛。"这正是《勇敢的艾琳》中的句子。讲的是当艾琳顶风冒雪把礼服按时送到后，赢得了舞会上贵族们的极大尊重，英俊的绅士们都邀请她跳舞。阅读时读到此处，我觉得作者史塔克的设计实在好极了！完美地呼应了前文艾琳的脚伤，更充满了人性的善意。这是我希望女儿注意到的，在这个场合终于找到了强调和温习的机会。

上文只是几个例子，我相信我们的学习会持续不断地继续下去。比如，我4岁的小小女儿是一个有点怯懦的小孩儿，或许我会在她遇到困难的其他场合提起艾琳，激励她。

总之，阅读《勇敢的艾琳》是一趟心情愉快的学习历程，这是我之所以愿意把它分享出来的原因。请注意，我用的修饰语是"心情愉快"，在学习中，没有什么比这一点更重要的了。为了达成这一点，让我们在心里好好地总结一番经验吧。

- 快乐第一

任何时候都按照孩子的兴趣和能力去阅读，如果你的孩子已经形成了积累词汇、句式、修辞的习惯，那么一切对他来讲都是乐此不疲的；如果他不喜欢，那么就按照快乐第一原则，把这一切都放下吧，润物无声，只要读了，即使孩子不说，也不妨碍发芽的可能。

- 循序渐进

有两个含义：从大的方面来讲，要不断地观察孩子，如果他的接收能力好一点，兴趣高一点，就多学点，如果相反，就少学点喽。学习都是这样一点点试探的。从小的方面来说，让以上这些均匀地分布在若干遍中，这样就不至于使每一次的阅读显得那么臃肿，小孩子的耐心是有限的。

- 游戏、游戏

重要的事情说两遍。任何时候都不要傻乎乎地拷问孩子："你知道艾琳都遇到了什么困难吗？她分别是怎么克服呢？"他也许会丢给你一个白眼，然后趁机溜走。复述当然是表达能力的好手段，但必须用游戏的方式去实现。游戏的方式，就是情境化的，态度轻松的。比如这本书，书中有一句话可以帮忙，"他们都不敢相信，在这样的暴风雪中，她能够一个人越过那座山。他们要她把整个故事从头到尾讲一遍，她讲了"。如果你和全家人都在沙发上郑重地坐好，也向"你们的艾琳"提出这个愿望，说不定她就会骄傲地告诉你啦！

当然，这么做的前提是，你们家的小朋友是艾琳的超级粉丝；不然，任何违背"快乐第一"的行为都是不可原谅的。和孩子一起感受到阅读的快乐，就是亲子共读的最高目标！

荷花荷花几月开

荷花荷花几月开

荷花荷花几月开？正月不开二月开。

荷花荷花几月开？二月不开三月开。

荷花荷花几月开？三月不开四月开。

荷花荷花几月开？四月不开五月开。

荷花荷花几月开？五月不开六月开。

荷花荷花几月开？六月不开永远不再开。

"荷花荷花几月开"，这首朗朗上口的问答儿歌，非常生动。我们仿佛看到一个迫不及待的小孩儿，不停地催问大人，大人呢，则不慌不忙地与他逗趣。

玩转这首儿歌，首先是提炼关键词，然后再从关键词拓展开去。以下这张思维导图，可以将这种方法更清楚地表达出来。

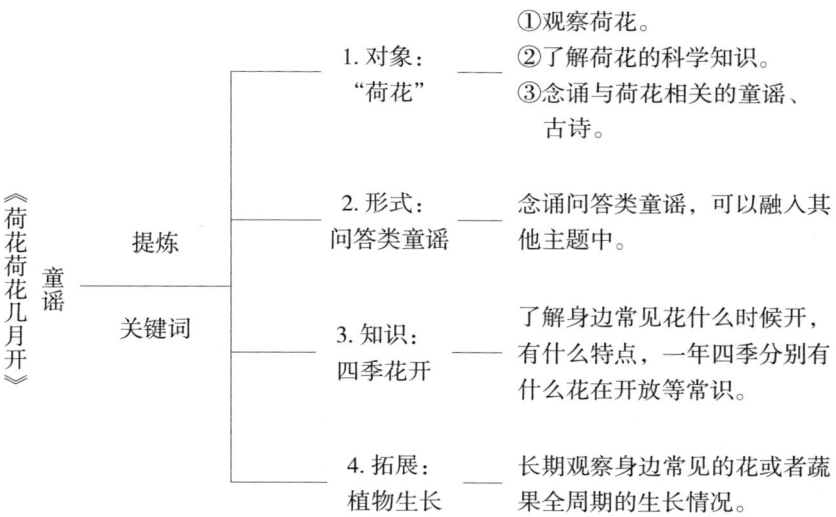

从一首儿歌出发玩起来，重要的是，不必当作任务似的一一去完成，挑选其中感兴趣的去做就好啦！时间跨度可以很长，比如两年，但是最好有一个小小集中的时间段，比如两天，把亲子间看过的、做过的事情进行一个回顾和串联，你一定会惊喜地发现孩子的进步。

活动1：听儿歌　做游戏

女儿第一次听这首儿歌是七八个月大时，《米米听民乐》的版本，琵琶伴奏，那时候我把她抱在怀里，抓住她的两只小手打拍子。1岁多，她已经不喜欢被大人抱在怀里了，我就跟她面对面，两个人一问一答地念这首儿歌。开始由女儿来问，她反复重复"荷花荷花几月开"；后来增加难度，妈妈问孩子答，语言难度提高了，需要一个月份一个月份地递进。如果家里人多，还可以玩类似击鼓传花的游戏。拿一朵花，传给下一个人，说一句词，可以越说越快，看谁能不接错词。从最开始的拗口，到后来的熟练、自得，对语言的掌控感使女儿的骄傲感倍增。

妈妈和孩子兴致都高昂时，我们还一边念，一边给这首儿歌加上动作："荷花荷花几月开，二月不开三月开"，做一个表示沉睡的动作；"三月不开四月开"，假装直起一点点腰；"四月不开五月开"，两手指尖相抵做一个尖尖角的样子；"五月不开六月开"，做一个绽放的样子。

这个游戏不仅能丰富孩子的肢体表现力，还能开发孩子的想象力。

活动2：感知"荷花"

家不远处有个小公园，是从女儿婴儿时期起我们就常散步的地方，园中有塘，植荷花数片。圆明园的荷塘面积大，每年夏天，我们也会带着女儿一起去赏荷。

感知荷花，宜调动五种感官，去看，去听，去闻，去尝，去触摸。

首先是要用眼睛去看。荷花多不近岸，我们凭栏观之，女儿只留下一个大致印象。为了让她关注荷花的姿态，我让女儿编故事讲给爸爸妈妈听。"这是荷叶妈妈，这是荷花孩子，她正依偎（这是她新近学的词语，

女儿擎着园丁叔叔送的荷花

正欣喜地用到句子里）在妈妈怀里，小蜻蜓找她玩来了，小鱼，妈妈，小鱼！她来荷花家做客了……"关注荷花之美还有一个办法就是看摄影作品。圆明园和家附近的小公园都有摄影展，爸爸将女儿抱起，全家人一起对着照片品头论足，各自选出心目中最好看的。有一次，女儿喃喃自语："只剩一片花瓣也还挺好看的。"另一幅图让我们领略了夕阳下的荷塘之美，一家人就特意挑选某个晴朗的傍晚去圆明园，去感受"映日荷花别样红"的古意。

说到荷花的香气，周敦颐《爱莲说》云其"香远益清"，果真有理。蒸腾的暑后，遥遥的，微风过处空气中就起了香气。人多时，心下庞杂，也会不闻不觉，唯傍晚人流散去，才觉馨香沁人心脾。这时我就会大喊："女儿，快闻，这就是荷花香。"

若说触摸，可就难了。有一次终于在公园地上捡到一片别人丢弃的残叶，我兴奋地拿起给女儿摸，"这面很光滑吧，背面呢？"。"麻麻的。"花瓣就没那么好捡了，妈妈像拾荒人一样低头搜罗，终不得。北方一般花店没有荷花卖，普通人家并不供奉此花。功夫不负有心人，终于在一处桥头地摊被我买到了。女儿摸到了荷花菡萏时的尖尖角。我取下一片花瓣让她用手指感受，她说像"布"，上面还有一条条细小的纹。因为喜欢粉粉的渐变色，她常常扯下一片给自己的小玩偶做被子，假装在照顾拇指姑娘。花终于没有绽开，大概是给水不够的缘故。直到3岁那年夏天，女儿才得以感受真正的荷花，那是一位圆明园清理残荷的叔叔送的。坐在长椅上仔细看，荷花真是美啊，花瓣的曲线如小船般优雅，莲蓬的黄色鲜嫩得难以形容。女儿觉得太嫩了，小鱼肯定爱吃，一丝丝扯下来喂了鱼。

口舌之娱，在北方也不易得。荷叶鸡，常常用的是干荷叶，味道已经不见了；早点铺子有荷叶粥，虽然加碱有点多，但还能尝到一点清香，我便不准女儿放糖，怕扰了味觉。荷叶茶用开水冲泡，味道自然氤氲满屋，只是刮油去脂，小儿不宜多喝，感受一下即可。白莲藕倒是常吃。每年应季时，我也会给女儿买莲蓬剥莲子吃，她竟不避莲心之苦，常一口气吃一个莲蓬，吃完了还把莲子的绿壳扣在指甲上，假装大妖怪。

活动3：学习荷花知识

关于荷花的知识自然是随情境而介绍，重要的是要注意孩子不同年龄的接受程度。

比如莲藕的颜色和味道。

藕粉，女儿觉得没味儿，不爱吃。我们之间进行了如下的对话：

妈妈："这就是藕的味道啊！你回忆一下，桂花糯米藕什么味儿？排骨莲藕汤什么味儿？"

女儿："它跟桂花蜜一起就是桂花蜜味儿，跟排骨一起就是排骨味儿，莲藕自己好像还真没什么味儿。"

妈妈："那你回忆一下，藕炖熟了是什么颜色？"

女儿："粉色。"

妈妈："那是因为藕中含有丰富的铁。铁上锈了是不是就是红色？你小时候的辅食就有藕粉，它是补铁的好食材。"

再比如荷叶的表面张力。

在女儿还小时，我曾扯过近岸的荷叶，给她看露珠在叶里自由晃动，露珠晶莹、灵巧，好像珍珠在盘中转动。女儿为这游戏开心地"喔喔"叫，那时她尚小，我不便讲科学原理，我便逗她："用荷叶给小宝做雨伞怎么样？"

待她4岁时，我就上网查找资料，念给她听。幼儿读物叙事性文字居多，所以我特别重视说明性文字的阅读，孩子不能完全听懂也没关系，关键是要培养阅读说明性文字的耐心和语感。

这段文字讲得很形象，在语言方面唯一需要解释的就是"疏水"一词。疏，在这里表示疏远、排斥。为了能给女儿讲这段文字，我简单画了一张示意图，表示荷叶的"疏水"和"自洁"能力。妈妈们不要怕画不好，示意图就是把文字简单用图示表示出来，让孩子感到更形象就可以了。在过程中可以思考比例等细节，但不必纠结于此。

我还挑选了两处做扩展讲解。一是"蜡状突起"的"蜡质"，我找出生日蛋糕赠的蜡纸，沾上水让

知识卡片
荷叶神奇的"自净功能"（节选）

在显微镜下可以发现，荷叶表面布满了高度为5～9微米的乳突，乳突之间的距离约为12微米。而且，在每一个乳突上面，都长了许许多多蜡状突起，这些突起的直径约为200纳米。

如此一来，每片荷叶都像是一个挤满了柱状建筑的城市一样，而且是"大柱子上还有很多小柱子"的城市。同时，每一个蜡状突起由于其表面具有排斥性，就像是给整张荷叶铺上了一层保护膜一样，能抵挡住任何液滴的侵入。

当有灰尘等污染物落到荷叶上面时，同样也会被这些蜡状突起挡住，所以，雨水一来，灰尘就会立刻被雨水冲刷得干干净净，一点都不剩。荷叶就是靠着自身这种独特的叶面结构保持干净、清爽的。这种自净现象被称为"荷叶效应"，也叫作"疏水效应"。

科学家们通过借鉴荷叶的疏水结构，制造出了各种各样的超疏水材料应用于生活中的方方面面，比如疏水油漆，疏水玻璃，疏水衣服。

（摘引自公众号"科普中国"，"科普中国－科学原理一点通"原创，《荷叶神奇的"自净功能"》一文。）

女儿摸；又讲到鸭子的羽毛之所以不湿，也是因为上面有蜡质。这些都是植物、动物自己生产的，一旦它们失去生命，也就不会再生产蜡质了。二是疏水材料，我拿出自己的Gore-TEX冲锋衣给女儿做实验，少量的水真的会像露珠一样滚下来。"纳米"就很难讲了，家里虽然有"纳米百洁擦"，但是与荷叶的疏水性自洁原理不太一样，4岁还很难理解。那就留个悬念等她长大了，自己去探索吧。

活动4："荷花"的语言游戏

有两首写荷花的诗，意思浅近，在赏荷时教给孩子最相宜。

一首是《晓出净慈寺送林子方》："毕竟西湖六月中，风光不与四时同。接天莲叶无穷碧，映日荷花别样红。"念习这首诗，需要眼前有大片荷塘，像杭州的西湖，北京的圆明园，每个城市都有这样的赏荷之处。孩子眼里看到荷叶的连绵、碧绿，看到荷花与落日两相应和，却不知道怎么表达，"接天莲叶无穷碧，映日荷花别样红"二句，就是最好的学习材料了，孩子会觉得口里说不出的，有人帮忙说出来了。

一首是《小池》："泉眼无声惜细流，树阴照水爱晴柔。小荷才露尖尖角，早有蜻蜓立上头。"末两句，画面十分形象，读到了孩子就会欣喜地去满池塘地寻找"尖尖角"啦！可以与孩子一起玩味一下的，是"树阴照水爱晴柔"一句。依然最好是依情境而教，挑一个晴朗的日子，和孩子聊一聊。

有词语积累习惯的孩子可能会主动问："'爱晴柔'是什么意思啊？"

妈妈："'晴'是晴朗、晴天的'晴'，'柔'是柔软、柔和的'柔'。在你心里这句话是什么意思啊？"多半孩子会说"不知道"，因为古诗的省略和多义确实有难度。不要急，也许当孩子站在某处斑驳的树荫下，看到光斑在水面跳跃，感到阳光柔和地抚摸自己的面颊，她会突然兴高采烈地说:"妈妈,我明白了!这就是树荫……是我……喜爱的……爱晴柔。"他的话里也许依然带着犹疑,不知道"爱晴柔"的主语是谁,没关系,这正是此句的美妙之处。

与荷花相关的童谣,也可以玩起来。

几年来,因为常去小公园,我们见证了荷花开放的全过程,三四月萌叶,五六月孕朵,七八月盛开,九十月凋零。

女儿大一点,也像童谣中唱的那样问我:"妈妈妈妈,荷花怎么还没开啊?"

妈妈:"再等等,要等到太阳足够热。"

女儿:"妈妈妈妈,荷花什么时候才能开啊?"

妈妈:"等到你穿裙子的时候。"

有没有发现?我们日常对话的"荷花怎么还没开""荷花什么时候才能开",在韵文作品中被整理成了"荷花荷花几月开",简洁至极;又因为两个"荷花"的连续使用,传神地描摹出了催促询问的急切感——这就是对语言美感的追求。不妨把这份感悟与孩子分享。

之所以不回答月份,是因为孩子对时间的概念比较弱,所以我尝试用她能够感知的天气现象进行描述。

等到荷花真正开放时,可以引导孩子在情境中将以上对话改编成童谣,比如:

> 荷花荷花何时开?等到太阳热起来。荷花荷花何时开?等到裙子穿起来。
>
> 荷花荷花何时开?等到知了叫起来。荷花荷花何时开?等到青蛙蹦起来。
>
> 荷花荷花何时开?等到睡莲一起开。……

还有一首童谣叫《丝瓜》,形式、内容都与《荷花荷花几月开》相类,可以一起来听一听、念一念。

正月到姑家，姑家未种瓜。二月到姑家，姑家正种瓜。三月到姑家，姑家瓜发芽。

四月到姑家，姑家瓜开花。五月到姑家，姑家花长瓜。六月到姑家，姑家正吃瓜。

不妨鼓励孩子把《荷花荷花几月开》与《丝瓜》这两首童谣互换形式来演唱。对押韵的讲究不要那么高，孩子能把握不同时间段植物的发育状况就可以了，当孩子自己有想法，但打理不好语言时，爸爸妈妈要适当伸出援手。比如：

正月到公园，荷花没发芽。二月到公园，荷花静悄悄。三月到公园，荷花举小伞。

四月到公园，荷叶溜溜圆。五月到公园，荷花尖尖角。六月到公园，荷花粉艳艳。

还可以借鉴问答歌的形式，按照荷花的特点编排进去。比如童谣《十数对花谣》：

我说一，谁对一，什么开花在水里？你说一，我对一，菱角开花在水里！

我说二，谁对二，什么开花把道沿？你说二，我对二，马兰开花把道沿！

（以上两段针对开花地点而说。）

我说三，谁对三，什么开花叶叶尖？你说三，我对三，韭菜开花叶叶尖！

我说四，谁对四，什么开花一身刺？你说四，我对四，黄瓜开花一身刺！

（以上两段针对开花后果实的特点而说。）

我说五，谁对五，什么开花在端午？你说五，我对五，葫芦开花在端午！

（以上两句针对开花的时间而说。）

  我说六，谁对六，什么开花一身肉？你说六，我对六，茄子开花一身肉！

（以上两句针对开花后果实的特点而说。）

  我说七，谁对七，什么开花把头低？你说七，我对七，葵花开花把头低！

  我说八，谁对八，什么开花胡子拉碴？你说八，我对八，玉米开花胡子拉碴！

（以上两段针对花本身的特点而说。）

  我说九，谁对九，什么开花家家有？你说九，我对九，黄豆开花家家有！

（以上两句针对花的普及性而说。）

  我说十，谁对十，什么开花随簸箕？你说十，我对十，扫帚开花随簸箕！

（以上两句针对花的作用而说。）

看来，我们可以从荷花的开花时间、地点、本身形态、作用、花谢后果实特点等等来玩这首童谣。比如：

  我说一，谁对一，什么开花在水里？你说一，我对一，荷花开花在水里！

  我说二，谁对二，什么开花身子直？你说二，我对二，荷花开花身子直！

  我说三，谁对三，什么开花叶叶圆？你说三，我对三，荷花开花叶叶圆！

  我说四，谁对四，什么开花长莲蓬？你说四，我对四，荷花开花长莲蓬！

  我说五，谁对五，什么开花在端午？你说五，我对五，荷花开花在端午!

我说六,谁对六,什么开花瓣瓣船?你说六,我对六,荷花开花瓣瓣船!

我说七,谁对七,什么开花香味清?你说七,我对七,荷花开花香味清!

我说八,谁对八,什么开花坐哪吒?你说八,我对八,荷花开花坐哪吒!

"哪吒坐莲"的故事女儿听过,但要在此时想起来并不容易,是妈妈提醒的。"用典"在诗歌创作中属于较高级的思维活动,需知识丰富、善于联想。爸爸妈妈多示范几次,孩子自然可以知道怎样做了。

活动5:艺术鉴赏与创作

10月底,小公园清淤,荷花的枯枝败叶堆在道边。我和女儿捡了大大小小几个莲蓬。回到家,我们在莲蓬上涂抹厚厚的手指画颜料,原想拿它当大印章;谁想,莲蓬凹凸不平,印在纸上并不像期望中那样清晰。俩人遂改用手指,沿着浅印逐形作画。布置背景时,女儿用色大胆,启用了紫色、红色表现天空,一边画一边说:"龙卷风把太阳的颜色吹散了,到处都是。"我由衷地称赞:"太有想象力了,画面真漂亮!"

母女共用莲蓬作画

荷花是艺术家钟爱的描摹对

象。为开阔女儿的艺术视野,我在网上找来一些名家画作跟她一起欣赏。由于我读过黄永玉若干本书,也尤爱他笔下的荷花,和女儿聊得最多,连"铺垫"也查阅了资料,下了一番功夫:

"有一个老头黄永玉,特别喜欢画荷花,人称'荷痴',光荷花的速写就画了成千上万张,还给自己的院子起名'万荷堂'。要问他为什么那么喜欢荷花,还与他童年的经历有关。小时候到外婆家去,外婆家那个城门外就是一个荷塘。小黄永玉出了什么事了,调皮了,外婆要找他算账的时候,他就把一个高大的脚盆滚到荷塘,自己躲在里头。小时候个儿不高,看着荷花像房顶那么高,一动不动地待两三个钟头之后,青蛙过来了,水蛇过来了,他仔细地观察它们,荷花底下有很多的苔、草,那种光的反映、色彩的关系,非常丰富。可能只有小孩子才能看到这么丰富的世界吧,就像你一样。"

唤起了女儿情感的共鸣,我才跟她一起来看画,以聊天的口吻讲"荷叶为什么是黑的",讲"写意"……希望这不仅仅只是一种美术启蒙,美的启蒙,也是一种思维的启蒙,但愿他日女儿再看荷,能在虚虚实实间有更开阔的视野和想法。

活动6:一年的花

像《荷花荷花几月开》这样的儿歌,可以启发孩子们关注大自然的花开花落,可能最初的目的也正在于此。

月令花歌,是传统民歌童谣中的一类,版本非常多,比如:

正月迎春金样黄,二月杏花粉洋洋,三月桃花红千树,四月蔷薇靠短墙,

五月石榴红似火,六月荷花满池塘,七月栀子头上戴,八月桂花满枝香,

九月菊花初开放，十月芙蓉正上妆，冬月水仙案上供，腊月寒梅斗冰霜。

全国各地，地域不同，月花令不同；就算地域相同，花也未必相同。最好的办法是带着孩子每月走出家门，寻找属于自己的月令花，找到了一起合张影；1年后，把12张照片贴在一张纸上，哇，这就是时间的足迹，花的足迹啊！能够坚持一项长程的活动，会给孩子带来莫大的成就感。

新冠肺炎疫情之年，女儿在乡下度过了大半年的时光，认识了很多花，见证了每季的花开花落，我也和她一起，编出了属于我们自己的月令花谣：

正月水仙满屋香，二月迎春黄灿灿，三月丁香满树紫，四月蔷薇爬满墙，

五月石榴红似火，六月荷花满池塘，七月玉簪头上戴，八月牵牛开满篱，

九月菊花开烂漫，十月月季戴霜开，冬月风信子颜色多，腊月雪花片片飞。

北方寒冷，小区里最后一朵花是顶着雪冻在枝头的月季。之后我会买来水仙、风信子摆屋里，十天半个月花就会开。其余各花，要么是小区的，要么是奶奶家院子的，皆是触目可及之物。即使是自己的月令花谣，也可以有很多版本，毕竟一月之中，数花绽放才是常态。

如果孩子七八岁了，可以来一场比赛，限定区域，比如：为自己家的小区编一首。

童谣还可以这样写："二月玉兰枝头开，三月樱花白中粉，四月海棠粉中白，五月紫薇一串串，六月珍珠梅雪连串，七月枣花落满地，八月草茉莉绽道旁。"

平日全家人一起在小区里散步，引导孩子多识草木之名；或借着念歌谣编歌谣的契机，一起有意地去看、去认识身边的花，不啻为一桩乐

事，有意义的事儿。当然，全家人还可以一起编奶奶家的月令花谣、姥姥家的月令花谣、幼儿园的月令花谣。

总之，玩法很多；语言的锻炼倒是末事，最重要的是打开心灵，感知自然。

活动 7. 一种植物的生长

"一年的花"是固定一个区域定点观察，还可以像《荷花荷花几月开》和《丝瓜》这两首童谣一样，固定对一种植物进行观察。

不妨从种子开始，带着孩子一起播种，一起浇水，一天天看着它长叶，开花，结果。用相机记录下来，打印成照片，标上日期，贴在一张大纸上，一棵植物的生长过程就清晰可见啦！投注过劳动和汗水，用掉了无数的耐心养大的瓜果，孩子吃起来一定格外香甜。

以此为内容的绘本也很多，比如"自然之友"系列图书中的《一起种西红柿》、《小鸡球球和向日葵》、讲述种植物要耐心的《爷爷的神秘礼物》。我觉得特别适合孩子们阅读的是叙事和科普色彩兼备的《小海狸种扁豆》。这本书讲的是一对海狸好朋友卡斯托尔和小福瑞一起种扁豆的故事，里面讲了种扁豆的各种要领，比如播种前泡豆子，放在阳光充足的地方，插竹竿，等等；也讲到了扁豆的吃法，叶子可以装饰窗台，等等；情境的塑造贴近生活常态，孩子会觉得很亲切，唤起种点什么的强烈愿望和好奇心。

或许，有的人会说：家里实在没有院子和土地怎么办啊？很简单，花盆就好；或者冷鲜快递的泡沫箱子装上土。再不然，就用一个饮料瓶，养些可以水生的植物吧，比如发了芽的红薯、山药，甚至，吃剩的芒果核、牛油果核也可以种，只需用牙签支着，把半个种子泡在水里，放在阳光充足的地方就可以坐等长叶啦！

观察植物生长，可以锻炼小朋友的耐心，增强生命认知，何乐而不为呢？

一园青菜成了精

出了城门往正东，一园青菜绿葱葱。
最近几天没人问，他们个个成了精。
绿头萝卜称大王，红头萝卜当娘娘。
江南反了白莲藕，一封战书打进园。
豆芽儿跪倒来报信，胡萝卜挂帅去出征。
两边兄弟来叫阵，大呼小叫争输赢。
小葱端起银杆枪，一个劲儿向前冲。
茄子一挺大肚皮，它就撞了个倒栽葱。
韭菜使出两刃锋，呼啦呼拉上了阵。
黄瓜甩起扫堂腿，踢得韭菜往回奔。
莲藕斗得劲头儿足，胡萝卜急得搬救兵。
歪嘴葫芦放大炮，轰隆轰隆炮三声，
打得大蒜裂了瓣，打得黄瓜上下青，
打得辣椒满身红，打得茄子一身紫，
打得豆腐尿黄水，打得凉粉战兢兢，
藕王一看抵不过，一头钻进烂泥坑！
出了城门往正东，一园青菜绿葱葱。

《一园青菜成了精》是中国传统童谣中的精品，在幽默风趣的故事中自然展现了蔬菜的特征。童谣中丰富的动作情态可排戏剧，斑斓的色彩元素宜于美术教育，拟人的叙事构思正合做语言与想象力的锻炼。"一园青菜成了精",本身是一个寂寥中的脑洞,正应该用游戏的方式去亲近它。

活动准备

1. 购买童谣中提到的所有蔬菜;

2. 有条件的可在活动前带孩子去农场参观、采摘,或将曾经去农场活动的照片、视频找出来温习,为理解、仿作童谣做准备。

熟读、初步理解童谣

先给孩子读几遍童谣,读的时候语调不妨夸张点,因为这本来就是一出逗乐的喜剧啊,你就等着收获孩子的笑声吧!小家伙会咯咯地笑倒在你怀里,重复着"一头钻进烂泥坑",笑那藕王的窘迫。再利用与孩子问答的机会,初步理解童谣。孩子的疑问会集中在生活常识和艺术特色的理解上。比如,小葱怎么还撞了个"倒栽葱"?辣椒本来就是红的,茄子本来就是紫的,怎么还这么说呢?这恰是这首童谣的艺术巧思之处,每一处情节都暗合蔬菜的特色。比如:"打得黄瓜上下青,打得辣椒满身红,打得茄子一身紫",这正是人受伤时的表现:流血、瘀青、瘀紫。至于"打得豆腐尿黄水",就需要跟孩子解说了,豆腐是黄豆做的,还可以拿出《大豆!变身!》带着孩子了解豆腐制作的全过程。总之,可以把这首童谣当作解锁蔬菜特性的钥匙。

微型戏剧游戏

步骤1:爸爸妈妈和孩子任意挑选一方进行表演,或者演绿头萝卜一方，或者演白莲藕一方。如果有爷爷奶奶，或是小伙伴，不妨一起来玩，每人一个角色最好。

步骤2：用肢体和表情演出故事情节，注意区分蔬菜各自属于哪一阵营，同时注意调动生活体验，将"打得黄瓜上下青"这样的状态用动作和神情表现出来，可以视需要适当添加台词。

说明：做这个游戏一定要视孩子年龄、能力区别对待。比如四五岁，没有类似游戏经验的孩子，可以做一些简化处理，像"胡萝卜急得搬救兵"这一类句子都可以用"念"的方式做一个过场的衔接。如果是六七岁的孩子，则可以做一些展开式表演，比如：

胡萝卜："（做出手搭凉棚张望的动作）哎呀呀，不好了！即刻传令，请歪嘴葫芦速速到营，带足弹药。"

豆芽儿："（跪倒在地）是，将军！"

孩子表演的空间有多大，首先在于年龄，其次在于认知体验，他是否听过戏，看过书，观过影，对两军对垒有一定印象。爸爸妈妈日常一定要多带孩子丰富各种体验。表演时，也可以临时搜相应的戏曲片段、影视片段给孩子看看。

对孩子不要要求太高，最重要的是抱着游戏的心态，孩子能做到什么程度做到什么程度，亲子间玩得开心就好。在游戏协作时，大人要视孩子的综合情况（年龄、对此题材的认知储备、当下的心情）决定主导的比例。既要发挥孩子的游戏天性，又要有足够的心理预知，知道表演对孩子来讲是难的。

"绿头萝卜"阵营		"白莲藕"阵营	
蔬菜	动作（表情、台词）	蔬菜	动作（表情、台词）
		白莲藕	动作：向前冲 台词："向前冲啊！打倒绿头萝卜！"

（接上表）

豆芽儿	动作：跪地 台词："大王，白莲藕反啦！"		
小葱	动作1：端起银杆枪，使出大劲儿向前冲。 动作2：撞了个倒栽葱	茄子	动作：一挺大肚皮，撞
韭菜	动作1：使出两刃锋，上了前锋（"呼呼啦啦"可以用嘴配音） 动作2：瘪了嘴（类似于嘬腮的动作）	黄瓜	动作：甩起扫堂腿（身体下蹲，用一只腿猛力横扫以绊倒对方）
歪嘴葫芦	动作：放大炮（"轰轰隆隆"用嘴配音）	大蒜	动作：裂了瓣（可身体倒地四肢展开）
		黄瓜 辣椒 茄子	（造型：有条件的可以在身上贴一两片相应颜色的纸表示） 动作：被打之后的动作，可以多样化设计，比如倒地、抱头、捂住某处做疼痛状，配合疼痛、受惊吓的表情
		豆腐	动作：尿裤子，以及被"打"后惊惧的表情
		凉粉	动作：战战兢兢
		藕王	动作：一头钻进烂泥坑（"一头"表示坚决）

在做游戏的过程中，孩子的肢体表现力必得到很好的锻炼，孩子（包括大人）对童谣的理解必将更深一步。

• **对大的情节把握更清楚**

小龄孩子可能分不清楚哪种蔬菜是哪个阵营的，需要大人指导；只要能表演出来，两军对垒的情节就更清楚了。

- **增进了对词语的理解**

"两刃锋"和"扫堂腿"即使爸爸妈妈也未必清楚应该怎样使,可以上网查资料,邀请孩子一起看图片,增长知识,再表现出来。像"战兢兢"这个较生僻的词语,通过表演,孩子也会更清楚它的意思,并且记得更深。

- **增进了对句子细节的理解**

比如"呼呼啦啦上了阵"一句,"呼呼啦啦"是什么意思?是指韭菜咋咋呼呼的样子,还是指奔跑起来后两刃锋抖动的声音?都可以,关键是对句子细节探索和体会的过程。

戏剧教育本应是一门独立的、综合的艺术,在大学之前,大部分学校都没有专门的课程,但语文课在初中、高中都有所涉及。我们也姑且在"语文"这个大概念下进行讨论。《一园青菜成了精》的戏剧表演对孩子的动作、表情都有很好的锻炼功效,他们一方面增长着肢体表达方面的智慧,一方面必须去调动起自己的生活体验,比如被炮弹崩了,受伤了,流血了,青一块紫一块,什么动作?什么表情?这些都需要孩子去联想自己的生活体验;而生活体验的唤起和应用,一定会在某个场合作用于他的阅读和写作。

以上,就是语文教育中表演的价值所在。

绘制连环画

对于用美术形式表现这首童谣,有两点忠告:

首先是爸爸妈妈不要觉得"美术,我可一窍不通"。写下这段文字的我就是一个美术零基础妈妈,下面给大家呈现的画面也是零基础作品。这首童谣的画面感特别强,造型、动作、颜色都指示得很清楚,只要照着做就可以。这不过是一个游戏！最重要的是借由绘图培养孩子的观察力，这是写作和画画共同的基础能力，其次才是非常具体的目标，比如加深对童谣的理解，实践美术技法，等等。说不定从来不摸美术的爸爸妈妈，也就此发现了自己未被开发的天赋呢！

其次是多让孩子参与，特别是要相信孩子。如果你的宝贝也是4岁，造型能力有限，那爸爸妈妈恐怕就要起主导作用，这样才能让孩子有完成一个"大"作品的成就感。让孩子参与有很多办法，此处支两招：

第一招，"示弱"。

我会对女儿说："唉，我实在不会装饰这个白莲藕，你帮我好不好？小孩更有想象力诶。"女儿欣然接受，贡献了很多奇思妙想。她认定莲藕是坏人，于是按照海盗的样子打扮它，给它戴上了黑色的帽子、颈巾，甚至还有一只眼罩——所有坏海盗都是独眼龙。找不到褐色的纸来表示莲藕的烂泥塘，女儿轻而易举就解决了，"嗐，用超轻黏土糊一个，不就得了？"。

第二招，"搭台阶"。

通常，我会鼓励孩子做大方面的造型，自己完善细节。一些较为复杂的曲线，我会先用铅笔打上线稿，再邀请孩子来描。还有时，我会给孩子找一些可参照的书。给蔬菜画表情时，我找来了两本：一本是柳原良平的绘本《脸，脸，各种各样的脸》，线条非常简单，适合三四岁小朋友；一本是法国伊莎贝尔·平的绘本《和我在一起的一天》，这本书里的表情就复杂一些，包含了眉毛、头发、眼珠这些更为细致的要素。起先，女儿挑，我来用铅笔帮她打线稿。后来，攀援着这个台阶，女儿的创造力被激发了出来。黄瓜、茄子、歪嘴葫芦，我们在书里找不到相应的表情，我本来想就这么空着，没想到女儿慷慨地说："妈妈，我来画！"她几乎是一挥而就，我不得不钦佩小孩子特有的表现力了。为表现歪嘴葫芦放大炮，她用咬紧的牙齿表示用力；表现大蒜被打疼的样子，她画了大大的、露出舌头的嘴巴表示放声哭泣。真是比我这个只会照着画的大人强多了。以下就是女儿为蔬菜们设计的表情——

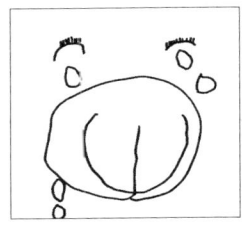 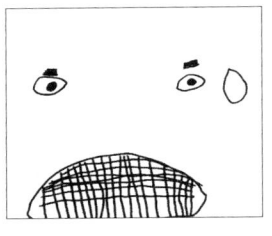 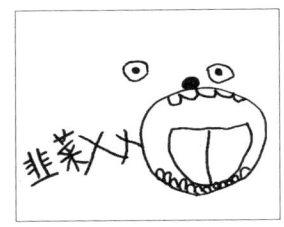

女儿为大蒜设计的表情，表示痛地张开大嘴哭泣（草稿图）　　女儿为歪嘴葫芦设计的表情，表示用力地汗都流出来了（草稿图）　　女儿为黄瓜设计的表情，"韭菜"二字是她请妈妈写了自己描上去的，表示喊出来（草稿图）

总之，不是办法的办法就是：相信孩子！

相信用上以上两招，爸爸妈妈和孩子之间一定会碰撞出很多艺术火花，创造出很多美好的记忆。

绘制连环画的整个过程会有很多收获，我将其总体为以下四点。

《好饿的毛毛虫》内页

1. 锻炼观察力

举个例子：美国绘本大师艾瑞·卡尔，画风粗犷，但细观那本经典著作《好饿的毛毛虫》，里面的苹果和梨子虽是用画刷大胆涂抹而成，但在果实头部却保留着退去的花蕊这一微小的细节。这正是绘画锻炼人观察力的最好的证明。

当一定要把脑中的印象落实在纸上时，我跟女儿才发现：对于这些天天见的蔬菜，还有很多盲点没观察到。看看下面这些细节，你注意到了吗？

- 藕的身上有小麻点，每一节连接处几乎都伸出几条细细的根须；
- 红绿萝卜身上有小横纹，横纹里长根须，越到尾部根须越多，胡萝卜的根须少一些；
- 胡萝卜的叶子形态和茴香、小鸡脚趾一样，是细小的分岔；红绿萝卜的叶子则很肥大；
- 大蒜身上有紫色条纹（至少我们菜市场买的这个品种有）；
- 茄子头上总裹着绿色的叶片，像小帽子一样；
- 黄瓜身上有凸起的小疙瘩，头部原来开花的部位颜色比较深；
……

在实际操作过程中，还会不断碰撞出新的细节。比如女儿画的葱是从中段分叉，画韭菜还这样就不对了，韭菜要从根部分叉啊！母女俩开心地比赛自己的发现和创意。

一会儿是妈妈说："我觉得萝卜叶子芯儿这部分应该用浅绿色，表示比较嫩嘛。"一会儿是女儿说："妈妈，茄子不应该用丁香一样的颜色，它都快成黑的了，黑紫黑紫！怎么样，还不表扬我？"

2. 增长知识

为什么萝卜、莲藕身上都有须子呢？我趁势告诉女儿，因为我们食用的是它们的根茎。为什么绿萝卜和小葱上面绿，下面白呢？因为白的部分埋在土里见不到阳光。至于茄子皮为什么是紫色，自然是因为富含花青素啦。

像"胡萝卜挂帅去出征"之"挂帅"，在表演时可以避过，这里却要加以表现了。我上网查阅资料：京剧这类舞台艺术，多用一面"帅"旗来表示。

3. 加深对童谣内容的理解

起先我跟女儿并没有打算做成连环画,后来发现一张画面容纳不下,才开始不断增加。画面到哪里断开呢？这就需要对文本的理解了。

比如，"豆芽儿跪地来报信，胡萝卜挂帅去出征"，仔细思量画面布局，前一句应该布置在第一幅图上，后一句则宜另起一幅，因为"胡萝卜挂帅去出征"一事，已经改变时间、空间了。再如，从"歪嘴葫芦放大炮"一句开始，形势逆转，后面几句讲的都是白莲藕队战败的惨状，宜另起一幅图。画的时候，你会发现，如果不这样，画面根本就布置不起来。比如把歪嘴葫芦放大炮的情节安排在征战中，不但它的位置没处摆，它的行为造成的后果也没处表达。这种对画面经营的要求，自然而然就帮我们理清了叙事结构。这种给连环画分格的能力，有点类似于对文本的"分段"。日后在语文学科的语境中遇到了，大可借用连环画思维去思考。

4. 提高艺术修养

一起制作连环画的过程中，我清楚地感到这几年跟女儿一起阅读绘本带给我的艺术滋养。受李欧·李奥尼《小蓝和小黄》的启发，我们选择的表现形式是撕纸画。在整个画面的布局上，起先，我们抱着游戏的心态，随意把萝卜和莲藕两个阵营安排在画面上，后来，我才想到，把它们安排在画面左右，一上一下更美观，我跟女儿就把贴好的画揭下来重新排布。觉得单调，又用浅绿色的纸在萝卜身下布置了背景当菜园，用褐色的纸在莲藕身下安排了烂泥塘。

更有很多细节都在挑战着我们的创造力、想象力。比如：绿萝卜红萝卜的叶子是大波浪形的，左右两边都撕则费时费力，尤其让小朋友不耐烦。我想到了折纸的方法，对称折叠，画出铅笔线稿让女儿照着撕。怎么表现萝卜叶展开时自然的弧线呢？用撕纸的方式很难，不如做一个

江南反了白莲藕

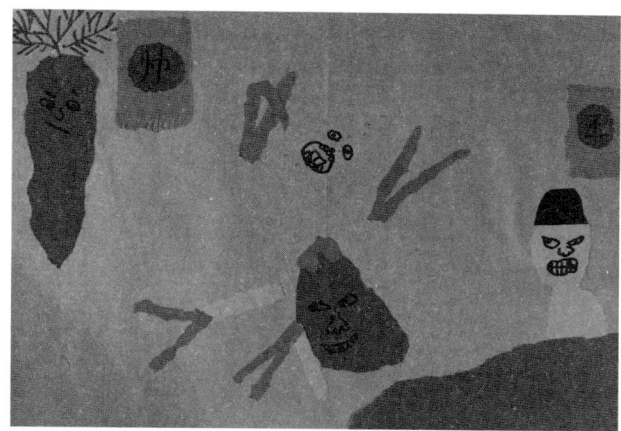

大呼小叫争输赢

轰隆轰隆炮三声

轻微的折叠吧。辣椒本来就红,黄瓜本来就青,但怎么表现受伤了,和原来不一样了呢?我想到冰箱里有一根冻了的黄瓜,拿出来和女儿一起观察,发现被冻伤的部分颜色变深了,于是在黄瓜身上涂上了更深的绿色。

凡此种种。我跟女儿都沉浸在艺术创作的喜悦中。上页三幅,就是我跟女儿制作的《一园青菜成了精》的连环画啦!有些地方有修补,毕竟是4岁孩子稚嫩的手做的,没那么一气呵成。这些都未经美化放在这里,用来鼓励更多的家庭。毕竟,只有少数爸爸妈妈是美术专业的,"门外汉"能够享受游戏的乐趣就好啦。

美的面前是人人平等的。

创编童谣

女儿问我:"妈妈,为什么好多蔬菜都没有写?"

多好的问题!

我说:"那就把你喜欢的那些蔬菜都编进去吧!想想看:这种蔬菜的武器是什么?受伤之后会怎样?"

主意是孩子出,"台阶"却要爸爸妈妈来搭。这首童谣中写蔬菜的特性,无非两点,一是武器,一是受伤后的表现。也可以先让孩子按照自己的感性理解说说看,如果说得漫无边际了,再从"武器"和"伤情"两方面来提示孩子。

需要特别注意的是:孩子能说就好,不要追求与原文的完全匹配,要针对孩子说得好的部分给出具体的点评和鼓励;如果孩子在哪儿卡壳了,也要给出适当的引导。

以下是女儿说的几样蔬菜,并非为了做范例,写在这里倒是希望父母就此放下对于正确答案的戒心,只要感受到这些文字背后孩子积极思考的快乐就可以了。

豆角的身子在芽里，外面有大兵的身体，不怕炮弹咻咻响。

蒜苗甩出长鞭子，绊了豆角一跟头。

香菇顶着大盾牌，不顾一切往前冲。

南瓜咕噜咕噜滚下山，吓得敌人赶快逃。

洋葱放了个臭大屁，熏得胡萝卜快捂嘴。（孩子有感于吃完洋葱后放的屁很臭，是一个非常有趣的创编。妈妈提示，洋葱还有一个特性是它的液体可以让人流泪，也可以说成是"洋葱使出催泪弹"。）

轰轰隆隆大炮响，打得菜花开了花，打得西红柿挂了花。（孩子原说"打得西红柿冒红水儿"，妈妈提示可以改成"挂了花"，意思就是流了满身血的意思，以和辣椒的"一身红"不重复。）

后来我又遇到了《一园青菜成了精》的其他版本，里头出现了其他蔬菜："白菜打着黄罗伞，芥菜前面做先锋。牛腿葫芦放大炮，绿豆角子点火绳。"童谣版本历经不同时空的传播，出现各种版本很正常，这也说明了它的游戏性质，特别适合于孩子们进行创编。

阅读绘本《一园青菜成了精》

这首童谣还被儿童文学工作者周翔创作成了绘本并出版；2020 年，这本书被列入教育部基础教育课程教材发展中心制定的《中小学生阅读指导目录》中。熊亮后来也以这首童谣为素材创作了绘本，他甚至真的带着孩子们去了乡下，挖莲藕，还把自己的创作手记和照片附在了书后。

可以任选一个版本与孩子一起观赏，品评一下，哪页画得好，哪处画得好，如果你来画，你会怎么画。图文的互赏会再次促进孩子理解童谣，发挥想象力。

令我印象特别深的是周翔版绘本最后又重复了一遍开头的"出了城门往正东，一园青菜绿葱葱"。一般的版本到"藕王一看抵不过，一头钻进烂泥坑"就结束了，是一种非常戏剧化，充满了游戏意味的结尾。加上这一句，可有两种解释：一是如同"从前有座山"一样，开始了另一组循环；一是刚才的热闹一下子沉寂下来，似乎什么都没发生过，强调了故事的虚构性，故事只是故事。可以跟孩子聊一聊："你喜欢哪一种结尾方式啊？为什么呢？"不同年龄段的孩子，可能会有不同的回答。这只是一个品评的小契机。

尾声

围绕一首童谣展开系列活动，一般会持续好几天。在这其中，孩子的注意力会转移，会不耐烦，这些都是很正常的，一点也不要紧。关键是大人要相时而动，既善于点燃孩子的热情，又要视孩子当下的情绪高涨与否进行推进。只要坚持下来，孩子就会不知不觉地沉浸其中，很有成就感，家长也会在其中体会到孩子的进步。

这几天，女儿不仅背下了这首童谣，还给它加上旋律来演唱，再适时用弹舌打节奏，总之，这首童谣就这样被她"玩儿转"啦！

代后记

写给读者的短笺

敬爱的读者：

　　感谢你阅读这本书，并且翻到了最后一页。那么，你是一位怎样的朋友？即将掩卷之时会有怎样的心情呢？

　　诚然，这是一本授人以渔、积极有为的书；但如果读到深处、细处，但愿你发现这其实是一本关于爱与自由的书。每次牵着女儿小小的手，我都由衷地感到自己内心充满了柔情和力量。我们也并非因为一无所有，恰是因为内心丰盈才得到自由。多年来，我一直在心里保持着与教育的距离——警惕对教育功能的夸大、依赖，更警惕日常生活中教育的密度。所以，在这本书中你见不到任何夸张的语句，只是听了一个邻家女孩的故事，我们就是你接送孩子路上随时会碰到的一对母女。

　　一个人长成什么样子，取决于他内心的渴望，以及与之互动的命运。教育不是万能的，爱也不是；但二者都可以化为清风，穿行于生命的叶底，令从容永在，力量永在。我知道有一天，女儿终要远行，那时我会目送着她的背影在心里回荡起一句诗："我寄愁心与明月，随风直到夜郎西。"

　　愿天下的孩子们，生命中常有叶底风。